谨以此书献给我的父亲黄普亭先生和母亲江廷芝女士

晚明贵州社会经济与产业发展研究

（1600—1644）

黄咏梅　著

群言出版社
QUNYAN PRESS
·北京·

图书在版编目（CIP）数据

晚明贵州社会经济与产业发展研究：1600—1644 / 黄咏梅著. -- 北京：群言出版社，2023.2
ISBN 978-7-5193-0819-3

Ⅰ. ①晚… Ⅱ. ①黄… Ⅲ. ①区域经济发展-研究报告-贵州-1600-1644 Ⅳ. ①F127.73

中国版本图书馆 CIP 数据核字（2023）第 026133 号

责任编辑：张文斌　卢　珊
排版设计：北京卓伟博文印刷设计有限公司

出版发行：群言出版社
地　　址：北京市东城区东厂胡同北巷 1 号（100006）
网　　址：www.qypublish.com（官网书城）
电子信箱：qunyancbs@126.com
联系电话：010-65267783　65263836
法律顾问：北京法政安邦律师事务所
经　　销：全国新华书店

印　　刷：天津画中画印刷有限公司
版　　次：2023 年 2 月第 1 版
印　　次：2023 年 2 月第 1 次印刷
开　　本：710mm×1000mm　1/16
印　　张：15.5
字　　数：220 千字
书　　号：ISBN 978-7-5193-0819-3
定　　价：58.00 元

目　录

绪　论

顾炎武在《天下郡国利病书》中云："黔于古始，非异域也，入我版图，所从来矣。"① 贵州自古以来就是我国重要的疆域，但是作为一级行政区域登上国家政治舞台，却始于明代永乐十一年（1413），朝廷在贵州置布政使司，使贵州成为全国第13个行省。贵州是典型的喀斯特地貌，岩石遍地，土壤稀薄，"黔田多石而维草其宅"②。又受沟壑纵横、溪急滩陡的影响，"舟楫鱼盐之利不闻"，以及"春苦旱而秋苦霖"的恶劣气候的限制，贵州经济一直落后于国内其他省份，人民常年"廪无隔岁之储，帑无宿贮之金"③。弘治六年（1493），贵州布政司左布政使张孟介言贵州之困时云："吾藩财赋人民，视中州诸藩，不及三之一。"④ 一百年后，贵州巡抚郭子章著《黔记》时仍感慨道："概黔之赋，不足以当江南一小县。"⑤

① ［清］顾炎武撰，黄珅等校点：《天下郡国利病书》，收入《顾炎武全集》，上海：上海古籍出版社，2012年，第3725页。

② ［清］卫既齐修，薛载德纂，阎兴邦补修：《康熙贵州通志・藩序》，清康熙三十六年刻本，第7页。辑入《中国地方志集成》，凤凰出版社，上海书店，巴蜀书社，2010年，第15页。

③ 同①，第3707页。

④ ［明］沈庠修，［清］赵瓒等纂，赵平略等点校：《弘治贵州图经新志》卷1《贵州宣慰司》，成都：西南交通大学出版社，2018年，第29页。

⑤ ［明］郭子章著，赵平略点校：《黔记》，成都：西南交通大学出版社，2016年，第457页。

因此，“土田硗确，户口寥落”[①] 是明代贵州的真实写照。直到 20 世纪 80 年代改革开放之初，“天无三日晴，地无三尺平，人无三分银”仍是人们对贵州的印象。

追溯贵州的产业经济发展历程，也有一些值得被书写的地方。西汉时期贵州既有“耕田，有邑聚”的定居农业经济，也有“随畜迁移”[②]的畜牧业经济。宋代贵州已经成为西南的买马要地[③]。到元代，贵州不仅在畜牧业上继续保持其明显优势，黔西北的水西养马场，已经成为全国 14 个国养马匹的牧场之一，14 个国养马匹的牧场分别是：位于甘肃、吐蕃、耽罗、云南的占城、庐州、河西、亦溪不薛（贵州水西）、和林、斡难、怯鲁连、阿剌忽马乞、哈剌木连、亦乞里思、亦思浑察、成海、阿察脱不罕、折连怯呆儿。[④] 而且贵州在矿业上异军突起，黔东地区的思州和湖广的沅州、潭州连成一片，成为全国最大的朱砂、水银产区[⑤]。

明朝是明太祖朱元璋将元统治者赶出南方后建立的政权，元统治者退出南方后，在塞北建立北元政权，北元政权一直持续到清朝统一全国后才正式结束。因此，明朝丧失了在北方获取马匹作为交通和战略物资的条件，继而将目光投向南方。西南的云、贵、川是南方马的主产区，明立国之初，元的残余势力梁王巴匝剌瓦尔密占据着的云南、贵州和四川是北元政权获取马匹的主要来源地。贵州盛产品种优良的水西马、乌蒙马。马需求量的增大刺激着贵州的畜牧业迅猛发展。贵州林业资源丰富，盛产楠木、杉木等优质木材，明代中期起，朝廷大兴土木，促使贵

① ［清］顾炎武撰，黄珅等校点：《天下郡国利病书》，收入《顾炎武全集》，上海：上海古籍出版社，2012 年，第 3708 页。

② ［汉］司马迁：《史记》卷 116《西南夷》，中州古籍出版社，1994 年，第 905 页。

③ 《贵州通史》编委会：《贵州通史》卷 1《远古至元代的贵州》，北京：当代中国出版社，2002，第 479 页。

④ 同上，第 479 页。

⑤ 同上，第 480 页。

州的林业产业得到全面开发，与湖广、四川一起成为明朝的三大木材供给地。畜牧业、林业加上传统的农业、矿业，形成了明代贵州的四大支柱产业。

然而，进入晚明后，由于政治、经济、社会等因素的影响，贵州的四大支柱产业发展呈现不同的特征。本文旨在探索晚明贵州产业经济的不同发展方向，分析对此产生影响的客观因素。

一、问题的提出

笔者之所以选择“晚明贵州社会经济与产业发展研究”作为自己人生中的第一部专著主题，既是来自专业的思考，也是对自己读博期间的阶段性学习总结。

1600 年，明朝在艰难地结束了万历三大征——宁夏之役（1592）、朝鲜之役（1592—1598）、播州之役（1599—1600）后，仍陷于明缅战争的泥淖。自此，明朝国势急转直下，逐渐走向衰亡。晚明时期，帝国先后经历了东北的辽东战争、西南的奢安之乱和普名声之乱，以及最终导致明朝灭亡的中原农民战争，期间还夹杂着无数的小型战争。贵州的局势同样艰难，除直接承担长达十年的平奢安战争外，还经历了平皮林苗、铜仁红苗、两江黑苗等大大小小的战争。

根据李中清先生的观点，由于西南地区（仅限于云南、贵州两省）① 几乎没有竞争性的经济活动，经济增长完全由政府因素决定②。晚明时期国家政治上的危机，给贵州社会经济发展带来极大的影响，包括：一是人口呈断崖式下跌，严重影响地方经济发展；二是国家购买力下降，贵州经济具有明显的依赖性，导致地方经济动力不足；三是滥觞

① 李中清著，林文勋、秦树才译：《中国西南边疆的社会经济（1250—1850）》，北京：人民出版社。2012 年，第 18 页。

② 同上，第 25—26 页。

于正统元年（1436）、全面施行于嘉靖四年（1525）的称量白银货币化，使政府失去了对货币的主导权，因此晚明朝廷大量加派的辽饷、黔饷等就变成了政府对百姓赤裸裸的掠夺。贵州虽然未被摊派辽饷和黔饷，但因朝廷的饷银收缴困难，因此应拨给贵州的军饷和协济粮银无法到位，严重影响了贵州的经济发展。在此条件下，晚明贵州的四大支柱产业在发展上呈现不同的特点：

一是贵州农业受自然条件和农业技术的影响，一直处于稳定但不发达状态。明初太祖朱元璋在贵州设置大量卫所，以便控扼云南，20多万官兵进入贵州，在此娶妻生子，农业无法养活贵州的所有人口，长期靠湖广、四川的协济予以支撑。天启年间奢安之乱暴发，贵州农业经济遭到极大破坏，人口数量急剧下跌，大量田地抛荒。西南总督朱燮元从四川移镇贵州并平定奢安之乱后，为解决贵州军民的生存问题，大力招徕人口，设法鼓励耕垦，在朱燮元的治理下，农业逐渐恢复。二是矿业的发展一直处于被束缚的状态。国家因担心矿产开发引起“奸人蚁附成群，苗僚劫夺峰起”①，在开发规模和数量上，一直予以严格的控制，使其仅供朝廷的日常需求。晚明时期，贵州矿业发展更加一蹶不振。三是以马为主的畜牧业，在“称量白银货币化”与纸钞（国家发行的信用货币）被淘汰过程中，贡马与赏赐在价值上严重不对称，导致百姓养殖积极性不高，进入晚明时期，因奢安之乱导致贵州人口断崖式下跌，这对人工成本较高的马匹养殖业犹如雪上加霜，导致晚明贵州畜牧业快速萎缩，直到明亡也未能恢复。四是林业虽然失去了国家采购的份额，却因地方社会的市场需求而平稳过渡，并在天然林木材资源枯竭的情况下，转向人工林栽种，弥补了林业经济发展的短板，为清代贵州林业经济的繁荣积蓄了力量。

同一时期同一地区产业经济发展的不平衡，让笔者产生了疑惑，也

① 《贵州通史》编委会：《贵州通史》卷2《明代的贵州》，北京：当代中国出版社，2002，第256页。

产生了探索影响晚明贵州产业经济不同走向的客观因素。因此，在搜集、阅读相关的文献资料的基础上，笔者完成了本书的著述。

二、学术史回顾

明太祖朱元璋十分重视社会经济发展，特别是农业生产。早在元至正十八年（1358 年），朱元璋升迁水军元帅康茂才任都水营田使时，朱元璋就诫谕康曰："比因兵乱，堤防颓圮，民废耕耨，故设营田司以修筑堤防，专掌水利。今军务实殷，用度为急，理财之道，莫先于农，春作方兴，虑旱潦不时，有妨农夫，故命尔此职分巡各处，俾高无患干，卑不病潦，务在蓄泄得宜。大抵设官为民，非以病民，若但使有司增饰馆舍，送迎奔走。所至纷扰，无益于民，而反害之，非付任之意。"① 为了保障农业生产发展，朱元璋不仅要求康茂才兴修水利设施，督促农民因时耕种，还要求康茂才不得扰民病民劳民。元至正二十七年（1367 年）十月，右御史大夫邓愈等人向朱元璋奏报事宜时，朱元璋再次向大臣们强调社会经济治理的重要性："治天下，当先其重且急者，而后及其轻且缓者。今天下初定，所急者衣食，所重者教化。衣食给而民生遂，教化行而习俗美。足衣食者在于劝农桑，明教化者在于兴学校。学校兴，则君子务德；农桑举，则小人务本。如是为治，则不劳而政举矣。"② 1368 年明一立国，朱元璋便将恢复社会生产作为头等大事。

对于明代社会经济史的研究，明朝晚期已经开始，如明末清初黄宗羲的《明夷待访录》就对明代的田制和钞法的由来及其弊病做了深刻的剖析，他指出，只重农桑、崇本抑末不利于经济发展，工商业和农业一样，都是经济之本："工固圣王之所欲来，商又使其愿出于途者，盖

---

① 《明太祖宝训》卷 3，戊戌二月乙亥条。

② 《明太祖宝训》卷 1，吴元年十月癸丑条。

皆本也。"[①] 黄宗羲清晰地看到重本轻末的单一经济模式对经济发展产生的限制。清代所编的《明史》对明代经济进行了全面、系统、深刻的归纳、总结和评述。进入20世纪以来，学术界对明代经济史的研究愈加全面、成熟，硕果累累。然而笔者注意到，经济史的研究呈现明显的东厚西薄的特点：一是研究人员中，位于经济发达的中东部地区的人员，明显多于西部地区；二是学者对明代经济发达的中东部地区，特别是江南地区的研究，比对西部地区的研究更集中、更深入。

学者们对于明代贵州经济史的研究，与对国家层面的经济研究或与贵州之外的两京十二布政司的研究相比，差距较大，但也有许多本土的史学工作者及少数的外地史学工作者长期深耕于此，分别从社会经济的各个方面作为切入点，深入探讨，归纳总结，形成了大量的研究成果，这些成果无论从广度还是深度上，都对贵州地方史研究贡献卓著。学者们多数是按产业经济分类进行研究，其优点是对各个产业的研究较为深入，便于读者纵向把握各产业的发展特点。留有提高空间的是，这些研究缺乏对各个产业发展的横向比较研究，缺乏寻找各产业间因政治制度、经济制度、民族制度、地理特点、产业特点等带来的差异性。

（一）国内研究状况

1. 开创期：20世纪20至50年代

关于明代的经济史研究论著很多，但却分散在各朝各代学者的各类著作中。特别是进入20世纪后，随着中国最后一个封建王朝清政府的垮台，中国结束了2000多年的帝制统治，向现代文明体制迈进，学术研究也呈现出欣欣向荣之势。学者对明代经济史的研究起源甚早，1930—1933年，梁方仲先生在清华大学攻读硕士研究生期间，专攻明代田赋史，撰写硕士论文《明代田赋制度》，开启了他研究明代经济史

---

① ［明］黄宗羲著，段志强译注：《明夷待访录》，北京：中华书局，2011年，第161页。

的学术生涯。他硕士毕业的当年，发表《明代田赋初制定额年代小考》《明代鱼鳞图册》，1935 年发表长篇论文《明代户口、田地赋税统计》，这些著作奠定了梁方仲先生在研究明代农业经济领域的地位。王崇武先生紧随其后，于 1936 年发表《明初的屯田制度导言》《明初施行屯田的社会背景》《明代的商屯制度》，1937 年发表《明代民屯之组织》，进一步深化对明代农业田亩制度的研究。1939 年，傅衣凌先生在福建做经济研究工作时，无意中发现了一批明嘉靖年间至民国期间的民间契约文字，包括田契、租佃契约、账簿等，傅衣凌先生将这些契约整理成 3 篇文章，后于 1944 年编成《福建佃农经济史丛考》一书出版，与 1942 年编成出版的《福建省农村社会经济参考资料》一起，将明代农业经济史的研究推向高潮。

除了农业之外，傅衣凌先生在 1947 年出版《清代中叶川陕湖三省边区的手工业生产形态》，1956 年出版《明清时代商人及商业资本》，1957 年出版《明代江南市民经济初探》，将明代的产业经济研究从农业扩展到手工业、商业等其他行业。1959 年秦佩珩先生的《明代经济史述论丛初稿》将明代经济史的研究进一步深化到畜牧业、制酒业、陶瓷业、矿业等产业。

2. 沉寂期：20 世纪 60 至 70 年代

二十世纪六十至七十年代，关于明代经济史的研究成果虽然不多，但却不容忽视。1961 年傅衣凌先生出版《明清农村社会经济》一书后，梁方仲先生于 1962 年完成《中国历代户口、田地、田赋统计》，此两部书成为后来研究明代经济史的学人重要的参考书籍。特别是梁方仲先生撰写《中国历代户口、田地、田赋统计》时，从正史、历史档案、政书、方志、笔记、文集等 200 多部文献中，查找出相关资料，进行甄别、核对、比较后，写成一部跨越西汉至清末 2100 多年的关于历代人口、田地、田赋的大型历史统计专书，其中也包括了明代各个时期的田亩田赋数。该书 1962 年完成并交给上海人民出版社，1980 年得以出版。

3. 繁荣与深化期：20 世纪 80 年代至今

开创期和沉寂期的研究中关于地域经济史的研究成果较少，研究主要放在国家层面的经济制度上。改革开放以来，经济快速增长带动文化快速发展，明代经济史的研究出现百花齐放、百家争鸣的状态。

这一阶段的研究，切入点各不相同。从产业方面来看，涵盖了农业、林业、矿业、畜牧业、手工业、商业、制造业、渔业、盐业等行业；从研究的角度来看，涵盖了经济制度、特征、变化情况和经济对社会的影响等方面；从研究的行政层次来看，有国家层面的，也有两直十三司的，还有府州县卫所的；从民族分类的角度来看，有少数民族地区的、汉族地区的、民族杂居地区的。由于所涉资料太多，无法一一厘清，本书主要介绍一下明代贵州产业经济研究的相关成果。

贵州产业经济的繁荣期和开创期未被学界关注，因此相关学术成果甚少，零零散散出现在其他研究专著里。这种情况在 20 世纪 80 年代得到改善。

1988 年，程昭星论文《贵州民族地区的矿业发展》（《贵州文史丛刊》，1988 年第 1 期），开启了对明代贵州产业经济研究的学术风潮。贵州矿业丰富，是朝廷获取铅、水银、英石、丹砂、雄黄、石蜡的主要之地。明朝对贵州的矿业开发，态度上一直在支持与打压之间徘徊、反复。一方面，国家需要贵州的矿产品，另一方面，在矿产开发的过程中，出现官民争利、各民族争利的现象，导致社会矛盾重重。所以明代贵州的矿业从未全面放开进行大规模开采过，却也未曾停止过采集冶炼。2016 年李锦伟的论文《丹砂与明清贵州的历史进程》（《贵州民族研究》，2016 年第 2 期），探讨了明代贵州矿产品丹砂的开采对贵州经济社会的影响。同年，温春来的论文《清代贵州铅矿业中的“放本归铅”》（《历史档案》，2016 年第 2 期）主要写清代铅矿业的资本运作情况，其中也涉及明代铅矿的相关内容。

农业方面，从20世纪80年代到21世纪初，明代贵州农业研究成果甚少，仅有陈国生的《试论明代贵州布政使司的农业区域》（《贵州社会科学》，1997年第4期）和岑晓洁的《明代贵州卫所制度与贵州经济社会的发展》（《魅力中国》，2009年第29期），分别阐述了贵州农业区域分布特征和卫所屯田。2010年后，对明代贵州农业的研究呈井喷趋势，特别是在西南地区高校学子中，出现一股研究明代农业的热潮，先后发表的论文有李宗倩的《黔中屯堡土地的交换关系与社会网络》（贵州大学硕士学位论文，2015年）、曹务坤的《明清时期贵州民田制度研究》（云南大学博士学位论文，2016年）、刘敬和的《明清时期黔东北地区农业发展初探》（贵州师范大学硕士学位论文，2017年）、陈静的《明清时期安顺地区农业的发展与变迁》（贵州师范大学硕士学位论文，2016年）、赵怡的《明清时期黔西南地区农业发展研究》（贵州师范大学硕士学位论文，2020年）、曹务坤的《明清时期贵州的民田制度变迁轨迹及其启示》（《贵州民族研究》，2016年第5期）、张泽宇的《明代万历年间贵州土地清丈述论》（《贵州大学学报［社会科学版］》，2016年第5期）、杨成和周丕东的《明清时期贵州传统农业与社会适应性研究》（《贵州文史丛刊》，2021年第1期）、彭恩的《明代贵州实土卫屯制的实施及其成效》（《农业考古》，2021年第6期）等。这些研究论著从不同的切入点，对明代贵州农业发展的各个方面进行论述。特别要说明的是，这一时期学者们对贵州的茶业也有所涉猎，如马国君、李红香的《明代贵州土司区茶业经营及其影响研究》（《广西民族大学学报［哲学社会科学版］》，2016年第5期）和蒲应秋、何鑫的《明清时期贵州茶叶产地分布变迁及特征研究》（《贵州大学学报［社会科学版］》，2019年第8期）。茶叶也属农业，但是明代贵州的茶叶数量太少，无法形成支撑产业。明代产茶区主要在四川，单是永乐四年（1406）七月，“除四川余庆、九姓等长官司，天全、六番招讨司及雅江通江、荥经二县绝户茶课三十七万七千九百余斤”[①]，贵州每年贡茶仅几百斤，仅及四川千分之一，量太少。又因“明代贵州各府州县植茶处于零散、星状分布，几乎未有大面积的记载，这反映出当时贵州茶业处于发展起步阶段，茶业经济不发达，还未成为重要产业”[②]，所以本书不做专章介绍。但是该文对贵州茶叶产地的分布情况做了介绍，加上本书对农业的研究主要集中在田亩治理方面，未研究农业耕种的种类及技术，所以未单独列出来进行阐述。

林业方面，明朝中后期朝廷大兴土木，为获得建筑用的优质木材，朝廷多次派官员到贵州、湖广、四川督办。木材采伐一方面促进了贵州林业经济的开发，另一方面过度开采导致晚明时期木材资源枯竭。为满足朝廷和地方的木材需求，人工种植经济林首先在黔东南地区出现，弥补了天然林木材资源日趋不足的市场缺口。关于明代贵州林业经济的研究，主要有蒋德学的《明清时期贵州贡木及商业化经营的演变》（《贵州社会科学》，2010 年第 8 期）和林芊的《明代贵州及清水江流域的“皇木采办”与木材贸易》（《贵州大学学报［社会科学版］》，2016 年第 4 期），两篇论文所选的视角和地域范围大小不同，但对贵州皇木采办均有深入的研究。此外，北京林业大学梁明武的博士学位论文《明清时期木材商品经济研究》（2008 年），包含了大量明代在贵州皇木采办情况和木材贸易的相关研究内容。

畜牧业方面的研究成果稍显单薄。明代南方马匹养殖主要在云南、四川、贵州，在消灭云南元蒙残余势力的平南战争中，贵州、四川的贡马和易马成为最重要的战略资源，为平定云南提供了有力的后勤保障。终明一朝，贵州马匹不仅是战略资源，也作为南方重要的交通工具承担着陆路物资的交通运输与通讯。然而令人遗憾的是，不仅仅贵州，整个

① 《明太宗实录》卷 44，永乐四年七月庚子条。

② 蒲应秋、何鑫：《明清时期贵州茶叶产地分布变迁及特征研究》，《贵州大学学报（社会科学版）》，2019 年第 8 期，第 71 页。

西南马匹在全国的战略的位置都未引起学界足够的重视。与此相反，西北马政却被广泛关注，学术研究成果累累。如张明富先生的《杨一清与明代西北马政》（《史学集刊》，1997 年第 2 期）、姚继荣的《明代西北官牧制度中的“马价”问题》（《西北史地》，1996 年第 4 期）、沈浩注等的《明代陕西苑马寺万安苑营堡考》（宁夏师范学院学报，2018 年第 2 期）、雷继凯的《明代西北地区马政兴衰的环境因素探析》（《黑龙江史志》，2018 年第 11 期）等。关于明代贵州畜牧业的研究文章，只有周科的《明代贵州边马贸易》（《濮阳职业技术学院学报》，2012 年第 2 期）有所涉及。

另外，值得提及的是，改革开放后商业的繁荣兴盛，促进了学界对商业的广泛关注，张明富先生在此领域深耕不辍，学术成果有《明清商人文化研究》（西南师范大学出版社，1998 年）、《明清商人的经营方式及特点》（《松辽学刊［社会科学版］》，1998 年第 1 期）、《清前期商人与多民族国家的统一和巩固》（西南师范大学学报［人文社会科学版］2002 年第 1 期）、《明清商人的商业行为与商品经济的矛盾性》（《西南师范大学学报［人文社会科学版］》，2003 年第 6 期）、《清前期的商业政策与多民族国家的统一和巩固》（《古代文明》，2016 年第 4 期）、《明清商人与社会》（人民出版社，2022 年）等，成为明代商业经济、商业文化研究的集大成者。贵州地域范围内的研究，有唐载阳的《明代贵州商业的发展》（《贵州文史丛刊》，1986 年第 2 期）、钟华的《明清时期江右商帮与贵州商业经济的发展》（《贵州文史丛刊》，2009 年第 4 期）、孙华的《明清江右商帮与贵州区域社会研究》（南昌大学硕士学位论文，2012 年）。虽然本文研究的对象不是商业经济，但是产业是商业的基础，在这些研究成果中，有许多关于明代产业经济发展的相关信息，成为笔者著作本书时的重要资料来源。

三、研究内容与框架

本书以正史为基本文献资料，构建文章的主体结构，辅之以对地方志、笔记、游记、野史、家谱等相关资料的梳理和分析，丰富文章的内容。除绪论外，本书共分6章，在此简述如下：

第一章，晚明贵州的疆域与建置。论述一个地方的经济，必须依靠大量的数据加以说明，因此，疆域范围、行政建置必须界定清晰，才不会使所选用数据出现差错。本文论述晚明贵州的经济，与早中期相对，贵州在疆域和行政建置上均有较大的改变。疆域最大的改变，是在平定四川的播州之役后，原播州宣慰司被一分为二，分别设遵义军民府和平越军民府，遵义军民府仍隶四川，平越军民府改隶贵州后，贵州疆域面积增加较大。行政建置发生了两次较大的改变，主要发生在播州之役结束后和奢安之乱结束后。本章基本厘清了晚明贵州在疆域和建置上发生改变的详细情况。

第二章，晚明贵州人口治理政策研究。人口是影响经济发展最主要的因素，晚明贵州经历了播州之役、奢安之乱及其他一系列的中小型战争，导致人口出现断崖式下跌。贵州主要的产业经济：农业、畜牧业、矿业、林业等均属传统产业，特别是农业和畜牧业，需要的人力成本很高，人口对产业经济的发展影响极大。本章主要研究晚明两任重要的西南总督李化龙和朱燮元的人口治理政策。播州之役后李化龙启动了人口政策，由于他很快离任回家居丧，其人口治理政策后期未见明显成效。朱燮元以西南总督之职平定奢安之乱后，启动了一系列的人口治理政策，并以西南总督之职驻镇贵州，使其人口治理政策得到很好的实施，为明末贵州人口恢复、经济复苏起到了关键作用。所以本章重点论述朱燮元的人口治理政策。

第三章，晚明贵州农业问题研究——以田亩治理为中心。农业经济涉及内容较多，包括农业从业人员数量、农田质量、农业耕种技术、农作物品种、农田数量等。现代农业技术发展以前，受地形地貌影响的农田质量，在固定的区域范围内是一个定量，不会发生改变。在当代集约化现代农业技术被广泛应用以前，中国的农业耕种技术一直处于刀耕火种的状态，在此过程中，虽有一些小型的非机械化的农耕设备被创造和改良，但是没有质的飞跃，对农业的影响也不深远。农作物的品种随着国外、省外传入而有所增加，但是对晚明农业收成和农业经济的影响也不明显。对农业经济影响最大的是农业从业人员数量和农田数量，农业从业人员数量与人口数量密切相关，第二章中也有相关论述，本章主要论述晚明贵州农田数量的变化、农业治理政策和治理效果。

第四章，晚明贵州矿业开发及治理政策。贵州矿产资源丰富，终明一朝却未得到很好的开发，与明朝的经济政策及国家安全政策密切相关。当时，矿产主要处于土司区，并由少数民族掌握着金属冶炼之法。朝廷一方面需要贵州提供水银、朱砂、石蜡等矿产品；另一方面又因担心矿产开发，导致大量无业之民啸聚，为社会安全稳定带来压力。因此，明代贵州的各个矿厂，反复出现开采—关停—开采或此开彼停、此停彼开的状态。本章主要论述明代矿业发展过程中，矿税之祸对贵州经济的影响，以及晚明贵州矿业在政策上的突破与改变。

第五章，晚明贵州畜牧业问题研究——以养马为研究对象。贵州畜牧业中，能形成产业经济的只有马的养殖。朝廷主要通过要求地方进贡、购买以及邮传驿递的劳役用马等方式获取贵州马，然而，明朝进入中晚期后，贵州土司贡马时，朝廷所给予的赏赐主要是已经失去市场信用的纸钞，这种不对等的贡商交易，使土司饲养马的积极性受到打击，加上晚明贵州人口出现断崖式下跌，导致以马匹养殖为主的贵州畜牧业严重衰退。本章的重点在于论述晚明贵州畜牧业衰退的原因。

第六章，晚明贵州林业经济的转型。贵州林业经济快速崛起于明代中期皇室的大兴土木，前期主要是官办采木。由于统治阶级日益腐朽没落，官办采木贪腐丛生，市场偏好逐渐向商办采木过渡。再加上民间市场的需求，促进林业经济的快速发展。所以大量贵州木材通过木商流向宫廷和民间木材市场，越来越多的人工林，弥补了天然林因过度采伐导致的木材枯竭。本章重点研究推动林业经济转型的力量。

根据上述章节的论述，本文的结论是：晚明贵州的社会经济中，不同的产业所面对的国家政策不同、经济主体不同、市场需求不同，因而呈现出不同的发展趋势。这对清代，甚至当代，也产生了一定的影响。如林业经济的转型，为清代起贵州木材业的繁荣奠定了坚实的基础；矿产开发的限制，变相使得贵州矿产资源得到保护，未在化工技术还不够发达的明代被开发殆尽，为新中国成立后贵州成为矿业大省提供了保证。

然而，要想真正揭示晚明贵州产业经济的发展走向，探求其影响因素，以本文有限的研究内容，仍是不全面、不充分的。毋庸讳言的是，地方社会经济是一个综合体，并非一种因素、一种制度、一个政策所能决定，它是在特定的历史时期，受地理环境、科技水平、政治因素、社会发展阶段等各种因素共同影响的结果。这些因素相互牵扯、相互制约，对产业经济发展的影响所占的比重，无法量化，只能作定性分析。因此，本书在有限的内容中，对晚明贵州经济的四大产业做了平行研究，有三个目的：第一，再现此阶段贵州产业经济发展状况；第二，为清代、民国贵州经济发展追根溯源，第三，为当前贵州经济发展提供借鉴。

四、相关概念的界定

为了准确地表述笔者的观点，本节列举了在本文中涉及的主要概念和或有可能引起歧义的概念，在此单独予以说明。

根据颜丙震在其博士论文《明后期黔蜀毗邻地区土司纷争研究》中的搜集整理，对晚明（或明后期）时间段的限定主要有以下几种分类：

> 对于明代的分期，目前学术界有不同观点，有三段论者，有四段论者，与之相应，“明后期”的时间界定亦有不同意见。概括言之，主要有以下几种：一是明后期即明衰败时期，即从万历十年（1582）张居正去世至明朝灭亡。持此观点者主要有陈梧桐先生和美国的乌伊拉德·彼得森先生；二是贺树德先生将明代分为四个时期，其中从隆庆起到万历末年为第三个时期，是明王朝的第二个向上发展、繁荣的时间。从天启到崇祯末年为第四个时期，是明王朝急速下坡直到灭亡的时期；三是有的学者将明朝衰败以至灭亡这段时间称之为晚“晚明”，但起始时间亦有多种观点，如万明女士认为晚明社会始于成化、弘治以后，重点在嘉靖、万历以至明末；刘志琴女士则认为晚明从万历元年，即1573年开始。①

成臻铭先生在《土司制度与西南边疆治理研究》中，以明朝的疆域情况，将明朝分为三个时期：

> 明早期（1364—1435），即包括吴王时期在内的洪武、永乐、洪熙、宣德时间，此一时间为明朝的鼎盛时间，其疆域达到了极盛；明中期（1436—1521），即正统、天顺、景泰、成化、弘治、正德时期，这一时期尚能维持其疆域格局；明晚期（1522—1644），即嘉靖、隆庆、万历、天启、崇祯时期，疆域

---

① 颜丙震：《明后期黔蜀毗邻地区土司纷争研究》，四川大学博士学位论文，2017年，第19页。

极速缩减。[①]

王毓铨先生在《中国经济通史·明代经济卷》中，根据经济的逐步提高和发展、繁荣、低落，将明朝分为三个时期：

> 明代的历史大体可以分为三个时期：前期（洪武至宣德，14世纪中叶至15世纪前叶），中期（正统至万历中期，15世纪前叶至16世纪末），后期（万历中期至明亡，17世纪初至17世纪中叶）。

综上所述，"晚明"一词主要有以下几种分段法：

陈梧桐、乌伊拉德·彼得森（美国）：1582—1644。

贺树德：1566—1644。

万　明：1522—1644。

刘志琴：1573—1644。

成臻铭：1522—1644。

王毓铨：万历中期—1644。

由于"晚明"一词本身是一个较为宽泛的根究，本文研究"晚明贵州"，结合贵州的实际情况，采用王毓铨先生的分期法，将早期确定为洪武朝至正统朝（1368—1449），中期为景泰朝至十六世纪末（1450—1599），晚期为十七世纪初至明亡（1600—1644）。本文研究晚明的贵州经济，采用此分法，原因有二：

一是万历二十八年（1600）六月，李化龙率师平播州土司杨应龙叛乱后"以其地置遵义、平越二府，分属川贵"[②]，此次疆界调整，形成明代贵州的最终版图。

---

① 成臻铭著：《土司制度与西南边疆治理研究》，北京：社会科学文献出版社，2016年，第336页。

② ［清］郑珍、莫友芝编纂：《道光遵义府志》卷40《年纪二》，成都：四川出版集团巴蜀书社，2013年，第782页。

二是本文研究贵州经济，因此接受以经济发展不同阶段定义“晚明”的王毓铨先生的观点，万历二十八年正好属万历中期。

五、明代的计量单位说明

1. 年、月、日

明代按阴历纪年，为方便计算，不论大小月，每月按30天计算。普通年份按12个月计，闰年增加1个月。

2. 粮米计量单位

与现代不同，明代税粮征收是按容积单位进行的，分别为石、斗、升、合、勺、抄、撮、圭、粒，单位之间为十进制。计算方式为：1石=10斗=100升=1000合=10 000勺=100 000抄=1 000 000撮=10 000 000圭=100 000 000粒=1 000 000 000粟。本文中所有粮米统一用“石”作单位。

3. 耕地面积计量单位

明代耕地的计量单位为亩、分、厘、毫、丝，单位之间为十进制。计算方式为：1亩=10分=100厘=1000毫=10 000丝。本文中统一用“亩”作单位。

4. 货币计量单位

明代同时使用白银和钞，各地的白银和钞的含量不同，因此白银和钞之间没有统一的换算单位。在此只能分别说明白银和钞的计量单位之间的进制。

白银所用计量单位为：两、钱、分、厘、毫、丝、忽、微，单位之间为十进制。比“微”小的的单位还有“尘”和“纤”，由于都只出现一次，笔者无法判定其进制。两次出现均在《嘉靖贵州通志》：

> 贵州卫岁用：每年实征白银二百六十一两一钱三分八厘七毫六丝六忽六微六尘；贵州前卫岁用：每年实征白银二百六十

一两一钱三分八厘七毫六丝六忽六微六纤。[①]

本文中暂时按1微=10尘和1微=10纤计量。计算方式为：1两=10钱=100分=1000厘=10 000毫=100 000丝=1 000 000忽=10 000 000微=100 000 000尘（纤）。本文中统一用“两”作单位。

钞作为白银的辅助货币，只有贯和文两种计量单位，单位之间为千进制。计算方式为：1贯=1000文。

4. 布匹

明朝的税赋还包括布匹，分别用丈、尺、条等计量。丈与尺之间为十进制：1丈=10尺，1条=长2丈×宽0.1丈。

5. 重量

明代的重量单位有秤、斤、两。按古代重量的进制，秤和斤之间为十进制，斤和两之间为十六进制。计算方法为：1秤=10斤=160两。

---

① ［明］谢东山修，［明］张道纂，赵平略等点校：《嘉靖贵州通志》卷4第1章《财赋》，成都：西南交通大学出版社，2018年，第179页。

第一章　晚明贵州的疆域与建置

明代以前，贵州“固西南荒徼也，庄蹻之略地，有同假道；唐蒙之持节，大类凿空。即其后或兼隶或分隶，享王日至，名位渐加，要亦羁縻，勿绝而已”①。

洪武初，贵州分隶云南、四川、湖广管辖。洪武十五年（1382）正月始置贵州都指挥使司。思南宣慰司田宗鼎和思州宣慰使田琛数相攻讦，地方不胜其害，永乐十一年（1413）二月，朝廷正其罪，废除二宣慰司，以“思州二十二长司分设思州、新化、黎平、石阡四府，原思南十七长官司分设思南、镇远、铜仁、乌罗四府。其镇远州、务川县亦各随地分未，而于贵州设贵州等处承宣布政司以总八府，仍与贵州都司同管贵州宣慰使司”②，贵州始位列职方。永乐十八年（1420）十一月，置贵州提刑按察司。至此，三司皆备的贵州成为明朝十三个布政司之一，以独立的姿态走向历史舞台。

地理位置上，贵州“东则楚，西则滇，北则川，南则粤，是腹心

---

① ［清］卫既齐修，薛载德纂，阎兴邦补修：《康熙贵州通志》卷1《舆图》，清康熙三十六年刻本，第2页。辑入《中国地方志集成》，凤凰出版社，上海书店，巴蜀书社，2010年，第36页。

② 《明太宗实录》卷87，永乐十一年二月辛亥条。

而喉咽”①。疆域上，贵州东西横贯 1270 里，南北纵贯 1095 里。

> （贵州）东抵湖广平溪卫界五百五十里，南抵广西泗城州界三百四十里，西抵云南曲靖卫界七百二十里，北抵四川泸州界七百五十五里。东南抵广西庆远府荔波县界五百八十五里，西北抵四川建昌行都司界一千六百里，西南抵云南亦佐县界九百二十五里，东北抵湖广五寨司界八百里。②

行政建置上，根据万历二十七年（1599）前完成的《万历贵州通志》，贵州有宣慰司 1、府 8、州 7、县 8，卫 18，直隶千户所 2。万历二十八年（1600）平播之役后，朝廷将播州宣慰之地一分为二，革黄平等五司，设平越府一州三县划归贵州，形成明代贵州的最终版图。

将原播州五司置平越府的时间节点，有万历二十八年（1600）、万历二十九年（1601）四月、万历二十九年（1601）五月三种说法，分别为：

第一，《黔记》记载：“万历二十八年（1600），子章平播善后具题，将黄平等五司改流，属贵州，设平越府、黄平州、瓮安、余庆、湄潭三县。”③

第二，《明实录》记载：“万历二十九年（1601）四月丙申（二十九），命分播地为二郡，以关为界，关内属川，关外属黔，属川者曰遵义，属黔者曰平越。遵义领州一：曰真安；县四，曰遵义、绥阳、桐梓、仁怀。平越领州一：曰黄平；县四：曰湄潭、余庆、瓮安、安化。”④

第三，《黔记》记载：“万历二十九年（1601）夏五月己亥，诏分播地，以播州为遵义夜，隶四川。革五司，以其地为平越军民府，隶贵

---

① ［明］江东之等修，［明］许一德等纂，赵平略等点校：《万历贵州通志》，成都：西南交通大学，2021 年，第 15 页。

② 同上，第 11 页。

③ ［明］郭子章著，赵平略点校：《黔记》，成都：西南交通大学出版社，2016 年，第 459 页。

④ 《明神宗实录》卷 358，万历二十九年四月丙申条。

州，设黄平州、湄潭、瓮安、余庆三县隶平越府。”①

笔者分析，应是万历二十八年（1600）西南总督李化龙和贵州巡抚郭子章已经设置平越府并隶贵州，同时上报朝廷，得到朝廷正式下旨，是在万历二十九年（1601）上半年。这与古代交通落后，从西南传信息到北京需要的时间较长有关，两个时间节点都可以采用。这也是本文根据贵州的实际情况，将“晚明”定义为自万历二十八年（1601）至崇祯十七年（1644）的主要原因。

另外，本文认为《明实录》中平越府所领的县四中安化县应为误讹。因为在《明实录》万历三十三年（1605）九月壬辰条有详细记载如下：

> 吏部言：“贵州思南府水德长官司正长官张辂年老乏嗣，本房子孙张治贵，二房子孙张治安争继，多年未有定一，据称治贵非出的（嫡）派，治安广行财贿，二房均难承袭，似应于三房张相子孙择其长者袭之，以守先绪。但思南为黔中首郡，文风渐盛，华民日繁，以夷官治华民，体统实不相称，抚按二臣议改土设流，深得用夏变夷之意，合无将水德长官司改为县治，恭请钦名定县名，礼部铸给印信，空臣部铨选知县一员，典史一名，原额钱粮治马差徭悉归县纳，其正长官张栩子孙择一人，降为土官县丞，副土地官杨一龙隆为土主薄，查照铜仁县例，量给夫马伞盖银两，俱不许管捕管粮，所有吏目一员应合裁革。”制曰可。其县名与做安化。②

在《黔记》中也有“万历三十三年（1605）秋九月戊戌，改水德江长官司为安化县，隶思南府附廓，从抚按郭子章、金忠士请也”③ 的记录，可以与之相互印证。

① ［明］郭子章著，赵平略点校：《黔记》，成都：西南交通大学出版社，2016年，第34页。

② 《明神宗实录》卷413，万历三十三年九月壬辰条。

③ 同①，第35页。

表1－1　万历二十九年（1601）革播州五司划归贵州新增行政建置

序号	新增行政建置级别	新增行政建置名称
1	一府	平越军民府
2	一州	黄平州
3	三县	湄潭县
4		瓮安县
5		余庆县

本表资料来源于《万历贵州通志》《黔志》《明实录》《明史》《康熙贵州通志》

此后朝廷虽在万历二十九年（1601）五月将湖广的镇远、偏桥、平溪、清浪四卫改隶贵州，将贵州的黎平府及永从县改隶湖广。但此次调整仅持续两年时间，到万历三十一年（1603）五月又复归于前调整前的状态。《明实录》未记载此次改隶。《黔记》记载为："（万历二十九年五月）改镇远、偏桥、平溪、清浪四卫隶贵州，黎平府永从县隶湖广……（三十一年）五月，复以平、清、偏、镇四卫隶湖广，黎平府隶贵州。"①《明史》却只记载黎平府改隶之事："（黎平府）万历二十九年（1601）十一月改府属湖广，三十一年（1603）四月还属贵州。"② 这次调整，对明代贵州版图的最终形成未产生影响，本文不做重点介绍。

从万历二十九年（1601）至明亡的43年间，贵州的疆域版图未作变动。但在行政建置和军事建置上，断断续续有些变化，主要包括：万历三十年，根据巡按宋兴祖奏请，朝廷将原安顺州升为安顺军民府，普安、镇宁、永宁三个直隶州改属安顺军民府③；万历三十三年（1605）九月，改水德江长官司为安化县④；万历三十六年（1608）

① ［明］郭子章著，赵平略点校：《黔记》，成都：西南交通大学出版社，2016年，第34页。

② ［清］张廷玉：《明史》，北京：中华书局，1974年，第1206页。

③ 原文为："万历三十年（1602），巡按宋兴祖奏改安顺军民府，以普安、镇宁、永宁三州属焉。"见［明］郭子章著，赵平略点校：《黔记》，成都：西南交通大学出版社，2016年，第177页。

④ 同①，第35页。

析新贵县及定番州地置贵定县①；天启元年（1621）取消施秉县建置。天启元年（1621）九月十七日，四川永宁土司奢崇明反叛朝廷，天启二年正月，贵州宣慰使安位之叔安邦彦趁机煽众从叛，时安位年仅七岁，幼不能制。此次叛乱长达十年之久，最终在西南总督朱燮元的武装打击下得以平息。叛乱平息后，朝廷对水西土司贬爵削土，崇祯三年（1630）将所削水西之地置敷勇、镇西二卫②。崇祯四年将从叛的贵州副宣慰使、水东土司宋氏洪边旧地置开州，又因战略需要恢复施秉县置。此后直至明亡，建置未再调整。

表1－2　晚明贵州（1600—1644）建置调整情况

建置	万历二十八年（1600）建置	调整情况	崇祯十七年（1644）建置
宣慰司	贵州宣慰司	未调整	贵州宣慰司
府	思州府	未调整	思州府
	思南府	未调整	思南府
	镇远府	未调整	镇远府
	石阡府	未调整	石阡府
	铜仁府	未调整	铜仁府
	贵阳府	未调整	贵阳府
	都匀府	未调整	都匀府
		万历二十九年革播州五司之地划归贵州新置一府一州三县	平越府
		万历三十年（1602）改安顺州为安顺府③	安顺府
	黎平府	黎平府于万历二十九年（1601）五月和永从县一起改隶湖广，三十一年（1603）五月复隶贵州④	黎平府
州	普安州	未调整	普安州
	永宁州	未调整	永宁州
	安顺州	万历三十年（1602）升为安顺府，安顺州建置取消	

① ［清］张廷玉：《明史》，北京：中华书局，1974年，第1198页。
② 同上，第1216—1217页。
③ ［明］郭子章著，赵平略点校：《黔记》，成都：西南交通大学出版社，2016年，第177页。
④ 同上，第34页。

续表

建置	万历二十八年（1600）建置	调整情况	崇祯十七年（1644）建置
州	镇宁州	未调整	镇宁州
	麻哈州	未调整	麻哈州
	独山州	未调整	独山州
	定番州	未调整	定番州
		万历二十九年革播州五司之地划归贵州新置一府一州三县	黄平州
		崇祯四年（1631）以水东洪边旧地置开州①	开州州
		万历四十年置②	广顺州
县	镇远县	未调整	镇远县
	务川县	未调整	务川县
	印江县	未调整	印江县
	施秉县	天启元年（1621）四月取消建置，崇祯四年（1631）十一月复置。	施秉县
	清平县	未调整	清平县
	新贵县	未调整	新贵县
	铜仁县	未调整	铜仁县
	龙泉县	万历二十八年改龙泉坪长官司置龙泉县	龙泉县
		万历二十九年革播州五司之地划归贵州新置一府一州三县	湄潭县
		同上	瓮安县
		同上	余庆县
		万历三十六年（1608）析新贵县及定番州地置贵定县③	贵定县
	永从县	万历二十九年（1601）五月改隶湖广，三十一年（1603）五月复隶贵州	永从县
		万历三十三年（1605）九月改水德江长官司为安化县④	安化县

① ［清］张廷玉：《明史》，北京：中华书局，1974年，第1198页。

② 同上，第1198—1199页。

③ 同上，第1198页。

④ 同上，第1210页。

续表

建置	万历二十八年（1600）建置	调整情况	崇祯十七年（1644）建置
卫	贵州卫	未调整	贵州卫
	贵州前卫	未调整	贵州前卫
	威清卫	未调整	威清卫
	平坝卫	未调整	平坝卫
	普定卫	未调整	普定卫
	安庄卫	未调整	安庄卫
	安南卫	未调整	安南卫
	普安卫	未调整	普安卫
	毕节卫	未调整	毕节卫
	乌撒卫	未调整	乌撒卫
	赤水卫	未调整	赤水卫
	永宁卫	未调整	永宁卫
	龙里卫	未调整	龙里卫
	平越卫	未调整	平越卫
	新添卫	未调整	新添卫
	清平卫	未调整	清平卫
	兴隆卫	未调整	兴隆卫
	都匀卫	未调整	都匀卫
	（镇远卫）	原属湖广，万历二十九年五月改隶贵州，两年后复隶湖广①	
	（偏桥卫）	同上	
	（平溪卫）	同上	
	（清浪卫）	同上	
		崇祯三年（1630）以水西地置敷勇、镇西二卫②	敷勇卫
		同上	镇西卫
直隶千户所	普市千户所	未调整	普市千户所
	黄平千户所	未调整	黄平千户所

本表资料来源于《万历贵州通志》《黔志》《明实录》《明史》《康熙贵州通志》

① ［明］郭子章著，赵平略点校：《黔记》，成都：西南交通大学出版社，2016年，第34页。

② ［清］张廷玉：《明史》，北京：中华书局，1974年，第1216—1217页。

根据上述两个统计表情况，本文将晚明贵州布政使司所辖宣慰司、府、州、县、卫、所的数量变化情况列表如下：

表 1－3　晚明时期贵州建置数量变化

建置	万历二十八年（1600）建置数量	万历二十九年（1601）建置数量	崇祯十七年（1644）建置数量
宣慰司数	1	1	1
府	8	8	10
州	7	8	9
县	8	11	14
卫	18	22	20
直隶千户所	2	2	2
共计：	44	52	56

晚明的贵州虽然战乱不停，但是，随着中央朝廷权力不断深入，越来越多的土司区在政治上已经被置于中央政府的直接管辖之下，为我们这样的多民族国家在民族关系上的深度融合打下了坚实的政治基础。

第二章　晚明贵州人口治理政策研究

明代是一个以农业经济为支柱的封建社会，受耕种技术与生产工具落后的双重限制，人口成为影响社会经济发展的关键因素。斯大林说："人是社会物质生活条件的必要因素，没有一定的最低限度的人口，就不可能有任何社会物质生活。"① 明代一向注重人口发展，宪宗时邱濬《大学衍义补》指出："天下盛衰在庶民，庶民多则国势盛，庶民寡则国势衰。"② 嘉靖时贵州提学谢东山亦云："民数者，庶事所出，以多为贵。"③ 说明人口对社会经济发展的不可替代性和重要性。

晚期贵州经历了两次大规模战争，一是播州之役，贵州受朝廷之命征剿播州宣慰使杨应龙叛乱；二是奢安之乱暴发后，贵州经历了长达10年的平叛战争。战争带来的人口消亡是巨大的，因此人口治理成为亟待地方政府解决之务。

---

① 中共中央马克思、恩格斯、列宁、斯大林著作编译局编：《斯大林选集》（下卷），北京：人民出版社，1979年，第440页。

② ［明］邱濬撰：《大学衍义补》卷13。转引自李中清著，林文勋、秦树才译：《中国西南边疆的社会经济：1250—1850》，北京：人民出版社，2012年，第35页。

③ ［明］谢东山修，赵平略等点校：《嘉靖贵州通志》，成都：西南交通大学出版社，2018年，第167页。

一、贵州立省至明中期（1413—1600）贵州人口发展状况

明朝的人口统计是以户和口为单位进行的，因此人口统计也叫户口统计，既包括户数也包括人口数。洪武十四年（1381），朱元璋“诏天下编赋役黄册”①，开启了明代第一次户口统计。户口统计按职业将百姓分为民籍、军籍、匠籍。黄册户口作为有司征税、编徭的依据，只登记民籍。“军籍归兵部掌管，不入于黄册。”② 据洪武十四年法令规定，“夷民不造黄册”③，赋税由土司统一征收，户口也不纳入布政司黄册统计数据。何炳棣先生认为，明后期“女子及十岁以下男孩不列入登记已十分普遍”④，王毓铨先生却认为明代人口统计不仅包括成丁，还包含“妇女大小口在内”⑤。笔者更倾向于王毓铨先生观点。明代黄册户口数据并非像现代意义上的人口普查一样精准，仅对说明人口数量增长的趋势，具有一定的参考作用。

明立国初期，贵州主要分属湖广、四川、云南三省。永乐十一年（1413）贵州正式建省，“四履所至不下千有余里，地非狭也”⑥。然而由于贵州属典型的喀斯特地貌，土地贫瘠，不利于农作物耕种，晚明以前，贵州人口增长缓慢。

---

① ［清］张廷玉等撰：《明史》卷77《食货一·户口》，北京：中华书局，1974年，第1878页。

② 何炳棣著，葛剑雄译：《明初以降人口及相关问题（1368—1953）》，北京：中华书局，2017年，第18页。

③ ［明］王圻撰：《续文献通考》卷13，北京：商务印书馆，1937。转引自赵家瑜：《明代贵州布政司人口状况》，《黑龙江史志》，2009年，第30页。

④ 何炳棣著，葛剑雄译：《明初以降人口及相关问题（1368—1953）》，北京：中华书局，2017年，第14页。

⑤ 王毓铨主编：《中国经济通史·明代经济卷上》，北京：经济日报出版社，2000年，第47页。

⑥ ［清］顾炎武撰，黄珅等校点：《天下郡国利病书》，收入《顾炎武全集》，上海：上海古籍出版社，2012年，第3708页。

据梁方仲先生在《中国历史户口、田地、田赋统计》里的资料显示，明朝立国 268 年间，共有 136 次全国人口数据记录。具体数据见下表。

表 2－1　明代人口统计次数列表

序号	姓名	庙号	年号	执政年数	人口统计次数
1	朱元璋	太祖	洪武（1368—1398）	31	3
2	朱允炆	惠宗	建文（1399—1402）	4	0
3	朱棣	成祖	永乐（1403—1424）	22	22
4	朱高炽	仁宗	洪熙（1425—1425）	1	1
5	朱瞻基	宣宗	宣德（1426—1435）	10	10
6	朱祁镇	英宗	正统（1436—1449）	14	14
7	朱祁钰	代宗	景泰（1450—1456）	7	7
8	朱祁镇	英宗	天顺（1457—1464）	8	8
9	朱见深	宪宗	成化（1465—1487）	23	23
10	朱祐樘	孝宗	弘治（1488—1505）	18	18
11	朱厚照	武宗	正德（1506—1521）	16	15
12	朱厚熜	世宗	嘉靖（1522—1566）	45	4
13	朱载垕	穆宗	隆庆（1567—1572）	6	5
14	朱翊钧	神宗	万历（1573—1620）	48	1
15	朱常洛	光宗	泰昌（1620 年）	实际在位一个月	1
16	朱由校	熹宗	天启（1621—1627）	7	0
17	朱由检	思宗	崇祯（1628—1644）	17	4
共　计：				267	136

本表资料来源于《中国历史户口、田地、田赋统计》

从上表可知，从永乐朝至正德朝（1403—1521）的 122 年间，朝廷十分重视人口治理，每年都有户口统计数据。此间也是明代政治相对稳定、经济快速发展的阶段。因此，对人口发展的重视程度，是与政治经济发展速度成正比的。

然而，由于贵州初列职方，加上经济条件落后，立省至中期的前后 188 年，贵州仅有 6 次户口统计，具体数据见下图。

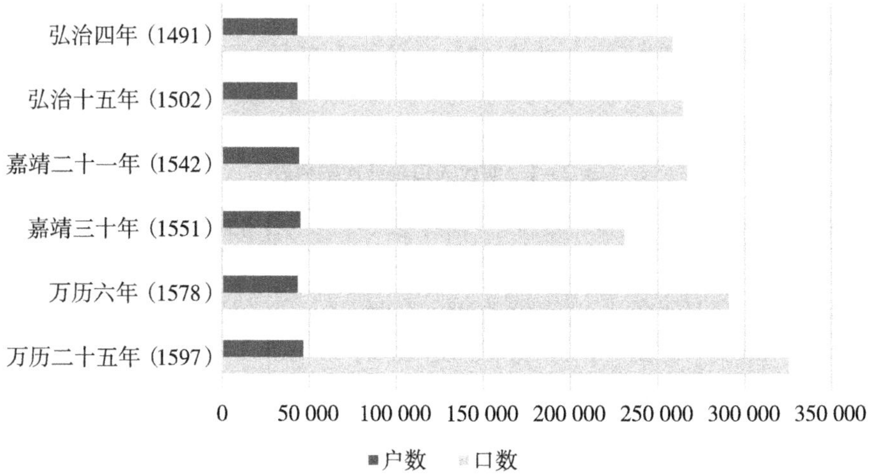

图 2-1　晚明以前贵州户口发展情况

表 2-2　晚明以前贵州户口发展情况

统计时间	户数	口数	数据来源
弘治四年（1491）	43 367	258 693	《明史·地理七·贵州》①
弘治十五年（1502）	43 354	264 798	《中国历史户口、田地、田赋统计》②
嘉靖二十一年（1542）	44 257	266 920	《中国历史户口、田地、田赋统计》③
嘉靖三十年（1551）	45 000	231 000	《皇明地理述》④
万历六年（1578）	43 405	290 972	《明史·地理七·贵州》⑤
万历二十五年（1597）	46 566	325 374	《万历贵州通志·省会志·民赋》⑥

① ［清］张廷玉等撰：《明史》卷46《地理七·贵州》，北京：中华书局，1974年，第1198页。

② 梁方仲编著：《中国历代户口、田地、田赋统计》乙表29《明洪武、弘治、嘉靖三朝分区户口、田地及税粮数》，上海：上海人民出版社，1980年，第332—333页。

③ 同上，第332—333页。

④ 《皇明地理述》，转引自梁方仲编著：《中国历代户口、田地、田赋统计》乙表42《明嘉靖中年后分区里数及户口、田赋数》，上海：上海人民出版社，1980年，第353页。

⑤ ［清］张廷玉等撰：《明史》卷46《地理七·贵州》，北京：中华书局，1974年，第1198页。

⑥ ［明］江东之、王耒贤、沈思充修，［明］许一德、陈尚象、刘汝辑，周文化等纂，赵平略、吴家宽点校：《万历贵州通志》卷1《省会制·民赋》，西南交通大学出版社，2021年，第17页。

嘉靖三十年（1551）的户口数据疑点重重，除本文引用的《皇明地理述》中的数据外，《嘉靖贵州通志》也有相关记载，原文为："司、府、州、卫、所军民人户一十四万八千九百五十七户，五十一万二千二百八十九丁口。军户六万二千二百七十三户，二十六万一千八百六十九丁口。民户五万六千六百八十四户，二十五万四百二十丁口。"此数据中，军户 62 273 + 民户 56 684 =118 957 户，而原文中总数却是 148 957 户，相差整整 30 000 户。[①]

万历二十五年（1597）的《万历贵州通志》对《嘉靖贵州通志》的数据做了修改和调整，分别在军户和民户的数据上增加 10 000，但仍与总数相差 10 000 户，原文为："府、州、县、司、卫、所军民通共一十四万八千九百五十七户，五十一万二千二百八十九丁口。军户七万二千二百七十三户，二十六万一千八百六十九丁口。民户六万六千六百八十四户，二十五万四百二十丁口。"调整后为军户 72 273 + 民户 66 684 = 138 957，二者之和仍与总数 148 957 相差 10 000 户。[②]

《皇明地理述》记载："万历二十五年（1597）查存一十万五千九百六户，五十万九千九百七十五丁口。军户五万九千三百四十户，一十八万四千六百一丁口，民户四万六千五百六十六户，三十二万五千三百七十四丁口。"

鉴于此，本文采用《皇明地理述》的数据：户数 45 000，口数 231 000。

从图 2 - 1 可知，单从数量上看，自弘治四年贵州建省至晚明以前，贵州人口发展较为稳定，总体呈上升趋势。然而，对人口的研究不能仅囿于数量，还要与同期人口的总体发展水平对比。因此，本文将对贵州人口数量在全国的占比进行统计。

---

① ［明］谢东山修，［明］张道纂：《嘉靖贵州通志》卷 3 第 5 章《户口》，嘉靖三十四年刻本，一九八二年贵州省图书馆据云南大学借云南省图书馆传钞，天一阁藏嘉靖刻本重钞本复印本，卷 3 第 31 页。

② ［明］江东之、王耒贤、沈思充修，［明］许一德、陈尚象、刘汝辑，周文化等纂，赵平略、吴家宽点校：《万历贵州通志》卷 1《省会制 · 民赋》，西南交通大学出版社，2021 年，第 17 页。

表 2－3　明代贵州户口统计同期的全国黄册户口数据

统计时间	户数	口数	数据来源
弘治四年（1491）	9 113 446	53 281 158	《明史·食货一·户口》①
弘治十五年（1502）	9 691 548	61 416 375	《中国历代户口、田地、田赋统计》②
嘉靖二十一年（1542）	9 972 220	62 530 195	《中国历代户口、田地、田赋统计》③
嘉靖三十年（1551）	9 352 015	58 550 800	《中国历代户口、田地、田赋统计》④
万历六年（1578）	10 621 436	60 692 856	《明史·食货一·户口》⑤

根据全国户口数量，可以计算出同期贵州户口数量在全国户口中所占比重，如下图：

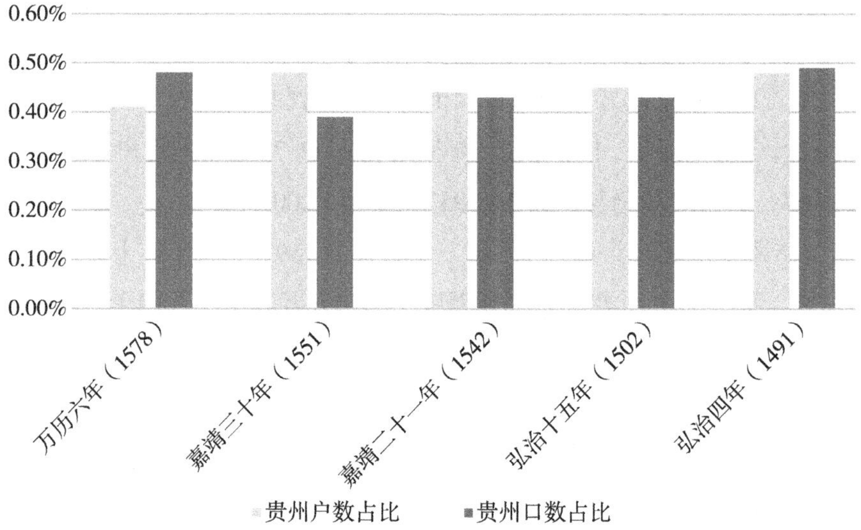

图 2－2　明代贵州户口占比状况

① ［清］张廷玉等撰：《明史》卷 77《食货一·户口》，北京：中华书局，1974 年，第 1880 页。

② 梁方仲编著：《中国历代户口、田地、田赋统计》乙表 29《明洪武、弘治、嘉靖三朝分区户口、田地及税粮数》，上海：上海人民出版社，1980 年，第 332—333 页。

③ 同上，第 332—333 页。

④ 同上，第 353 页。

⑤ ［清］张廷玉等撰：《明史》卷 77《食货一·户口》，北京：中华书局，1974 年，第 1880—1881 页。

表 2-4 明代贵州户口占比状况

统计时间	贵州户数	全国户数	贵州户数占比	贵州口数	全国口数	贵州人口占比
弘治四年（1491）	43 367	9 113 446	0.48%	258 693	53 281 158	0.49%
弘治十五年（1502）	43 354	9 691 548	0.45%	264 798	61 416 375	0.43%
嘉靖二十一年（1542）	44 257	9 972 220	0.44%	266 920	62 530 195	0.43%
嘉靖三十年（1551）	45 000	9 352 015	0.48%	231 000	58 550 800	0.39%
万历六年（1578）	43 405	10 621 436	0.41%	290 972	60 692 856	0.48%

由上图可知，明代贵州户数的数量相对较为稳定，一直维持在43 000～45 000之间，在全面的占比在0.41%～0.48之间波动。而口数却差距较大，最低数与最高数之间相差达60 000人，在全国的占比波幅也比户数占比波幅大，在0.39%～0.49%之波动。

相对于口数来说，户数的数量与占比更为稳定，与明代的税收制度有关。贵州的人口数虽然增幅较大，但是同期全国人口增幅也较大。因此其在全国的占比仍然处于全国最低位。

二、晚明贵州人口消亡情况

进入晚明后，贵州唯一一次户口统计，是在万历三十年（1602）大造黄册时，贵州有户48 746，丁口324 989，加上新划入贵州的平越府所含一州三县及九股降苗等，共计51 212户，344 180丁口。① 根据贵州一直以来“苗居其七，民居其三”② 的少数民族与汉族人口比例，万历三十年，贵州民户人口和少数民族人口应在110万～120万之间。以万历二十五年军卫人口184 601作为参考，此时贵州人口总数应在

① ［明］郭子章著，赵平略点校：《黔记》，成都：西南交通大学出版社，2016年，第461页。

② ［清］卫既齐修，薛载德纂，阎兴邦补修：《康熙贵州通志》之《道序》，清康熙三十六年刻本，第1页。辑入《中国地方志集成》，凤凰出版社，上海书店，巴蜀书社，2010年，第22页。

130 万 ~ 140 万。晚明贵州人口急速下跌，综合因素很多。影响最大的，应是贵州持续不断的战乱，间以自然灾害，导致晚明贵州人口处于急速下跌状态。特别是持续近十年的奢安之乱，导致贵州人口数量暴跌。

1. 夷汉官兵死亡导致人口下跌

奢安之乱中，朝廷与奢安彝兵无数大大小小的战斗，导致大量官兵死亡。同时，因为战争引发的饿死、逃亡等导致的人口数量下跌也非常惊人。

据不完全统计，参战人员死亡在万人以上的战役就发生了至少五起：

> 贵州抚臣王三善于二年（1622）十二月初一日，同监军道向日升亲率付总兵刘超，参将杨明楷、刘志繁、孙元谟、王建中，中军司陈嘉谟等众将，于初三日进龙里，当斩贼级二百余颗。初四日早三战三捷，大破贼兵十万，安邦彦仅以身免，烧毁贼众帐房无算，斩获大头目十余人，部下傍贼千有余级，死伤战马不计。生擒大头目一名阿得。初七日进谷脚铺，安贼兵阻皆铺，大战，参将孙元谟、杨明楷、刘志敏、李世将、马之将大破贼兵三十余万，斩贼首万余级，得获战马千余匹，焚烧营房一百二十余座，斩获头目邦彦亲弟阿伦等数十人。[①]

天启三年（1623）正月西南总理鲁钦带兵攻打红崖，“五战，斩首万八千，直抵大方”[②]。作为反击，安邦彦联结奢崇明和安效良在陆广夹击官兵，“官兵战死水陆凡四万余”[③]。

① 《明熹宗实录》卷 25，天启三年正月壬子条。

② ［清］张廷玉等撰：《明史》卷 270《列传第一百五十八 · 鲁钦》，北京：中华书局，1974 年，第 6942 页。

③ 《明熹宗实录》卷 26，天启三年二月己丑条。

同年二月，贵州巡抚王三善遣兵分路进剿安邦彦，副总兵刘超、参将杨明楷等率兵五万由六广河，总兵张彦芳、副总兵秦明屏等率兵六万由鸭池河，楚粤兵由黄沙营集结水西，十二月“黔师深入，抚臣王三善身自督战，斩首至一万八千余级”①。

天启四年（1624）正月，贵州巡抚王三善攻入六广，斩杀二千七百余级，因粮不继，撤退时被彝兵所截，兵败于鸭池，官军阵亡三千人②，三善不屈遇害③。同月，总理鲁钦“率部将张云鹏、刘志敏、邓玘等大败贼汪家冲。钺（总兵官黄钺）及参政陆梦龙、副使杨世赏亦大败贼蒋义。合追至河，斩首千五百余级，搜山，复斩六百余级……钦、钺督诸将穷追，先后斩首千余级”④。

崇祯二年（1629）六月至崇祯三年（1630）正月间，朝廷与奢安彝军大战，朝廷派川黔十一路军围剿水西，“实在擒斩，通共一万五千六百六十名颗”⑤。川黔十一路军由四川四路和贵州七路组成，分别为：四川永宁路、仁合路、泸卫路、遵义路和贵州乌撒路、毕赤路、六广路、鸭池路、三岔路、明家渡路、安普路。

上述五场大型战役，每场统计上报的夷汉官兵死亡人数都在万人以上，五场共 11 万多。除此之外，还有无数官兵死亡在万人以下的中小型战斗中，由于太多，无法一一统计。甚至有的战争伤亡情况当时并未进行清理或统计，仅用一些模糊的词语进行描述。如“铜、奇、亲兵死亡略尽”⑥“贵州兵克岩头寨……斩获多级”⑦“贼带死扶伤，奔溃过

① 《明熹宗实录》卷 37，天启三年十二月己酉条。

② 《明熹宗实录》卷 38，天启四年正月甲戌条。

③ 《明熹宗实录》卷 38，天启四年正月乙丑条。

④ ［清］张廷玉等撰：《明史》卷 270《列传第一百五十八 · 鲁钦》，北京：中华书局，1974 年，第 6942 页。

⑤ ［明］朱燮元撰：《少师朱襄毅公督黔疏草》卷 5 第 1 疏《查叙前后在事文武官员功次疏》，清康熙五十九年朱人龙刻本，第 27 页。

⑥ 《明熹宗实录》卷 28，天启三年四月戊寅条。

⑦ 《明熹宗实录》卷 45，天启四年八月甲午条。

江，落水淹死无算"① "投缳于树者、捐瘠于壑者、葬于江鱼之腹者累累籍籍"② "杀伤无算"③ "坠岩溺水者无算"④ "生擒斩杀及跌崖死者数万，尸积如山，血流成河"⑤ 等。显而易见，战争导致人口数量下跌速度快、数量大、恢复难。

除奢安之乱导致的战斗性人口减员外，自进入晚明后，贵州的战争从未停止，只是规模上均不及奢安之乱，但是导致的人口死亡数量同样不容小觑。如奢安之乱前的万历三十年（1602）贵州独山州土酋蒙天眷"统兵据甲站地，截县出路，烧金竹隘，阴县进路，射伤职官，杀死军兵，劫掳人畜"⑥ "皮林即歼，黎平大疫，二月城内死者六百人"⑦。万历三十一年（1603），播州旧逆吴洪、卢文秀等激怒旧民聚众首敌，被总兵李应祥、副使傅光宅等讨平⑧。万历三十七年（1609）"仲贼阿牙等作乱，定翻转、金筑间杀略颇惨"⑨。万历三十九年（1611）"安效良与安云翱争官职，杀戮地方，为害甚惨"⑩。万历四十一年（1613），贵州抚臣胡桂芳檄宣慰安尧臣等会同副总兵陈寅协力剿处普安蜡业、阿袍，"擒斩功级二百余颗，招抚庄寨百有余处"⑪。万历四十四年（1616），正月贵州红苗叛，六月贵州巡抚张鹤鸣擒斩苗仲千四百名⑫。万历四十五年（1617），四月"官兵南北两路擒斩贼二千九百六十

---

① 《明熹宗实录》卷50，天启五年正月戊午条。

② 《明熹宗实录》卷50，天启五年正月戊午条。

③ 《明熹宗实录》卷74，天启六年十二月壬戌条。

④ 《明熹宗实录》卷50，天启五年正月戊寅条。

⑤ ［明］朱燮元撰：《朱少师奏疏钞》卷6第5疏《仰仗天威官兵奋勇血战擒斩水蔺元凶飞报大捷事》，中国科学院图书馆藏，清雍正十一年朱源星刻本，史65—566，第10页。

⑥ 《明神宗实录》卷372，万历三十年五月己巳条。

⑦ 《明神宗实录》卷374，万历三十年七月癸亥条。

⑧ 《明神宗实录》卷382，万历三十一年三月丁卯条。

⑨ 《明神宗实录》卷455，万历三十七年二月己未条。

⑩ 《明神宗实录》卷480，万历三十九年正月丙辰条。

⑪ 《明神宗实录》卷512，万历四十一年九月丁己条。

⑫ 《明神宗实录》卷546，万历四十四年六月丁卯条。

余级”[①]；六月，贵阳知府孙崇先、守备孙国祚、指挥王建中等剿除洪边十二马头，“计擒斩共一千二百六十名颗，存获贼属六百四十三人”[②]；七月，安平道谢参政集奇营、川营、贵营、镇筸营兵及原任都司张鹤翀等，斩猱坪摆朋屯仲苗三百七十七人，跌崖落水死者不计其数[③]；九月，贵州都察院右佥都御史张偲征剿新添、平越仲苗，擒斩功七百有奇，纳降三千七百有奇。[④]

奢安之乱后，崇祯三年（1630）攻剿摆金、火烘、九股叛苗。崇祯三年（1630）十一月初四日开始攻剿摆金叛苗等处，至十二月四日“通共擒斩四百六十七名颗”[⑤]；十二月初一日开始攻剿火烘叛苗，至崇祯四年（1631）正月初六日“通共擒斩一百八十三名颗”[⑥]。崇祯二年（1629）正月初七日开始攻剿几九股苗，至四月初八日“通共擒斩五百三十二名颗”[⑦]，九股苗叛平。此后至崇祯四年（1631）四月，叛目汪狂、抱角父子，摆金王国卿、王璋、吴阿良、毛者等86人已全部被擒斩。

崇祯三至五年（1630—1632）攻剿两江黑苗。崇祯三年（1630）十月起，两江黑苗频繁攻击本地卫所，烧杀抢掠。十月中旬至十一月下旬之间，三次武装攻击偏桥卫，造成卫所官兵家属伤亡，财产遭受巨大损失。朱燮元令贵州总兵林兆鼎督率副将王国桢、参将陈谦等各部官兵共18 700名[⑧]，于崇祯四年（1631）正月二十四日分三路进剿两江黑苗。此18 700名官兵包括：副将王国桢、参将陈谦等各领所部官兵共8000名，并调副将杨正芳、下官毛礼领兵2000名，臣（朱燮元）标下

---

① 《明神宗实录》卷556，万历四十五年四月己亥条。

② 《明神宗实录》卷558，万历四十五年六月庚子条。

③ 《明神宗实录》卷559，万历四十五年七月壬午条。

④ 《明神宗实录》卷561，万历四十五年九月条。

⑤ ［明］朱燮元撰：《少师朱襄毅公督黔疏草》卷7第2疏《汇叙擒斩叛苗在事文武官员武次疏》，清康熙五十九年朱人龙刻本，第13页。

⑥ 同上，第15页。

⑦ 同上，第10页。

⑧ 同上，第33页。

游击彭应魁官兵700名，清浪参将程继勋、守备李上进、新近议革原任参将秦可，各统部兵2000名，又调平越五土司兵2000名随同进剿。

根据朱燮元《汇报擒斩两江恶苗功次疏》和《汇报剿洗两江功次疏》，笔者通过详细统计所得，两次战役斩杀黑苗分别为1582人①和2483人②，共计4065人，由于原文内容太多，在此不作引用。崇祯五年《汇叙擒斩叛苗在事文武官员功次疏》又有记“通共斩级四千五百三十八名颗”（此数字为笔者根据朱燮元于崇祯四年（1631）四月二十四日所奏《汇报剿洗两江功次疏》文字资料统计所得）③。在对两江黑苗的攻剿中，黑苗实际死于此次平叛战争的人口比统计的更多。如崇祯四年（1631）正月二十五日，“副将王国桢、参将陈谦亲督官兵保文銮等与贼大战，自辰至午，贼众大败，斩功数百，俘获贼属牛马器械不计”④；正月二十九日的战斗中，“贼败流水，杨光举等奋力追杀，溺死河中数百”⑤；正月三十日的战斗中，黑苗“败溃，胆寨、凉伞、白坝、岑溜数十逆寨，一时俱破，官兵急追，贼奔过河，溺死千余”⑥，这些死亡的人口是未进入功次统计的数字的。由此可见，黑苗因战而死的人数，远远多于朝廷的统计。朱燮元向朝廷的奏报中也说到，“擒斩数千，剿洗几尽，活俘贼属并获刀枪弩甲等项，不可胜计”⑦。

综上所述，晚明战斗性死亡夷汉官兵人口数量巨大。

2. 军民因战死亡及外逃导致人口下跌

战争直接导致人口减少的数量无法准确掌握，因为除了直接参加战

---

① ［明］朱燮元撰：《少师朱襄毅公督黔疏草》卷4第7疏《汇报擒斩两江恶苗功次疏》，清康熙五十九年朱人龙刻本，第34—39页。

② 同①，第41—45页。

③ 同①，第24页。

④ 同①，第33页。

⑤ 同上，第34页。

⑥ 同上，第35页。

⑦ ［明］朱燮元撰：《少师朱襄毅公督黔疏草》卷4第8疏《汇报剿洗两江疏》，清康熙五十九年朱人龙刻本，第45页。

斗的人口死亡数字较高外，还有大量未参战人员因为战争带来的次生灾害而死亡。如贵阳“被围十月，去兵减食，米贵于金，杀人而食”[①]“城外并乡间入城男妇将四十万，至十一月末俱死尽矣，逃出者万分之一，存者乡宦四五家，各不过七八人，合两院各官与士民之存者不过二百余人”[②]。除了围困死亡的四十万百姓外，还存在大量外逃或无辜被杀的屯卫人员。

明太祖朱元璋立国后在贵州大量设置卫所，作为控扼西南的保障。卫所按“大率五千六百人为卫，千一百二十人为千户所”[③]的标准，将中州地区“扬、粤、楚、豫之人，抽调戍守”[④]，派往各卫所屯军。据吴才茂《明代卫所制度与贵州地域社会形成研究》统计，至永乐十一年（1413）建省之时，贵州省境内卫所数为24卫（18卫6个军民司），2个一级千户所（又名直隶千户所，贵州都司直管），21个二级千户所[⑤]（隶各卫），后逐渐完善，到万历二十四年（1596）江东之任贵州巡抚并编纂《万历贵州通志》时，实有18卫，2个一级千户所，101个二级千户所。卫所在明朝早期军政修饬，承担着戍守地方的职责。中期以后逐渐衰落，到明晚时，已形同虚设：

> 正德以来，军职冒滥，为世所轻。内之部科，外之监军、督抚，叠相弹压，五军府如赘疣，弁帅如走卒……至于末季，卫所军士，虽一诸生可役使之。积轻积弱，重以隐占、虚冒诸

① ［明］朱燮元撰：《少师朱襄毅公督黔疏草》卷6第8疏《回奏李巡抚疏》，清康熙五十九年朱人龙刻本，第36页。

② 《明熹宗实录》卷26，天启三年二月甲戌条。

③ ［清］张廷玉等撰：《明史》卷90《志第六十六·兵二·卫所》，北京：中华书局，1974年，第2193页。

④ ［明］朱燮元撰：《少师朱襄毅公督黔疏草》卷9第2疏《回奏新旧田赋疏》，清康熙五十九年朱人龙刻本，第13页。

⑤ 吴才茂：《明初贵州边疆形势与卫所设置》，西南大学博士论文，2017年，第45页。

弊，至举天下之兵，不足以任战守，而明遂亡矣。[①]

失去戍守能力的卫所，在奢安之乱暴发时，既无镇压意愿，也无镇压能力。大量军卫人员为了保命，携家带口外逃；来不及逃走的，无辜被杀：

> （黔省）置卫设军……渐次开辟，类皆楚、蜀、江右商旅流寓之人，垦土为业，未尝输赋，与土司苗夷杂处。叛乱之后，殒命于干戈者，十去其七。[②]

更惨的是，有的整卫整所“军民被贼杀尽”[③]。崇祯二年（1629），贵州十八卫二所中，龙里、贵州、贵前、威清、平坝、普定、安壮、安南、普安、永宁、毕节、赤水、乌撒等十三卫、普市一所“俱被残破”[④]，“都匀、平越、新添、清平、兴隆等五卫、黄平一所，虽未残破，止存军三千五百八十一名”[⑤]，奢安之乱导致贵州“兵火十年，军民星散”[⑥]。

往前追溯，嘉靖三十四年（1555），贵州卫所军籍人口261 869[⑦]，万历二十五年（1597）为184 601[⑧]。即嘉靖三十四年（1555）至万历二十五年（1597）的42年间，军籍人口减少了77 268，减幅为29.51%。

---

① ［清］张廷玉等撰：《明史》卷90《志第六十六·兵二·卫所》，北京：中华书局，1974年，第2195—2196页。

② ［明］朱燮元撰：《少师朱襄毅公督黔疏草》卷9第2疏《回奏新旧田赋疏》，清康熙五十九年朱人龙刻本，第13页。

③ 同上，第8页。

④ 同上，第14—15页。

⑤ 同上，第15页。

⑥ 同上，第8页。

⑦ ［明］谢东山修，［明］张道纂，赵平略、吴家宽、徐万洁点校：《嘉靖贵州通志》，成都：西南交通大学出版社，2018年，第167页。

⑧ ［明］江东之、王耒贤、沈思充修，［明］许一德、陈尚象、刘汝辑，周文化等纂，赵平略、吴家宽点校：《万历贵州通志》，西南交通大学出版社，2021年，第17页。

万历二十五年（1597）至崇祯六年（1633）的36年间，军籍人口从184 601减少到3581，减少了182 020，减幅高达98.07%。

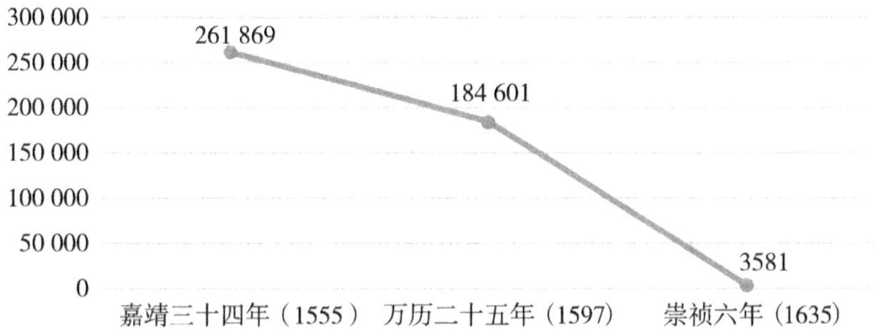

图2-3　嘉靖三十四年（1555）至崇祯六年（1633）贵州军户人口发展趋势

粗略估计，奢安之乱中贵州各卫所外逃和死亡人员总数应在十八万左右。此两项共导致人口减少六十万左右。

3. 瘟疫、自然灾害导致人口减少

天启年间频繁出现瘟疫、自然灾害，导致人口大量消亡。万历三十年（1602）黎平大疫，二月城内死者六百人①。天启三年（1623）七月，贵州“数月无粮，又天降大疫，死者如林，洪水大发，沿江居民漂留不可胜计”②。次月，全省呈现百姓“僵仆盈壑，非饥死则疫死，非溺死则毒死”③ 的惨状。晚明的贵州一直处于战乱，当瘟疫出现时，朝廷无力提供医疗救助和生存救助，许多百姓在疫情中死亡。崇祯四年年贵州又相继发生旱灾、地震等自然灾害：

> 自春以来，雨阳不时，早晚禾苗种未及半，其在田者，自六月初一至七月十七日，凡四十余日，一向亢旱，祈祷不应，田尽龟裂，秋收无望……（八月十七日夜四更属十八日丑时

① 《明神宗实录》卷374，万历三十年七月癸亥条。

② 《明熹宗实录》卷31，天启三年七月壬辰条。

③ 《明熹宗实录》卷32，天启三年八月丁丑条。

分）思南、清镇等处方数百里，其地大震。①

各种灾害的出现，对“用兵十年，人人失业”② 的贵州来说，犹如雪上加霜。正如钱穆先生在《中国历代政治得失》中云：“历史上的事情，有些摆在桌子面上，有些则隐藏在桌子底下。一般谈历史的，只注意桌子面上事……而没有注意到桌子底下一样有力量，一样有影响。”③除了瘟疫、自然灾害外，属于桌子底下看不见的部分包括：精壮劳动力均投入战争，土地无人耕种，社会生产停滞，导致百姓因饥饿或营养不良而死亡、生育率降低、婴幼儿成活率下降等，均会导致人口再生产周期变长、出生人口与死亡人口不平衡等，影响人口发展。

早在嘉靖三十四年（1555），谢东山在编《贵州通志》时，就认为贵州“山深地僻，非无田之患，而无民之忧”④。十年奢安之乱，具体减少多少人口，本文无法提供准确的数据。明代贵州最后一次人口统计是在万历三十年（1602），此后多次被卷入战乱，再无能力进行人口统计。

总之，晚明贵州人口急速下跌，使本就“地确民贫”⑤ 的贵州经济全面崩溃。不进行人口治理，贵州无法走出社会经济困境。

三、晚明贵州人口治理政策

“安酋倡乱，黔省屠戮几尽”⑥，战争对人口减少的影响是全方位且

---

① ［明］朱燮元撰：《少师朱襄毅公督黔疏草》卷6第3疏《地方灾异疏》，清康熙五十九年朱人龙刻本，第19页。

② 同上，第18页。

③ 钱穆著：《中国历代政治得失》，北京：九州出版社，2012年，第123页。

④ ［明］谢东山修，［明］张道纂，赵平略等点校：《嘉靖贵州通志》卷4《土田》，成都：西南交通大学出版社，2018年，第159页。

⑤ ［清］卫既齐修，薛载德纂，阎兴邦补修：《康熙贵州通志》之《藩序》，清康熙三十六年刻本，第2页。辑入《中国地方志集成》，凤凰出版社，上海书店，巴蜀书社，2010年，第13页。

⑥ ［明］包汝楫著：《南中纪闻》，北京：中华书局，1985年，第5页。

极难修复的，正如葛剑雄先生在《疆域与人口》中所概述的一样：

> 战争对人口最明显的影响是直接杀伤，造成人员的死亡或残废。古代一些战争的规模很大，残余人口很多，持续不断的战争更是如此。士兵的主要来源是农民，青壮年从军，老弱妇孺下田，加上畜力往往被征用，农业生产必定受到影响。士兵从粮食的生产者变为消耗者，使本来就有限的商品粮更加紧张。战场或军队的驻地往往离粮食产地很远，需要大量人力、畜力从事运输，有时沿途的消耗比运达数量要高好几倍。军人和运粮民工大多是青壮年男子，他们长期离家必然会使配偶减少生育机会，同时使他们的老人、儿童、家属因缺少赡养而缩短寿命甚至死亡。战争造成的物质破坏，会对农业生产、交通运输、河道水系和生态环境带来长期影响。战争期间对死亡人畜不能及时掩埋，往往会引起瘟疫流行，增加新的死亡，战争期间如果同时发生自然灾害，后果就更不堪设想。由于行政机构解体、交通受阻、缺乏必要的物资和人力以及统治者无暇旁顾等原因，灾民得不到及时和有效和救济，灾情得不到及时的控制，造成比平时严重得多的损失。而在缺粮的条件下，俘虏和平民生存的希望更小。①

毋庸置疑，人口严重不足已经成为阻碍晚明贵州地方社会经济发展的致命因素。朱燮元之前的贵州各级地方官吏却未意识到人口问题的紧迫性和严重性。崇祯二年（1629）三月，朱燮元以贵州、四川、湖广、云南、广西五省总督兼贵州巡抚身份移镇贵州，八月在红土川全歼奢安叛军主力奢崇明、安邦彦及一众土司土目后，水西土司安位乞降，贵州大局鼎定，朱燮元立即启动地方经济社会重建，首先提出“募耕垦以

---

① 葛剑雄著：《疆域与人口》，上海：复旦大学出版社，2021 年，第 146—147 页。

资粒食，悬赏格以广招徕”[①] 的人口治理措施。朱燮元的人口治理主要从以下四个方面展开。

（一）寓剿于抚，减少人口杀戮

贵州社会稳定是以平叛为前提得以实现的，打击民族叛乱，阻止民族分裂，仍是这一时期的首要任务。为平衡打击叛乱土司与减少人口损失之间的关系，朱燮元提出寓剿于抚的军事政策，将甄别土司作为该政策的先决条件。

1. 甄别土司

奢安之乱虽然是少数民族土司与汉族政权的战争，但是“土司忠义亦尽有人”[②]。正如太祖朱元璋所言：“驭蛮夷之道，惟当安近以来远，不可因恶以累善，非实在左验，不宜捕戮”[③]。甄别土司的目的既是为防止滥杀无辜，也是为“解彼合纵结党之谋”[④]。天启六年（1626）三月刑科给事中陆文献就此疏言：

> （土司）顺逆不可不分。蔺州发难，水西继起，奢崇明、安邦彦实戎首焉，至安位十龄孤儿，情有可原，各目向背参半，法无尽诛。昨年兴讨仓皇，茫无分别，则穴在织金纳恩而远击之鸭池、陆广、大方间，我若得志于鸭池，则糯米、白沙等无生理；我若得志于陆广，则得奋、乍者无生理；我若得志于大方，则四十八目共戴之安位无生理，是迫之使相救也。[⑤]

朱燮元履职贵州后，将甄别土司当作首务，“声罪致讨，已彰皇上

① ［明］朱燮元撰：《朱少师奏疏钞》卷6第2疏《直陈黔省情形并用兵机宜仰请圣裁以决全胜事》，清雍正十一年朱源星刻本，中国科学院图书馆藏，第4页右。

② 《明熹宗实录》第52卷，天启五年三月乙丑条。

③ 《明太祖宝训》卷6，洪武十八年六月甲午条。

④ 《明熹宗实录》第52卷，天启五年三月乙丑条。

⑤ 《明熹宗实录》第64卷，天启六年三月戊辰条。

挞伐之威；存孤抚顺，尤翼皇上浩荡之恩”①。“诸司平日为顺为逆情态不一，若不及行申明赏顺讨逆，无以杜瑕隙而封疆”②。在“清积蠹”③的军事行动中，对奢崇明、安邦彦等“十年启疆，罪大恶极”④之人，坚决打击，毫不手软，“歼之俾无遗种”⑤。移镇贵州仅4个月，就将奢崇明、安邦彦等叛首巨憝悉数尽歼，真正实现“斩馘擒凶，洗清半壁妖氛”⑥之目的。对忠于朝廷的少数民族土司土目，如奢社辉、陇应祥、陇孝祖（或）禄祈⑦、礼思明、黄汝贵、陇应奇等人，朱燮元不仅不主张剿杀，反而向朝廷报告，应予褒奖。

奢社辉是贵州宣慰使安位之母，同时也是奢崇明之妹。奢崇明反叛时，奢社辉并未参与，反而一直“素修诚款，不意偶逢逆彦悖叛，柄被旁侵，恐毁忠义，致捐身愤毙。凡有耳目，皆所共见”⑧，应被褒扬。

镇雄女知府陇应祥，原镇雄土知府陇来凤之妻，“来凤卒，妻禄

① ［明］朱燮元撰：《少师朱襄毅公督黔疏草》卷4第9疏《修复西卫开通道路疏》，清康熙五十九年朱人龙刻本，第48页。

② ［明］朱燮元撰：《少师朱襄毅公督黔疏草》卷1第9疏《亟议各土司顺逆疏》，清康熙五十九年朱人龙刻本，第57页。

③ 同上，第59页。

④ ［明］朱燮元撰：《少师朱襄毅公督黔疏草》卷4第9疏《修复西卫开通道路疏》，清康熙五十九年朱人龙刻本，第48页。

⑤ 同上，第48页。

⑥ ［明］朱燮元撰：《朱少师奏疏钞》卷6第1疏《入黔受代恭谢天恩事》，清雍正十一年朱源星刻本，中国科学院图书馆藏，第2页右。

⑦ 朱燮元的奏疏中两次提到镇雄女知府陇应祥之女，一是《亟议各土司顺逆疏》：“乌蒙女土官禄祈，乃镇雄女知府陇应祥之女”；一是《议录忠顺疏》：“（陇应祥）其女乌蒙陇孝祖”。目前笔者未查到禄祈和陇孝祖是否为同一人。

分别见：［明］朱燮元撰：《少师朱襄毅公督黔疏草》卷1第9疏《亟议各土司顺逆疏》，清康熙五十九年朱人龙刻本，第58页；［明］朱燮元撰：《少师朱襄毅公督黔疏草》卷7第12疏《议录忠顺疏》，清康熙五十九年朱人龙刻本，第63页。

⑧ ［明］朱燮元撰：《少师朱襄毅公督黔疏草》卷7第12疏《议录忠顺疏》，清康熙五十九年朱人龙刻本，第63页。

氏更名陇应祥代理府事”①。奢安之乱暴发之初，陇应祥不仅“素感国恩，坚守臣节，自发难至今，各目候其开口便即启疆，而应祥誓不从逆，即近见西酋云集，上大跨囤以避之，其义甚烈”②，而且“保全毕节难民数千人”③，后又“谕安位投款，缚献逆酋。不难以开道复城，故奔走于蛮烟瘴雨间，竟积劳成病，殒命途中”④。其女陇孝祖和（或）禄祈“自蔺变以来，并不发兵助逆，忠贞显著”⑤，同样值得褒扬。陇应祥后被朝廷封为正议大夫⑥，与朱燮元的甄别密不可分。

除上述代表性人物外，根据贵州按察使朱家民呈报，永宁州慕役长官司的礼思明、普安州黄草坝的黄汝贵和鸡场的陇应奇等土司也一直忠于朝廷：

> 三土司者于众夷抢攘之时，彼独挺立不变，今又以完粮为诸夷先，且历查其行径，保守道路，赎全子女，修桥砌路，广行善事，盖非勉强一时一事。而礼庭训（礼思明之孙）率思明之攸行，又可称媲美，法应旌淑，以彰风励。⑦

朱燮元经多方查实后，将此三土司的情况向朝廷报告，请予叙其功绩，彰其忠贞：

---

① 龚荫著：《中国土司制度史》，成都：四川出版集团，四川人民出版社，2012 年，第 560 页。

② ［明］朱燮元撰：《少师朱襄毅公督黔疏草》卷 1 第 9 疏《亟议各土司顺逆疏》，清康熙五十九年朱人龙刻本，第 58 页。

③ ［明］朱燮元撰：《少师朱襄毅公督黔疏草》卷 7 第 12 疏《议录忠顺疏》，清康熙五十九年朱人龙刻本，第 64 页。

④ 同上，第 63 页。

⑤ ［明］朱燮元撰：《少师朱襄毅公督黔疏草》卷 1 第 9 疏《亟议各土司顺逆疏》，清康熙五十九年朱人龙刻本，第 57 页。

⑥ 龚荫著：《中国土司制度史》，成都：四川出版集团，四川人民出版社，2012 年，第 560 页。

⑦ ［明］朱燮元撰：《少师朱襄毅公督黔疏草》卷 7 第 12 疏《议录忠顺疏》，清康熙五十九年朱人龙刻本，第 64 页。

> 黔中各土苗，自安逆造叛，无不蜂起响应。独永宁、普安二州土司礼思明、黄汝贵、陇应奇三人，笃志忠贞，绝不助逆，遇变则收养流离、保全土庶，事宁则早输粮马、修桥砌路，其功有难泯者。[①]

对因被挟制从叛、盲从或骑墙观望的土司，朱燮元报请给予他们将功补过的机会，而不是单纯进行军事打击。如东川知府禄千钟，“当水蔺初发难时，业已附和从叛，及云南抚按二臣责以大义，屯尔敛戢。自臣（朱燮元）履任，屡次申文请讨安边，亦能补过者也”[②]。而镇雄应袭者陇怀玉，如果能够“助讨叛逆”[③]，则仍可照羁縻之法，准其随袭土司。如若不愿归顺朝廷，应当举蜀黔滇三省之兵“移师向之”[④]，以达到“杜跋扈而明法守”[⑤] 的目的。

朱燮元对土司的甄别是客观公正的，也带有很大的民族包容性。如对水西土司、贵州宣慰使安位，虽然安邦彦是安位的叔父，又统领水西彝兵反叛朝廷，但朱燮元认为水西造叛时，安位尚幼，“髫齿之年，权被旁侵，不容己率”[⑥]，可以许其自新。

朱燮元对土司进行甄别，不搞一刀切，对忠顺的土司进行褒奖，对叛逆的土司进行讨伐，对在政府和叛军之间摇摆的土司进行拉拢、招抚，许其将功补过。一方面，维护忠顺土司的利益，稳定民心；另一方面，打击和削弱反叛势力和民族分裂势力。

---

① ［明］朱燮元撰:《少师朱襄毅公督黔疏草》卷 7 第 12 疏《议录忠顺疏》，清康熙五十九年朱人龙刻本，第 64—65 页。

② ［明］朱燮元撰:《少师朱襄毅公督黔疏草》卷 1 第 9 疏《亟议各土司顺逆疏》，清康熙五十九年朱人龙刻本，第 57 页。

③ 同上，第 59 页。

④ 同上。

⑤ 同上。

⑥ ［明］朱燮元撰:《少师朱襄毅公督黔疏草》卷 6 第 9 疏《题袭安位疏》，清康熙五十九年朱人龙刻本，第 42 页。

2. 寓剿于抚

朱燮元以土司甄别为基础的寓剿于抚政策，作用有三：第一，减少人口消亡；第二，减少军费开支；第三，尽快平定地方社会。然而，以减少杀戮为目的的招抚政策，具体实施过程却遭遇阻力重重，被乡绅里民、将帅士卒激烈反对，虽然反对的原因不同：前者基于民族仇恨，后者基于利益受损。

天启二年（1622）贵阳十月围城导致“人相食且尽”①，贵阳士民对无端起衅、肆意杀掠的少数民族土司、土目、土兵充满仇恨，处处破坏招抚：

> 随据（水西）汉把左之宾、宋之耒等七名，于（崇祯三年，1630）三月二十三日到省城投见，认定招集流离，修复毕节，求臣（朱燮元）给发照示。间至次日，臣方开门，忽乡绅马文卿、潘润民、杨秉铎、曹育俊、何图呈等率领士民至臣署中哀号赴诉，谓“杀戮积忿，断不能销；夷情狡诈，断不可信。且岌岌有寇在左右之恐”。臣以时势缓急，并接济困乏之状再三告之，意不相信。旋别赴按臣苏琰处，赴诉无何。则报有一等亡赖，径至城外歇家内，擒出左之宾等七目登时打死。又波及遵义投文千总汤思俸并参将冉天胤跟役数命，不惟酋目行李鞍马尽行抢夺，又抢夺守备聂承祖、赵一杰、唐启贵等数家。②

---

① ［清］朱世卫：《少师恒岳公事实》，源自［清］朱增等纂修：《［浙江绍兴］山阴白洋朱氏宗谱》卷七，清光绪二十一年木活字本。辑入上海图书馆编，陈建华、王鹤鸣主编，王铁整理：《中国家谱资料选编 4》之《传记卷·少师恒岳公事实》，上海：上海古籍出版社，2013 年，第 264 页。

② ［明］朱燮元撰：《少师朱襄毅公督黔疏草》卷 3 第 7 疏《安位投降中变疏》，清康熙五十九年朱人龙刻本，第 33 页。

另一方面，将帅士卒或贪楚饷之利，不愿罢兵；或贪零星小功，坐耗廪饩，对已经招抚的少数民族进行杀戮，故意扰乱日趋稳定的社会局势：

> 黔人自军兴以来，岁食楚饷百万，不乐罢兵，恐无所资，相与作乱，曰："水西我不共截履者也，必尽歼，无使遗种。"①
>
> 其地方最为害者在于零星小功。缘各将坐耗廪饩，无可搪塞，有虚报贼级而杀顺苗以送验者；有一将已经抚定而一将乘隙掩杀者；有本来投顺而诡称设伏缚献骈首就戮者。②

土民和官兵相互煽惑，阻碍招抚，形势几近失控。朱燮元当机立断，对破坏招抚者，"立斩数人乃定"③，避免了局势进一步恶化。随即向朝廷奏报招抚理由："环黔皆苗，安能尽杀。御以威信，总是良民。况六卫腴土尽多，全赖此辈耕垦"④。又抓住封建帝王希望树立仁治天下的王道心理，"若一一剪除，恐伤皇上不杀之仁"⑤。朱燮元的奏请得到朝廷支持，崇祯皇帝下旨："妄杀顺苗，零报功级，最妨大计，有再犯的，卿便军法从事，务开张威信，抚顺讨逆"⑥，使其招抚政策得到

---

① ［明］陈子龙撰，孙启治校点：《安雅堂稿》卷12《特进柱国少师兵部尚书恒岳朱公传》，辽宁教育出版社，2003年，第235页。

② ［明］陈子龙、徐孚远、宋征璧等选辑，虞万里、李伟国主编：《明经世文编》卷486《朱司马督蜀黔疏草（朱燮元）》第7疏《直陈黔省情形机宜疏》，上海：上海书店出版社，2019年，第5561页。

③ ［明］陈子龙撰，孙启治校点：《安雅堂稿》卷12《特进柱国少师兵部尚书恒岳朱公传》，辽宁教育出版社，2003年，第235页。

④ ［明］朱燮元撰：《少师朱襄毅公督黔疏草》卷1第2疏《直陈黔省情形机宜疏》，清康熙五十九年朱人龙刻本，第4页。

⑤ ［明］朱燮元撰：《朱少师奏疏钞》卷7第12疏《谨遵明旨据按臣论疏一一剖明仰祈圣鉴事》，中国科学院图书馆藏，清雍正十一年朱源星刻本，第29页。

⑥ ［明］朱燮元撰：《少师朱襄毅公督黔疏草》卷1第2疏《直陈黔省情形机宜疏》，清康熙五十九年朱人龙刻本，第5页。

政治上的保障。

朱燮元寓剿于抚政策的实施，结束了贵州长达十年之久的战乱，结束了彝汉人民相互杀戮的惨剧，使少数民族和汉族军民均得以休养生息，避免濒临崩溃的贵州人口状况滑向不可逆转的万丈深渊。

（二）募耕垦以资粒食——为增加人口提供物质基础

太祖朱元璋曰："国之道，以足食为本。"① 明朝是典型的农耕社会，要增加人口，首先要解决耕地问题和粮食问题。因此，朱燮元将"募耕垦以资粒食"作为增加人口的前提和基础。

朱燮元入黔之前，巡按贵州御史侯恂曾于天启四年（1624）二月向朝廷奏报拯黔事宜曰："省会、安顺等处户口流亡，沟塍半是无主""军卫节年凋残，屯田更多衰旺（"旺"字疑为讹误）"②。

贵州历来是多种少数民族的聚居区，明王朝的土司制度属朝贡制，土司向皇帝进贡土产，皇帝赐予价值相当的财物。地方官府对土司无权征税："土府银米，向来不纳"③。贵州自永乐建省以来，地方财政主要依靠四川、湖广协济粮银，两省大约各占一半，简称蜀饷和楚饷。"奢安之乱"后，四川遭受的破坏不亚于贵州，社会生产停滞，经济凋敝，无力支付朝廷额定的协济粮银。天启四年（1624）正月，时任五省总督兼四川巡抚的朱燮元在《恭报蔺地善后机宜疏》中提及四川财政困顿现状："独是蜀连年用兵，公私俱匮，库藏括而又括，钱粮借而又借，小民之仳离未复，膏血尽罄，不戢自焚，最为可虑。臣忧心如惔，不能朝夕"④。

---

① 《明太祖宝训》卷3，丙午正月辛卯条。

② 《明太祖实录》卷39，天启四年二月丙午条。

③ ①［明］朱燮元撰：《少师朱襄毅公督黔疏草》卷4第6疏《酌请四年新饷疏》，清康熙五十九年朱人龙刻本，第27页。

④ ［明］朱燮元撰：《朱少师奏疏钞》卷3第21疏《恭报蔺地情形与善后机宜仰祈圣裁以期安攘事》，清雍正十一年朱源星刻本，中国科学院图书馆藏，第90页。

天启五年（1625）三月，朱燮元《简兵屯守疏》又云："夫蜀民之困极矣，马已竭而犹求，鸿欲集而无所，吸髓既空，揭竿欲起，外则建昌、松潘群夷在在跳梁，内则屯戍各兵嗷嗷待哺，画地之饼难啖，无惠之法难振。"[①] 天启六年（1626）十二月，四川巡按张睿谟再疏："蜀省兵饷不支，发帑金兑楚饷百余万矣，两三年来，局尚未结，困不可支，无所措处，势必剥民负薪不休，皮毛俱尽。"[②]

湖广情况稍稍好一点，但也不容乐观。晚明辽东战事不断，朝廷的军费开支很大程度上依赖湖广，湖广财政压力增大，应支付贵州的协济粮银大量拖欠，或被减额，"楚饷已减十之六七，旧欠征去一半"[③]，加上两省之间山高箐密，"远候转运，更多劫掠之虞"[④]，导致湖广布政司根本无法将协济粮银足额、及时运达贵州。崇祯二年（1629）三月朱燮元抵黔时，除因拖欠被减免的银两外，楚饷积欠已高达五十八万两之多。[⑤]

贵州是西南军事锁钥，为保证西南地区安宁，必须长期维持庞大的军费开支。既然指望川湖协济已不可能，朱燮元提出："看得养兵，莫善于屯田，以其地之所出，供本地之官军，不劳转输而廪粮自给。"[⑥]唯有屯田才是解决军队粮食最可靠最有效的途径。加上水西"地起裸

---

① ［明］朱燮元撰：《朱少师奏疏钞》卷5第3疏《备陈协战之难亟议固圉之策伏祈明圣治臣不效之罪立赐褫放敕部速议良图以无误封疆事》，清雍正十一年朱源星刻本，中国科学院图书馆藏，第27页。

② 《明熹宗实录》卷74，天启六年十二月壬戌条。

③ ［明］朱燮元撰：《少师朱襄毅公督黔疏草》卷4第6篇《酌请四年新饷疏》，清康熙五十九年朱人龙刻本，第29页。

④ ［明］朱燮元撰：《少师朱襄毅公督蜀疏草》卷12第2疏《简兵屯守疏》，清康熙五十九年朱人龙刻本。第8页。

⑤ ［明］朱燮元撰：《少师朱襄毅公督蜀疏草》卷1第4疏《题清饷实济疏》，清康熙五十九年朱人龙刻本。第10页。

⑥ ［明］朱燮元撰：《少师朱襄毅公督黔疏草》卷7第4疏《列城设卫久任世守疏》，清康熙五十九年朱人龙刻本，第34页。

朵、乐农、思腊、七星桥，纵横数百里，水土广衍”①，安邦彦等巨憝授首后，留下大片可耕之地，因此，朱爕元“思疆圉多故，物力艰难，敢不加意撙节”②，致力于开屯辟土，发展地方农业生产。铲除奢安之乱叛首后，朱爕元责成贵州境内各路官兵全力投入开垦，至崇祯五年（1632）二月，仅短短两年半时间，已经开垦出耕地达252 799.5538亩。

表2-5 崇祯二年（1629）至崇祯五年（1632）贵州开垦田亩情况统计表

一、贵州垦新情况			
序号	新屯位置	开垦负责人	新开水田数（亩）
1	铁王旗一路，今改为定南所	副总兵范邦雄	23 610
2	鸭池一路，今改为镇西卫	副总兵杨正芳	25 000
3	乐平一路，今改为柔远所	游击金良田	6500
4	龙场一路，今改为敷勇卫	总兵官王国祯	15 000
5	六广一路，今改为濯灵所	参将方国安	10 000
6	狎狼一路，今改为息烽所	都司佥书袁桂芳	8000
7	会省要隘平伐、定广等处		29 390
恳新小计：			117 500
二、贵州垦熟情况			
序号	卫所名	熟田来源	开垦熟田数（亩）
1	龙里卫	开垦熟田	14 368
2		清出土官何中蔚贼田	15 604.0958
3	贵州卫	开垦熟田	19 819
4	贵州前卫	开垦熟田	10 377.135
5	威清卫	开垦熟田	7323.3
6	平坝卫	开垦熟田	13 919

① ［明］朱爕元撰：《少师朱襄毅公督黔疏草》卷7第4疏《列城设卫久任世守疏》，清康熙五十九年朱人龙刻本，第32页。

② ［明］朱爕元撰：《少师朱襄毅公督黔疏草》卷4第6疏《酌请四年新饷疏》，清康熙五十九年朱人龙刻本，第27页。

续表

序号	卫所名	熟田来源	开垦熟田数（亩）
7	普定卫	开垦熟田	10 030
8	安庄卫	开垦熟田	18 187. 273
9	安南卫	开垦熟田	15 504. 25
10	普安卫	开垦熟田	4267. 5
11	安龙、安南、平夷、乐民四所		5900
恳熟小计：			135 299. 5538
三、垦新垦熟田亩总数 =117 500 +135 299. 5538 =252 799. 5538 亩			

本表中的开垦的田亩分垦新和垦熟。垦新指开垦新田，将从未被开垦过的荒坡野地，开辟成可耕种的田土。垦熟指开垦熟田，包括将原来曾被耕种过，后因战乱、闲置等原因被抛荒，现重新开垦进行耕种，或清理原被非法占有的贼田

本表根据朱燮元崇祯五年（1632）二月十二日奏疏《议清通省新旧田赋以佐军需疏》文字资料整理所得

除了官兵开垦外，朝廷还“相应责成府、州、县设法招徕开垦”①，大片被开垦出来的土地，成为贵州吸引人口、招徕人口、留住人口的物质基础。

（三）悬赏格以广招徕——多方募集人口

对屯田进行开垦与整饬，为外来人口提供基本的生存条件，使朱燮元“悬赏格以广招徕”② 的人口政策变成现实。朱燮元招徕人口的途径主要有三。

1. 分官世职与分土世守——留住客兵

“非卫所不能镇新辟之疆，非世职无以坚守土之心”③，只有增加贵州人口，才能镇守西南咽喉之地。为吸引外省入黔平叛的官兵自愿留下，“莫若一仿祖制，尽举屯田以授之有功之人。将见在行间之将士，

① 《明熹宗实录》卷 39，天启四年二月丙午条。

② ［明］朱燮元撰：《朱少师奏疏钞》卷 6 第 2 疏《直陈黔省情形并用兵机宜仰请圣裁以决全胜事》，中国科学院图书馆藏，清雍正十一年朱源星刻本，第 4 页右。

③ ［明］朱燮元撰：《少师朱襄毅公督黔疏草》卷 7 第 4 疏《列城设卫久任世守疏》，清康熙五十九年朱人龙刻本，第 37 页。

分别高下，功绩尤异者，拟授指挥，次者千户，再次百户、总旗、小旗，暂以札付拟衔而即授之”①。朱燮元根据官兵战功、版筑、开垦等功绩的大小，分别“授之以官，以鼓向上之心”②，将他们分到各卫所屯戍。单是崇祯五年（1632）二月，授予六品以上将官世职就达19人。

表2-6　崇祯五年（1632）分官世职人员名单

序号	官职及姓名	应荫官职	品级
1	总兵官林兆鼎	镇西卫指挥使	正三品
2	总兵官王国祯	敷勇卫指挥使	正三品
3	副将杨正芳	镇西卫指挥使	正三品
4	副将范邦雄	定南所指挥同知	从三品
5	参将陈谦	敷勇卫指挥佥事	正四品
6	参将方国安	敷勇卫正千户	正五品
7	参将刘镇藩	敷勇卫正千户	正五品
8	游击彭应麟	镇西卫正千户	正五品
9	游击金良田	柔远所正千户	正五品
10	都司佥书袁桂芳	修文所正千户	正五品
11	镇西卫守备毛礼	本卫所副千户	从五品
12	镇西卫守备李守文	本卫所副千户	从五品
13	敷勇卫游击温如珍	本卫所副千户	从五品
14	敷勇卫守备周民望	本卫所副千户	从五品
15	定南所守备王天宠	本卫所副千户	从五品
16	镇西卫守备龙凤麟	本所实授百户	正六品
17	敷勇卫守备卢仲勋	本所实授百户	正六品
18	息烽所守备牟海奇	本所实授百户	正六品
19	连云等城守备朱明远	本所实授百户	正六品

本表根据朱燮元崇祯五年（1632）二月二十日奏疏《列城设卫久任世守疏》文字资料整理所得

① 《明熹宗实录》卷59，天启五年十月丁亥条。

② ［明］朱燮元撰：《朱少师奏疏钞》卷8第3疏《西土分设已明酌议善后事宜列款具陈恭请圣裁事》，清雍正十一年朱源星刻本，中国科学院图书馆藏，史65—631，第12页。

除上述品级较高的官员之外，朝廷还对敷勇卫的张顺、黄河清、曹瑞麟、钱应科、李应甲、王贵龙、陈斌；镇西卫的戴尚贵、王辅、高友茂、杨忠、况元赏、张才、王可；定南所的赵良臣、华宗明、吴国栋、向起奉、欧伦、王国胜；息烽所的刘安边、严奇；省城标下各营的杨云、丁显爵、朱文庆、沈芳；安普十一新城的李芳先、曹正邦、许尽忠、李世芳、施国颜、陆逢春、马振邦①等33人序功并授予低于六品的官阶。

对"有饷则聚，无饷则散"② 的普通士兵，为了吸引他们留黔，朱燮元在旧例"一军授水田十二亩，旱地六亩"③ 的基础上，另"量宽予二亩"④，按二十亩标准，分给士兵水田旱地，"许世其土，各自立家"⑤，吸引入黔平叛的万余客兵"皆成世军"⑥ 留守贵州。

对还未立功的新兵，为吸引他们留下来，"至于无主之田，或被贼杀尽，应给新兵……岂可任墨吏奸胥借口充饷而断卖润囊。切宜严示榜禁者也"⑦，将无主之田和绝田分给新兵作为生存资本。留黔官兵"且屯且守，渐渐生聚"⑧，贵州人口日渐增多。

2. 招复旧民，归其耕地

旧民包括两类，一是指奢安之乱暴发后外逃的原卫所军屯人员，一

---

① ［明］朱燮元撰：《少师朱襄毅公督黔疏草》卷7第4疏《列城设卫久任世守疏》，清康熙五十九年朱人龙刻本，第41页。

② 《明熹宗实录》卷59，天启五年十月丁亥条。

③ ［明］朱燮元撰：《少师朱襄毅公督黔疏草》卷7第4疏《列城设卫久任世守疏》，清康熙五十九年朱人龙刻本，第35页。

④ 同上。

⑤ ［明］刘宗周撰：《恒岳朱公墓志铭》。辑入［明］朱燮元撰：《朱少师奏疏钞》之《墓志铭》，中国科学院图书馆藏，清雍正十一年朱源星刻本，第16页。

⑥ ［明］朱燮元撰：《少师朱襄毅公督黔疏草》卷7第4疏《列城设卫久任世守疏》，清康熙五十九年朱人龙刻本，第35页。

⑦ ［明］朱燮元撰：《少师朱襄毅公督黔疏草》卷9第2疏《回奏新旧田赋疏》，清康熙五十九年朱人龙刻本，第10页。

⑧ ［明］朱燮元撰：《少师朱襄毅公督黔疏草》卷7第4疏《列城设卫久任世守疏》，清康熙五十九年朱人龙刻本，第39页。

是被土司掳掠为奴的军民。战争平息后的两年间，朱燮元带领龙里等十三卫一所，共招回旧军 13 157 人回黔耕种。

崇祯二、三年来，如龙里、贵州、贵前、威清、平坝、普定、安壮、安南、普安等卫俱被残破，共集军九千六百九十七名……迤西永宁、毕节、赤水、乌撒四卫，普市一所，残破更甚，已招回军三千四百六十名。[①]

此后朱燮元又陆续为旧屯龙里、贵前等七卫四所，毕节、乌撒等卫继续招集旧民无数。[②]

对于“逃散归来[③]者”“自水内送出者”“自他省旋里者”[④]，朱燮元均要求地方官员“酌查断给”[⑤] 田土，对于“在逃新归者，即入科田之列，其有士绅在外，即未归而先求田者，查府县有册案亦即给之”[⑥]。所有政策均为保证旧民愿意回黔居住、能在贵州生存下来。在朱燮元积极招徕政策下，几年间，旧民“强半复业”[⑦]，逐渐回黔并得以安居。

3. 打破户籍壁垒，广招流徙入黔

明代的户籍登记中，除个人基本信息，如出身年月、性别等之外，还有三个重要内容：居住地、职业种类、家庭财产。明初实行相对稳定的户籍制度，即居住地和职业种类在代际间承袭，不能改变。后由于徭役、饥荒、战乱等原因，外逃人户日多，成为社会安全隐患。明宪宗采纳周洪谟建议，允许流民在逃入地附籍，从而放宽了居住地的限制。然

---

① ［明］朱燮元撰：《少师朱襄毅公督黔疏草》卷 9 第 2 疏《回奏新旧田赋疏》，清康熙五十九年朱人龙刻本，第 14—15 页。

② 同上，第 9 页。

③ 同上，第 10 页。

④ 同上，第 12 页。

⑤ 同上，第 10 页。

⑥ 同上，第 14 页。

⑦ 同上，第 12 页。

而，根据职业种类所分的民籍、军籍、匠籍等，“毕以其业著籍”[1]，不同户籍身份不能相互转换。最明显的就是外逃人员中，民籍可以附籍，“军、匠、灶役冒民籍者发还”[2]，说明户籍中职业类型的壁垒相当森严。

面对贵州严重的人口短缺，朱燮元意识到，如果不打破户籍壁垒，人口恢复很难实现。因此，大胆提出招徕人口时“不拘其籍”“不世其伍”的观点，打破原户籍中对职业种类的限制。

> 以屯为招局课耕而不拘其籍；以耕为实着与业而不世其伍（总期填实户口，何拘伍籍？）只求人人精壮，处处垦辟。人壮则耕、战、守响应自灵，田垦则军、兵、民干陬皆裕。[3]
>
> 不问是军、是兵、是民，果精壮愿耕者，即听注册服业。兵耕之，则除其月饷；民耕之，则输粮赡军。兵与民即军也。[4]

对于新招徕的人户，“若其来归而无原业者，则如道臣杨先芳所议，将沿河旷土，随便给耕，但恐其不就招徕，断不忍绝其生计也”[5]，为新入黔人员的留居创造生存条件。

（四）振兴文教，拓宽黔籍子弟晋升通道

朱燮元通过寓剿于抚以减少杀戮、分官世职和分土世守以留住客兵、归其田土以招复旧民、打破户籍壁垒以扩大招徕范围等措施，使

---

① 柯美成主编：《理财通鉴——历代食货志全译》，北京：中国财政经济出版社，2007 年，第 897 页。

② 同上，第 898 页。

③ ［明］陈子龙、徐孚远、宋徵璧等选辑：《明经世文编》卷 487《朱司马督蜀黔疏草（朱燮元）》第 3 疏《回奏新旧田赋疏》，上海：上海书店出版社，2019 年，第 5572 页。

④ 同上。

⑤ 同上。

贵州人口逐渐得以恢复。然而，经历奢安之乱后的贵州，满目疮痍，朱燮元知道，“非兴起庠序，教以读书礼义，俾有进取，其谁肯舍故乡而恋此荒壤”①。因此，在贵州布政司臣朱芹、按察司臣朱家民、巡按贵州监察御史梁炳、总镇王国桢、提学张赞及各卫所军官的支持下，通过兴办教育，为黔籍子弟谋求晋升之道，使新落户的军民能够踏踏实实扎根贵州并繁衍生息。

1. 兴庠序建文庙——振兴文教鼓舞向化

兴庠序，即朱燮元通过重建旧学、兴建新学、广设社学来重振贵州教育。天启二年（1622）奢安之乱暴发之初，大量官办学校在战乱中被毁。朱燮元于崇祯二年（1629）重建乌撒卫学②，崇祯四年重建贵阳府学和安顺府学③。

崇祯三年（1630）朱燮元撤销水东土司建置后，将原领地改土归流，新置开州，又在原水西领地内新建敷勇卫、镇西卫及十个千户所。此一州二卫十所多次申请兴建学校，由于“不能遍狥”④，朱燮元于崇祯六年三月，将原寄学于贵州府学的诸生三百余人，“于敷勇卫特设一学统之”⑤。同时，为实现“夏风化夷”之目的，在基层社会大肆兴办社学，颁书教习，增加偏远地区各少数民族接受儒家传统文化教育的机

---

① ［明］朱燮元撰：《少师朱襄毅公督黔疏草》卷8第9疏《议建新学疏》，清康熙五十九年朱人龙刻本，第38页。

② ［清］卫既齐修，薛载德纂，阎兴邦补修：《康熙贵州通志》卷15《学校》，清康熙三十六年刻本，第9页。辑入《中国地方志集成》，凤凰出版社，上海书店，巴蜀书社，2010年，第307页。

③ 同上，第1页、第3页。辑入《中国地方志集成》，凤凰出版社，上海书店，巴蜀书社，2010年，第303页、第304页。

④ ［明］朱燮元撰：《少师朱襄毅公督黔疏草》卷8第9疏《议建新学疏》，清康熙五十九年朱人龙刻本卷8，第42页。

⑤ ［清］朱世卫：《少师恒岳公事实》，源自［清］朱增等纂修：《［浙江绍兴］山阴白洋朱氏宗谱》卷七，清光绪二十一年木活字本。辑入上海图书馆编，陈建华、王鹤鸣主编，王铁整理：《中国家谱资料选编4》之《传记卷·少师恒岳公事实》，上海：上海古籍出版社，2013年，第267页。

会，引导他们融入中华民族这个大家庭：

> 水西各夷披毡负弩，曾不知有礼义，惟荣以衣冠，教以诗书，可以挽回化导。臣与按臣先后入其地，凡夷目汉把识字者，俱经面试，内有粗通文理共得六十人，皆可化诲，予以衣巾，教之习礼，各夷无不欣跃。[①]

文庙作为文人士子的精神家园，象征意义重大。朱燮元兴办学校的同时，还带头捐资建文庙。在乌撒卫学内“创造文庙，各将业已捐赀食”[②]，在贵阳府学内“改宣慰司为文庙”[③]，将学校与文庙同时恢复。

恢复学校后，朱燮元将原水西水银厂的盈利部分，作为长期办学经费所出：

> 至春秋祭祀、乡饮宾兴、科贡盘缠、廪生膳银等费银两，取之水银厂内，盖以武功所得之厂，而量取之修文之用，似有益于裒益之数。[④]

兴办儒学使本地夷汉人民和留黔客兵子弟有接受教育的机会，一方面加强了民族间的文化认同，另一方面解除留黔客兵的后顾之忧。

2. 增加解额和科举入场额——拓宽士子晋升渠道

贵州经历了奢安之乱的贵州满目疮痍，百业俱废，人口凋敝。为尽快

---

① ［明］朱燮元撰：《朱少师奏疏钞》卷8第3疏《西土分设已明酌议善后事宜列款具陈恭请圣裁事》，中国科学院图书馆藏，清雍正十一年朱源星刻本，第13—14页。

② ［明］朱燮元撰：《少师朱襄毅公督黔疏草》卷8第9疏《议建新学疏》，清康熙五十九年朱人龙刻本，第42页。

③ ［清］朱世卫：《少师恒岳公事实》，源自：［清］朱增等纂修：《山阴白洋朱氏宗谱》卷7，清光绪二十一年木活字本。辑入上海图书馆编，陈建华、王鹤鸣主编，王铁整理：《中国家谱资料选编4》之《传记卷》，上海：上海古籍出版社，2013年，第268页。

④ ［明］朱燮元撰：《少师朱襄毅公督黔疏草》卷8第9疏《议建新学疏》，清康熙五十九年朱人龙刻本，第41页。

稳定社会，特别是士子阶层，朱燮元“设廪饩以优之，开科贡以鼓之”①，积极向朝廷申请增加解额，既让更多的贵州少数民族进入汉族王朝的统治阶层，加快民族融合进程，又鼓励“诸将士子弟俱与其乡试”②，让更多的军民子弟有机会升迁，吸引他们留在贵州。关于解额，贵州向来偏少，排全国之末。单与同为边疆地区、名额同样偏少的云南相比，就少两成多：

> 查贵州与云南，虽肥瘠不同，而十府十八卫并平、清、偏、镇四卫，及近新设二卫十所、开州一府，游庠之士，数实相埒。云南乡试中额四十八名，而黔省独缩其十，颇似不均……即不敢望云南之例，合照二司学臣之议，请加乡试中额三名。③

朱燮元将贵州与云南的情况进行对比，认为贵州和云南的生员数相等，但是乡试的举额却少了整整十名，对贵州生员来说不公平，因此奏请增加三名举额。礼部认为在贵州增加解额是“以遐陬兜鍪之胤，比成均胄子之科；以暗索得隽之典，为坐阄填注之法”④，并把遵义作为例子：“四川遵义府属设学三十余年矣，决科命中之彦未之或见，而编字定中之例未之前闻也”⑤。虽然朝廷以“至议增解额，另编字号，尤

① ［明］朱燮元撰：《少师朱襄毅公督黔疏草》卷 8 第 9 疏《议建新学疏》，清康熙五十九年朱人龙刻本，第 39 页。

② ［清］朱世卫：《少师恒岳公事实》，源自［清］朱增等纂修：《［浙江绍兴］山阴白洋朱氏宗谱》卷七，清光绪二十一年木活字本。辑入上海图书馆编，陈建华、王鹤鸣主编，王铁整理：《中国家谱资料选编 4》之《传记卷 · 少师恒岳公事实》，上海：上海古籍出版社，2013 年，第 267 页。

③ ［明］朱燮元撰：《少师朱襄毅公督黔疏草》卷 8 第 9 疏《议建新学疏》，清康熙五十九年朱人龙刻本，第 42 页。

④ ［明］朱燮元撰：《少师朱襄毅公督黔疏草》卷 9 第 3 疏《回议建新学疏》，清康熙五十九年朱人龙刻本，第 18 页。

⑤ 同上。

难轻纵"[①] 为由予以拒绝，然而朱爕元并未妥协放弃，反而坚持就事论事进行辩陈，将遵义的情况与中州地区进行对比分析：

以蜀之遵义为比，臣向任蜀中，稔知遵义诸士多有资才而不能与诸大郡角艺，十有余科，未得一隽，既阻上进之途，未免托足邪径，如何若海、张向极等为者。[②]

朱爕元不仅未认可礼部提出的"编字定中之例，未之前闻"，反而指出，正是因为中央朝廷没有给予西南边疆地区和中州大郡同等待遇，不仅未能让优秀士子脱颖而出，反而因上进之路被阻，导致其消极抵触，最终走向朝廷的对立面。并再次提请：

在承平时屡请屡允，惠及遐裔。今疮痍欲起，烟瘴初开，皇上既溥柔远之仁，自合大展兴文之治。[③]

根据《康熙贵州新志》记载，崇祯九年（1636）丙子科，"是科以新设敷勇，加额一名，另编字号，共三十八名"[④]，此科实有 37 名为定额，增加的一名不是定额。但崇祯十二年（1639）己卯科解额 38 名则已注明是定额，和之前临时增加恩诏不同。

朝廷最终只同意增加一名解额，未达成朱爕元增加三名的愿望。而对科举入场额，根据明朝"生儒应试，每举人一名，以科举三十名为率"[⑤] 的惯例，朱爕元提请"科举拟九十名"[⑥] 时，礼部却直接减到

① ［明］朱爕元撰：《少师朱襄毅公督黔疏草》卷 9 第 3 疏《回议建新学疏》，清康熙五十九年朱人龙刻本。

② 同上，第 22 页。

③ 同上，第 23 页。

④ ［清］卫既齐修，薛载德纂，阎兴邦补修：《康熙贵州通志》卷 16《选举・举人》，清康熙三十六年刻本，第 52 页。辑入《中国地方志集成》，凤凰出版社，上海书店，巴蜀书社，2010 年，第 349 页。

⑤ ［清］张廷玉等撰：《明史》卷 69《选举一・学校》，北京：中华书局，1974 年，第 1687 页。

⑥ ［明］朱爕元撰：《少师朱襄毅公督黔疏草》卷 8 第 9 疏《议建新学疏》，清康熙五十九年朱人龙刻本，第 40 页。

15～20名。虽然朱燮元奏请增加的解额与科举入场额，朝廷均未全部同意，但是贵州地区士子数量越来越多的事实已经引起礼部重视，为后面逐渐增加名额打下了基础。

朱燮元“既开以功名之路，必坚其恋土之心”[①] 的策略，和提请增额以达到“填实新土，有裨疆场”[②] 的努力，使“人文涣散”[③] 的晚明贵州，从战乱的衰败中逐渐恢复，呈现出“斯文日盛”[④] 之景况。朱燮元振兴文教政策，为留住外省来黔人口、促进民族融合起到了积极的作用。

四、本章小结

朱燮元通过寓剿于抚、募耕垦、广招徕、兴学校、广制额等政策增加贵州人口。朱燮元之后，由于受全国战事频仍、朝代更迭等因素影响，人口恢复情况无相关数据予以支撑。但是，历史从来不会遗漏任何细节。崇祯十一年（1638）三月二十四日，朱燮元在贵阳离世，三月二十七日，地理学家徐霞客游历途经贵州，一路上多次遇到外省之民，如：“川人结茅场侧，为居停焉”[⑤] “乃饭于川人旅肆”[⑥]，遇到“都匀司尊张勉行，四川人”，在定番州的白云寺，有“北京老僧迎客坐”[⑦]，还有静庐的

① ［明］朱燮元撰：《少师朱襄毅公督黔疏草》卷8第9疏《议建新学疏》，清康熙五十九年朱人龙刻本，第42页。

② ［明］朱燮元撰：《少师朱襄毅公督黔疏草》卷9第3疏《回议建新学疏》，清康熙五十九年朱人龙刻本，第23页。

③ ［明］朱燮元撰：《少师朱襄毅公督黔疏草》卷8第9疏《议建新学疏》，清康熙五十九年朱人龙刻本，第39页。

④ 同上。

⑤ ［明］徐霞客著：《徐霞客游记》卷四下《黔游日记一》，线装书局，2017年，第594页。

⑥ 同上。

⑦ 同上，第596页。

“静主号启本，滇人”[①]，就连遇到的小偷“王贵为靖州太阳坪人”[②]，以及开旅店的“税驾逆旅赵店，江西人”[③]，“逆旅主人符心华寓，兰溪人”“不昧师徽人”[④]。各省之民拖家携口、呼朋唤友到贵州扎根，他们开店、经商、耕种，说明“广招徕”政策已经产生积极作用。

徐霞客途经贵州时看到的“山下村居甚稠”[⑤]“峡中居人甚多”[⑥]“囤上居舍累累”[⑦]，说明贵州人口数量明显恢复。从“有营当两界夹中阜上，壁垒新整”[⑧]“司官所居三四层，皆以瓦覆，以垩饰”[⑨]等建筑物的精修细整，以及“小麦青青荞麦熟，粉花翠浪”[⑩]的农业因时耕种，皆可从侧面说明朱燮元对贵州人口治理是有效的，实现了“渐复渐垦，聚训可期”[⑪]“且屯且守，渐渐生聚”[⑫]之目的。

另外，明代的户籍制度是一种延续性制度，即户籍终身制，且在代际间传承，这样的制度在明初期有其维持封建社会稳定的作用。但是，随着社会的发展，这种僵化的户籍制度已经严重地阻碍了社会生产发展。为了增加贵州人口，朱燮元招流徙“不拘其籍”“不世其伍”，彻底打破了明代维持了两百余年、壁垒森严的户籍隔离制度。此举从国家管理层面上看，政策更灵活，更实用；从百姓的切身利益看，更加人性化。

---

① ［明］徐霞客著：《徐霞客游记》卷四下《黔游日记一》，线装书局，2017年，第597页。

② 同上，第602页。

③ 同上，第613页。

④ 同上，第627页。

⑤ 同上，第583页。

⑥ 同上，第583页。

⑦ 同上，第584页。

⑧ 同上，第583页。

⑨ 同上，第584页。

⑩ 同上，第589页。

⑪ ［明］朱燮元撰：《少师朱襄毅公督黔疏草》卷9第2疏《回奏新旧田赋疏》，清康熙五十九年朱人龙刻本，第9页。

⑫ ［明］朱燮元撰：《少师朱襄毅公督黔疏草》卷7第4疏《列城设卫久任世守疏》，清康熙五十九年朱人龙刻本，第39页。

第三章　晚明贵州农业问题研究

——以田亩治理为中心

在长达2000多年的专制社会中，农业一直是国家的支柱产业。这种情况不仅在中国，甚至在整个亚洲皆如此："除1920年代以来的日本外，亚洲的大部分地区传统上一直是而且继续是以农业为基础的经济。亚洲的农业……从来都是以劳动集约性著称于世。"① 农业所需的耕地，既是人们赖以生存的基础，又是国家存在和发展的前提，田赋以土地为媒介，徭役以土地和劳动力为媒介②。因此，历朝历代统治者皆十分重视耕地的经营管理，明代尤甚。洪武二十年（1387），朱元璋命户部大核天下田土，丈量田亩数，编以字号，注明户主，图以丈尺，编类为册，状如鱼鳞，号称鱼鳞图册。结合黄册户口，作为收取赋税的依据。

贵州属喀斯特地貌，地少山多，土地贫瘠。虽属少数民族聚居区，

---

① ［美］罗兹·墨菲著，黄磷译：《亚洲史》，北京：商务印书馆，2005年，第19页。

② ［日］森正夫著，伍跃、张学锋等译：《明代江南土地制度研究》，南京：江苏人民出版社，2014年，第12页。

稻谷耕种却较早，包汝楫《南中纪闻》甚至认为“罗鬼国禾米佳过中国”[①]。明立国之初，贵州分属湖广、四川、云南三布政司。即使永乐十一年（1413）建立布政司，也未改变民田“无顷亩尺籍”，所有赋税“悉征之土官”[②]的状况。此间逐渐有改土归流的原土司地区夷田变成民田登籍造册，但直到万历新政时，贵州才对耕地实行全面清丈并登籍造册。与此同时，明初为控扼云南，在贵州大建卫所，派兵屯垦戍守，出现大量屯田。正如天启年间贵州巡按御史侯恂所言：“黔中在万山间，溪壑高低，并堪垦作，其田大约有三，一曰军卫屯田，一曰有司民田，一曰土司夷田”[③]，黔中成为贵州耕地的主要组成部分。

从耕地的所有权和自由交易权来看，军卫屯田属官田，所有权属国家，不能自由买卖。民田和夷田所有权属个人，可以自由买卖。

正如刘志伟先生所言，随着时间的推移，明朝国家赋税政策经历了明初“有田必有赋，有丁必有役”的等级户役制→以土地为课税客体的定额化赋税→摊丁入地的“一条鞭法”的演变过程[④]。万历九年（1581）张居正实行的“一条鞭法”的赋税及徭役制度，将原来的土地税和人头税合二为一到土地税中，土地成为整个国家唯一的赋税基础，强化了土地对国家的重要性。基于此，晚明时国家对田亩的治理更加重视，贵州亦然。

根据《明史》记载，明朝耕地分为官田和民田两大类：“官田皆宋、元时入官田地。厥后有还官田，没官田，断入官田，学田、皇庄、牧马草场、城壖苜蓿地，牲地，园陵坟地，公占隙地，诸王、公主、勋戚、大臣、内监、寺观赐乞庄田，百官职田，边臣养廉田，

① ［明］包汝楫著：《南中纪闻》，北京：中华书局，1985年。

② ［清］张廷玉等撰：《明史》卷77《食货一·田制》，北京：中华书局，1974年，第1882页。

③ 《明熹宗实录》卷39，天启四年二月丙午条。

④ 刘志伟：《贡赋体制与市场》，北京：中华书局，2019年，第338页。

军、民、商屯田，通谓之官田，其余为民田。”① 官田最初的主要来源是宋元时皇室、大臣、勋贵所占田土，明立国后归朝廷和皇室所有。历朝历代，贵州均远离中央朝廷，因此官田中，既无皇庄，也无诸王、公主、勋戚、大臣、内监赐乞庄田。官田以外的皆为民田。因此，夷田也属民田。

一、晚明以前贵州田亩尺籍进程

明朝立国之初，贵州并未建省，贵州地域内皆属土司制，耕地由土司自行负责，因此没有田亩记录。永乐十一年（1413）建省后，到晚明（1600）前，田亩登记制度已经十分健全。本文根据尺籍丈量情况，将晚明前贵州田亩管理分为三个阶段：无尺籍阶段、部分尺籍阶段和全面尺籍阶段。

（一）无尺籍阶段：明初（1368）至正统六年（1441）

有史以来，贵州一直属于边远的少数民族聚居区，其“赋役制度向来与内地不同。宋、元时虽有贡赋版籍，但不上户部，以其地土所出，随朝入贡，并无定额”②。洪武初，由于朝廷常年在西南边疆用兵，军粮军资供给困难，主要靠当地土司大力相助。一方面，为保持与当地土司的良好的合作关系，另一方面，也为了维护西南地区的社会稳定，明太祖在土司地区实行轻征薄敛的朝贡制。洪武七年（1374）三月，中书省提出在土司地区纳粮，朱元璋予以否决，提出对西南少数民族“当以静治之，苟或扰之，非其性矣！朕临天下，彼率先来归，所有田

---

① ［清］张廷玉等撰：《明史》卷77《食货一·田制》，北京：中华书局，1974年，第1881页。

② 何仁仲总编：《贵州通史》卷2《明代的贵州》，《贵州通史》编委会，北京：当代中国出版社，2002年，第309页。

税随其所入，不必复为定额以征其赋。”[①] 由于税无定额，“岁照各属司地方广狭以纳秋粮”[②] “俱于土官名下总行认纳”[③] 田土“无顷亩尺籍”[④]，未进行丈量和登记。

贵州屯田始于洪武六年（1373），据《明实录》记载：

> 洪武六年八月辛巳，四川按察司佥事郑思先言：“重庆、夔州漕运粮储至成都，水路峻险，民力甚艰，宜令卫兵于近城屯种，及减盐价，令商人纳米以代馈运之劳。且贵州之粮令重庆人民负运，尤为劳苦……。”皆从之。[⑤]

明太祖朱元璋积极推进军卫屯田，于洪武二十年（1387）九月“令市牛二万往彼屯种”[⑥]，从财力上予以支持。根据刘志伟先生的观点，屯田“实际是为王朝国家种田，本质上是一种役”[⑦]，因此，在税率上高于民田：“初，太祖定天下官、民田赋，凡官田亩税五升三合五勺，民田减二升，重租田八升五合五勺，没官田一斗二升”[⑧]。屯田承担着比民田更高的田亩税，这也是明后期卫所屯田制衰落的原因之一。

由于明初贵州卫所耕地处于逐渐开垦的过程中，未行登记造册，正如《黔记》所言，贵州田土“原无丈量顷亩，岁纳粮差，俱于土官名

---

① 《明太祖实录》卷88，洪武七年三月甲戌条。

② ［明］谢东山修，［明］张道纂，赵平略等点校：《嘉靖贵州通志》卷3第4章《土田》，成都：西南交通大学出版社，2018年，第159页。

③ ［明］郭子章著，赵平略点校：《黔记》，成都：西南交通大学出版社，2016年，第457—458页。

④ ［清］张廷玉等撰：《明史》卷77《食货一·田制》，北京：中华书局，1974年，第1882页。

⑤ 《明太祖实录》卷84，洪武六年八月辛巳条。

⑥ 《明太祖实录》卷185，洪武二十年九月乙巳条。

⑦ 刘志伟：《贡赋体制与市场》，北京：中华书局，2019年，第338页。

⑧ ［清］张廷玉等撰：《明史》卷77《食货一·田制》，北京：中华书局，1974年，第1896页。

下总行认纳。"① 在《明实录》正统六年（1441）的记载中，仍有"屯田旧无丈量及册，致土民得以昏占"②。由此可知，正统六年（1441）以前，屯田和民田都未行丈量。

（二）部分尺籍阶段：正统六年（1441）至万历十年（1582）

正统六年以后，贵州耕地出现部分丈量及册状况，即屯田有丈量，夷田无丈量。笔者所见最早记录屯田数字的文献，是《明英宗实录》正统六年六月尚书王骥奏疏中有"贵州等二十卫所屯田池塘共九十五万七千六百（957 600）余亩"③ 内容，但这只是一个笼统的数据，未见到各卫所屯田的具体数据。

此后一百余年间，对卫所屯田的丈量登记逐渐详细完善，至谢东山嘉靖三十一年（1552）到贵州任提学副使、三十四年（1555）完成《嘉靖贵州通志》时，各司、府、州的民田和夷田虽未丈量及册，但是，各卫所屯田的丈量已经较为全面：

表 3－1　嘉靖三十四年（1555）贵州耕地丈量情况（度量单位：亩）

机构名称	丈量耕地面积	水田面积	陆田面积	水陆田面积之和	其他耕地面积
贵州宣慰司	无丈量				
思州府	无丈量				
思南府	无丈量				
黎平府	无丈量				
永宁州	无丈量				
镇宁州	无丈量				
安顺州	无丈量				

---

① ［明］郭子章著，赵平略点校：《黔记》，成都：西南交通大学出版社，2016 年，第 458 页。

② 《明英宗实录》卷 84，正统六年十月辛巳条。

③ 《明英宗实录》卷 80，正统六年六月壬午条。

续表

机构名称	丈量耕地面积	水田面积	陆田面积	水陆田面积之和	其他耕地面积
普安州	无丈量				
贵州卫	44 869.9	28 118.1	16 751.8	44 869.9	
贵州前卫	37 056.87	16 056.59	21 000.21	37 056.8	
贵、前二卫					样田 138.5
龙里卫	63 147	14 581	48 566	63 147	
新添卫	26 885.3	22 113.6	4771.7	26 885.3	
平越卫	37 532.9	16 428	21 094.9	37 522.9	
清平卫	19 708.1	7028.8	12 679.1	***19 707.9***	纳科粮水田 28
兴隆卫	49 097.1	15 057.375	34 039.725	49 097.1	
都匀卫	33 524.06	23 570	9954.06	33 524.06	
威清卫	41 350.15	17 437.414	23 912.736	41 350.15	
平坝卫	36 112.4	18 009.226	18 103.174	36 112.4	科田 2573.7
普定卫	76 724	34 000	42 724	76 724	
安庄卫	72 193.05	31 315	40 878.05	72 193.05	
安南卫	34 670.9	19 658.6	15 012.2	***34 670.8***	
普安卫	78 444.7	35 478.6	41 966.1	***77 444.7***	口食田 4575
毕节卫	64 008.8	23 569	40 439.8	64 008.8	
乌撒卫	84 938	15 138	69 700	***84 838***	
赤水卫	57 288.1	12 056	45 232.1	57 288.1	新增田 93
永宁卫	60 183.047	53 391.006	6792.041	60 183.047	
黄平千户所	15 100	10 023	5077	15 100	
普市千户所	5747.7	2648.6	2099.1	***4747.7***	
共计:	938 582.077	415 677.911	520 793.796	936 471.707	7408.2

备注:

1. 本表根据《嘉靖贵州通志》文字资料整理所得

2. 耕地面积计量单位亩、分、厘、毫、丝,单位之间为十进制:1 亩 = 10 分 = 100 厘 = 1000 毫 = 10 000 = 100 000 丝。顷与亩之间为百进制:1 顷 = 100 亩。为便于统计,本文中统一用"亩"作单位

3. 本表中,水田数和陆田数之和,与原文数字不一的,用粗黑斜体字标明

《嘉靖贵州通志》的田亩数存在以下不合理的情况:

第一,贵州前卫、平越卫、清平卫、普安卫、乌撒卫、普市千户所

六个卫所所记载的水陆田总数与后面的分项记录之和不等。差距最大的是普安卫和普市千户所，都在1000亩以上。“普安卫水、陆田地七万八千四百四十四亩七分（78 444.7 亩），水田三万五千四百七十八亩六分（35 478.6亩），陆地四万一千九百六十六亩一分（41 966.1 亩）。”[①]“普市千户所水、陆田地五千七百四十七亩七分（5747.7 亩），水田二千六百四十八亩六分（2468.6 亩），陆地二千九十九亩一分（2099.1 亩）。”[②] 乌撒卫相差100亩，平越卫相差10亩，清平卫和贵州前卫分别相差0.2和0.07亩。

第二，原文中卫所水陆田小计数之和为938 582.077 亩（表3－1第二列）。各卫所分项小计数之和 = 水田小计数 415 677.911 亩 + 陆田小计数 520 793.796 亩 = 936 471.707 亩（上表第五列），两者相差2110.37亩。

第三，原文中贵州布政司耕面积为官民屯田 938 717 亩 + 陆地516 577.461 = 938 717.577 亩[③]。与原文卫所水陆田小计数之和938 582.077 亩（表3－1第二列）相差135.5亩。与各卫所分项小计数之和936 471.707 亩（表3－1第五列）相差2245.87亩。

由上述三条数据差异可知，当时耕地的丈量与统计是不精准的，存在一定的误差。正如美籍华人、著名的明史学家黄仁宇所言：“由地方部门提交的基本数据有许多问题，给研究造成很大困难，但是我们可以用这些数字作为一个比较的基础。”[④]

万历六年（1578）贵州仍有部分土地，未丈量尺籍：

---

① ［明］谢东山修，［明］张道纂，赵平略等点校：《嘉靖贵州通志》卷3第4章《土田》，成都：西南交通大学出版社，2018年，第161页。

② 同上。

③ 同上，第159页。

④ 黄仁宇著：《十六世纪明代中国之财政与税收》，北京：生活·读书·新知三联书店，2015年，第78页。

> 万万六年，贵州布政司田土，除思南、田阡、铜仁、黎平等府，贵州宣慰司，清平、凯里安抚司、额无顷亩外，贵阳府、平伐长官司、思州、镇远、都匀等府，安顺、普安等州，龙里、新添、平越三军民卫，共伍千壹百陆拾陆倾捌拾陆亩参分零（516 686.3 亩）。[①]

因此，巡抚刘庠、巡按傅顺孙在奏疏中才为贵州耕地的管理处于“所属民粮田地，黄册开有顷亩，不及一半，军屯田地鱼鳞册籍开载颇明。后来又有科田夹杂，移东改西，莫可究诘”[②] 的状态。此时登册的耕地面积为 939 582.077 亩，仅有万历清丈时 180 多万亩的一半。

（三）全面尺籍阶段：万历十年（1582）起

张居正启动万历新政时，对所有赋税的征收实行“一条鞭法”，耕地面积成为赋税的唯一基础，准确清理耕地面积成为厘清赋税的必要手段。早在万历六年（1578），张居正就已经在部分地区启动了田亩大清丈，万历十年（1582）在全国范围内完成清丈任务。贵州的耕地清丈于万历八年（1580）首先在贵阳军民府和贵州宣慰司进行，万历九年（1581）遍及整个贵州境内，两年时间全面完成土地清丈。

万历新政前，贵州只有卫所屯田进行丈量尺籍，各府州县民田在丈量尺籍之外“查旧额军民田土共壹百陆拾伍万玖仟捌百零柒亩（1 659 807 亩），内除去失额伍万壹仟柒百玖拾贰亩（51 792 亩），免丈捌拾伍万伍仟肆百捌拾伍亩（855 485 亩），该丈者止柒拾伍万贰仟壹拾玖亩（752 019 亩）。”[③] 贵州清丈登册田亩数达 1 815 627.506 亩。万历大清丈使得贵州第一次将各府州县的民田和夷田全部纳入清丈范

---

① ［明］郭子章著，赵平略点校：《黔记》，成都：西南交通大学出版社，2016 年，第 458 页。

② 同上。

③ 同上。

围，清丈后登册耕地面积高 1 815 627.506 亩，作为征收赋税依据，“贵州田土从此有额”①。

万历二十五年（1597）再次对贵州耕地情况进行清查时，很多数据均是沿用万历八年（1580）和万历九年（1581）的丈量所得数据。此两次耕地丈量和清理情况，可见于《万历贵州通志》，本文将原文字资料进行整理，列表如下：

表 3－2 万历九年（1581）和万历二十五年（1597）贵州耕地情况对比表

	万历九年（1581）清丈		万历二十五年（1597）清丈	页码
	耕地面积（亩）	是否新丈	耕地面积（亩）	
贵州宣慰使司	349 644	新丈	349 649	P136
贵阳府	111 856.3	新丈	111 886.3	P85—86
都匀府	58 657	新丈	58 510	P437
思州府	48 380.5	新丈	48 380.5	P518
思南府	137 371	新丈	138 559	P538
黎平府	27 220.9	新丈	29 434.6	P493
镇远府	27 582	新丈	37 059	P468
石阡府	87 802.67	新丈	87 717	P570
铜仁府	89 796	新丈	89 796	P590
永宁州	36 416.8	新丈	36 416.8	P241
镇宁州	51 459	新丈	51 459	P219
安顺州	80 392.276	新丈	80 198	P188—189
普安州	34 805	新丈	34 805	P263
贵州卫	36 869	否	35 611.8	P119
贵州前卫	38 423	否	38 423	P125
龙里卫	20 157.8	否	20 157.8	353
新添卫	24 065.4	否	23 876.6	P366
平越卫	46 955.2	屯田否，民田是	52 405.2	P382
清平卫	7279	否	7279	P398

① ［明］郭子章著，赵平略点校：《黔记》，成都：西南交通大学出版社，2016 年，第 458 页。

续表

	万历九年（1581）清丈		万历二十五年（1597）清丈	页码
	耕地面积（亩）	是否新丈	耕地面积（亩）	
兴隆卫	10 711.7	否	10 711.7	P415
都匀卫	27 155	否	27 155	P457
威清卫	20 329	否	20 329	P167
平坝卫	21 841	否	21 841	P179
普定卫	46 885.76	否	46 885.76	P197
安庄卫	22 066	否	22 066	P226
安南卫	25 637.2	否	25 637.2	P249
普安卫	52 158	否	53 670	P281
毕节卫	44 640	否	44 640	P289
乌撒卫	90 560	否	90 560	P303
赤水卫	66 358	否	67 156	P317
永宁卫	60 684	否	60 684	P329
黄平千户所	7932	否	7932	P427
普市千户所	3537	否	3537	P347
共　计：	1 815 627.506		1 817 788.86	

表中的平越卫是万历九年军卫屯田 17 446 亩 + 民田 29 509.2 亩 = 46 955.2 亩。万历二十五年，屯田 16 639.4 亩（屯田 16 495.5 + 科田 143.9 亩）+ 民田 35 765.8 亩 = 52 405.2。本表根据《万历贵州通志》文字资料整理所得

万历八年（1580）或万历九年（1581）的耕地数量，与万历二十五年（1597）的数量，在两个卫中有所不同：第一，万历九年（1581）新添卫的耕地面积 24 065.4 亩 = 屯田 14 624 亩 + 民田 9441.4 亩。万历二十五年（1597）时为 23 876.6 亩 = 屯田 14 509.6 亩 + 民田 9367 亩。第二，平越卫万历九年（1581）大清丈耕地面积 46 955.2 亩 = 屯田 17 446 亩 + 新丈民田 29 509.2 亩。万历二十五年（1597）52 405.2 亩 = 屯田 16 639.4 亩 + 新丈民田 35 765.8 亩。

万历九年（1581）清丈与万历二十五年（1597）的数据仅仅相差 2161.054 亩，说明万历九年（1581）的尺籍是比较全面的。值得注意的是，到万历二十五年（1597）时虽然所有的田土皆纳入国家管理系

统，然而有很多土地在造册登记时，仍然按当时的习惯，用“坝”“块”“段”“丘”“分”等概念上较为模糊的面积量词进行登记。特别是“分”的用法歧义丛生，在面积单位中有“分”，按1亩=10分，即1分=66.67平方米，此时“分”是精确的面积单位量词。按陈守实《中国古代土地关系史稿》记载，“分地”意思为“分给五十亩私田”。笔者在《黔记》中发现，当“分”出现在“亩”后面时，如“万历三十年续清出偏桥卫军邓乘龙隐占石街民田壹拾伍亩玖分肆厘玖毫（15.949亩）”[①]，此时“分”是精确的面积单位量词，即表示0.1亩。而以“平银寨壹分，壹丘肆亩，……岁纳仓斗谷叁石”“打铁都壹分，叁拾肆亩陆分，……岁纳市斗谷贰拾伍石玖斗伍升”等形式出现时，既不表示“分地”中的“五十亩”之意，也非表示0.1亩的精确面积单位量词，而是表示“份额”之意，即只是与“坝”“块”“段”“丘”等一样，仅作为一个模糊的面积单位量词。由此可知，所谓的“大清丈”并非土地做到百分之百的彻底清丈，而是指所有土地均纳入国家管理系统。

二、晚明以前贵州官田的发展状况

贵州官田的种类在大清丈以后逐渐增加，除明初起所置的屯田和学田外，万历中期出现了名目众多的惠政田，包括惠药局田、备赈田、钦恤田、泽幽田、哀骼田、惠幼局田、养兵田等。惠政田涉及医疗、民政、应急救灾等社会救济系统，下文将分别陈述。

（一）军卫屯田

太祖朱元璋自洪武四年起，先后在贵州共设置过十九个卫和两个直隶千户所。其中洪武二十一年（1388）所置层台卫在洪武二十七年

---

① ［明］郭子章著，赵平略点校：《黔记》，成都：西南交通大学出版社，2016年，第505页。

(1394)被废，实际保留了十八卫二所，此建置保持了200余年，直到万历二十九年（1601）五月，朝廷将原隶湖广的清浪、平溪、偏桥、镇远四卫改隶贵州，贵州增加到二十二所二卫，两年后，此四卫复划回湖广，贵州又恢复到十八卫二所[①]。崇祯三年（1630），新置敷勇卫和镇西卫，共二十卫二所，直至明亡。

表3-3 明朝早中期贵州卫所建置情况表

序号	建置时间	军卫名称	所名	备注
1	洪武四年（1371）	贵州卫		
2	洪武五年（1372）	永宁卫		
3	洪武十一年（1378）		黄平千户所	
4	洪武十五年（1382）	平越卫		
5		乌撒卫		
6		普安卫		
7		普定卫		
8	洪武十七年（1384）	毕节卫		洪武十五年所置乌蒙卫改设
9	洪武二十一年（1388）	赤水卫		
10		层台卫		洪武二十七年废
11	洪武二十二年（1389）	兴隆卫		
12		安庄卫		
13			普市千户所	
14	洪武二十三年（1390）	安南卫		
15		新添卫		
16		龙里卫		
17		威清卫		
18		清平卫		
19		平坝卫		
20		都匀卫		
21	洪武二十四年（1391）	贵州前卫		

本表资料来源《明代贵州实土卫屯制的实施及其成效》

① ［明］郭子章著，赵平略点校：《黔记》，成都：西南交通大学出版社，2016年，第34页。

洪武四年（1371）建贵州卫，洪武五年（1372）建永宁卫，贵州土地贫瘠，经济困顿，无法解决官兵的粮食问题，朝廷派重庆承担。重庆到贵州山高路远、沟壑丛生、峭壁林立，单是运输一项，就让重庆不堪重负，“贵州之粮令重庆人民负运，尤为劳苦”①，洪武六年（1373）八月，四川按察司佥事郑思先向朝廷建议，令贵州卫所官兵于近城屯种自给，朝廷采纳了郑思先的建议，贵州屯田正式启动。

1. 贵州屯田的来源

贵州屯田的来源途径是多方面的，主要有三。

第一，没入元末官员、僧道、豪右之田，转为卫所屯田。洪武十五年（1382）傅友德就曾向朝廷奏疏：

> 自元世祖至今百有余年，屡经兵燹，图籍不存，兵数无从稽考，但当以今之要害，最宜设卫以守。其税粮则元司徒平章害里麻等尝言，元末土田多为僧道及豪右隐占。②

傅友德申请划为屯田的耕地中，主要是被寺院僧道、地方豪强所占田地。傅友德的奏请得到朱元璋的支持，“上可其奏”，这一部分田地成为军卫屯田的重要组成部分。

第二，掠夺民田和夷田为卫所屯田。洪武二十一年（1388），傅友德率兵征讨阿资时，路过思州境内一个叫平夷的地方，以抵御蛮夷为由，建平夷千户所，迁走原住居民，占领居民土地，就是一个典型的例子：

> 女真千户孛罗哥等叛于沅江。初，江阴侯吴高率所部故元番军往征百夷，至是行至沅江，孛罗哥与百户粉红等谋叛，事觉，高召其党至驿擒之。孛罗哥闻之即驰马渡江，杀不从己者，趋晃州驿，掠驿走思州。征南将军颍国公傅友德等将兵讨

① 《明太祖实录》卷84，洪武六年八月辛巳条。

② 《明太祖实录》卷143，洪武十五年三月丁丑条。

阿资，道过平夷，经其山势峭险，密迩龙海，宜筑堡驻兵屯守，以捍蛮夷，遂迁其山民往居卑午村，留神策卫。千户刘成等领兵千人树栅置堡，其地后以为平夷千户所。①

官方史料中，屯军掠夺民田和夷田的记载虽然不多，但是王毓铨先生《明代的军屯》通过计算屯田的数量，推理出卫所掠夺民田和夷田数量不菲，这个推算数据是可靠的。

贵州地方在元代（属湖广行省）似乎没有什么屯田，在明代洪武年间，却有屯田九千三百三十九顷二十九亩三分，即九十三万三千多亩。只永宁卫一卫，在洪武四年忽然就有了屯田五万三千二百九十亩。若非夺自当地居民和土司，那么大数目的屯地就找不到来源。②

第三，元代的屯田转为明代卫所屯田。洪武朝贵州还未成为独立的布政司，黔西北地方属云南管理，洪武十五年，傅友德督云南布政司核实云南及黔西北部分储粮时，数量高达 18 万 2000 多石。

洪武十五年三月丁丑，督布政司核实云南、临安、楚雄、曲靖、普安、普定、乌撒等卫及沾益、盘江等千户所，见储粮数一十八万二千石有奇，以给军食。③

王毓铨先生认为“储粮中的一部分是上述元代卫所所收贮的屯粮”，由此可确定“元代在临安、曲靖、乌撒等处是设立过屯田的”④。这一部分屯田，明代时应该被转为卫所军卫屯田。

第四，少数民族叛乱被剿平后，土地改为军卫屯田。这种情况在明

① 《明太祖实录》卷 194，洪武二十一年十一月庚子条。

② 王毓铨：《明代的军屯》，北京：中华书局，2009 年，第 91 页。

③ 《明太祖实录》卷 143，洪武十五年三月丁丑条。

④ 王毓铨：《明代的军屯》，北京：中华书局，2009 年，第 83 页。

朝后期较为典型。如天启四年（1624），朱燮元带兵扫平永宁宣抚司，奢崇明父子逃入水西后，朱燮元将永宁外四里的夷田用来开屯赡兵，内四里夷田分给降将。水西安邦彦被剿平后，贵州宣慰使安位愿意归附，朱燮元接受安位有条件投降，与安位要约四事，其中之一是削水外六百里地。朱燮元在所削之地，新建二卫二直隶千户所，卫所屯田即为原水西土司夷田。

表3－4 崇祯四年（1631）贵州新置卫所一览表

新置军卫和直隶千户所	新置千户所	备　注
敷勇卫	六广所（属敷勇卫）	
	虎场所（属敷勇卫）	崇祯五年（1632），更名诘戎所
	九庄所（属敷勇卫）	崇祯五年（1632），更名修文所
	乌栗所（属敷勇卫）	
鸭池卫		崇祯五年（1632），更名镇西卫
	大索桥所（属鸭池卫）	
	簸箕陇所（属鸭池卫）	崇祯五年（1632），更名赫声所
	乾沟所（属鸭池卫）	崇祯五年（1632），更名威武所
	乐平所（属鸭池卫）	崇祯五年（1632），更名柔远所
铁王旗直隶守御千户所		崇祯五年（1632），更名定南所
息烽直隶守御千户所		

本表根据朱燮元奏疏整理所得。其中崇祯四年（1631）设置卫所哨情况，来源于朱燮元在崇祯四年（1631）五月十三日的奏疏《列城善后建卫世守疏》；崇祯五年各所卫所哨更名情况来源于朱燮元崇祯五年（1632）二月二十日奏疏《列城设卫久任世守疏》

2. 军卫屯田丈量尺籍。

正统六年（1441）前，贵州“屯田旧无丈量及册”①。正统六年（1441）六月尚书王骥奏疏中，第一次提出贵州卫所屯田数量：“贵州等二十卫所屯田池塘共九十五万七千六百（957 600）余亩”②，此数据是一个笼统的数字，未见各卫所屯田的具体数据，甚至沈庠在弘治九年（1496）至十三年（1500）任贵州学政期间，所编《弘治图经新志》，

① 《明英宗实录》卷84，正统六年十月辛巳条。

② 《明英宗实录》卷80，正统六年六月壬午条。

仍无田亩丈量的记载。此后对卫所屯田的丈量尺籍逐渐完善，至谢东山嘉靖三十一年（1552）至三十四年（1555）任贵州学政时编《嘉靖贵州通志》时，各司、府、州的民田和夷田虽未丈量及册，但是，各卫所屯田的丈量已经较为全面，根据本文中《嘉靖三十四年（1555）贵州耕地丈量情况》的统计数据可知，当时已经丈量的水田和陆田面积达 938 582. 077 亩，此外，还有样田、科田、口食田、新增田等共 7408 亩，这一部分应是还未纳赋的耕地，所以在文献资料中是单独列举的。

然而，由于贵州“屯军贫苦半无牛”[①]，导致卫所官军逃亡渐多，嘉靖时各卫所均出现抛荒田。产生抛荒田的缘由，主要因为：

> 贵州自国初置军卫，设屯田，官军三分守城，七分下屯住种，人有定名，田有定额，故田不抛荒，粮无缺乏。百八十余年以来，地方多事，逃亡事故，十去七八。坐是，田地荒芜，子粒无征，节年逋负，追并峻严，而官军并困矣。卫所虽以军舍余会计补种，输纳粒粮，然住止有城屯之异，藉是以免役，粮固不缺，而田益荒也。[②]

由于当时一司八府四州中，田亩无丈量及册，虽有抛荒，但未统计。如镇远府、石阡府、铜仁府、都匀府、黎平府、镇宁州，均注明有“抛荒田”，而程番府“抛荒田亩不等，招集哨堡、土流、客民诸人不一佃种”[③]，永宁州“抛荒田地不等，招集军余、民人八十六名佃种”[④]，招集如此多的人佃种，可见程番府和永宁州的抛荒地为数不小。但抛荒耕地的具体面积，未进行丈量统计。其余的贵州宣慰司、思州

---

① ［明］沈庠修，［清］赵瓒等纂，赵平略等点校：《弘治贵州图经新志》，成都：西南交通大学出版社，2018 年，第 226 页。

② ［明］谢东山修，［明］张道纂，赵平略等点校：《嘉靖贵州通志》卷 3 第 4 章《土田》，成都：西南交通大学出版社，2018 年，第 162—163 页。

③ 同上，第 163 页。

④ 同上，第 164 页。

府、思南府、镇宁州、安顺州、普安州未注明是否有抛荒地，无法掌握情况。

表 3－5　嘉靖三十四年（1555）贵州抛荒田统计表

	抛荒田（亩）	半抛荒田（亩）	义民田（亩）	计
贵州卫		7678.7		7678.7
贵州前卫	8417.998			8417.998
龙里卫	798			798
新添卫	450		254.44	704.44
威清卫	65			65
平坝卫	6.2			6.2
安南卫	1082			1082
毕节卫	290			290
共　计：	11 109.198	7678.7	254.44	19 042.338

本表根据《嘉靖贵州通志》文字资料整理所得

从正统六年（1441）至嘉靖三十四年（1555）的 104 年间，贵州卫所屯田从 957 600 下跌到 938 582.077 亩，一共减少 190 17.923 亩，与本表所统计的抛荒田总数 19 042.338 亩几乎相等。

万历六年（1578）张居正推行一条鞭法时，贵州“军屯田地鱼鳞册籍开载颇明”①。在数量上，“查旧额军民田土共壹百陆拾伍万玖仟捌百零柒亩（1 659 807 亩），内除去失额伍万壹仟柒百玖拾贰亩（51 792 亩），免丈捌拾伍万伍仟肆百捌拾伍亩（855 485 亩），该丈者止柒拾伍万贰仟壹拾玖亩（752 019 亩）。”② 为配合张居正的万历新政，贵州在万历八年（1580）、九年（1581）两年间，对所有军卫屯田，再次丈量登册。

① ［明］郭子章著，赵平略点校：《黔记》，成都：西南交通大学出版社，2016 年，第 458 页。

② 同上。

表3-6　万历九年（1581）贵州军卫屯田丈量情况统计表

卫所名称	万历九年（1581）耕地面积（亩）	页码
贵州卫	36 869	P119
贵州前卫	38 423	P125
龙里卫	20 157.8	353
新添卫①	14 624	P366
平越卫	17 446	P382
清平卫	7279	P398
兴隆卫	10 711.7	P415
都匀卫	27 155	P457
威清卫	20 329	P167
平坝卫	21 841	P179
普定卫	46 885.76	P197
安庄卫	22 066	P226
安南卫	25 637.2	P249
普安卫	52 158	P281
毕节卫	44 640	P289
乌撒卫	90 560	P303
赤水卫	66 358	P317
永宁卫	60 684	P329
黄平千户所	7932	P427
普市千户所	3537	P347
共计：	635 293.46	

本表根据《万历贵州通志》文字资料整理所得

此前卫所所有耕地均为军卫屯田。万历九年（1581）大清丈，新添卫和平越卫均出现民田。新添卫耕地面积 24 065.4 亩 = 屯田 14 624 亩 + 民田 9441.4 亩。平越卫耕地面积 46 955.2 亩 = 屯田 17 446 亩 + 新丈民田 29 509.2 亩。由此可知，军所中已经出现军卫

① 新添卫万历九年大清丈耕地面积 24 065.4 亩，其中：屯田 14 624 亩，民田 9441.4 亩。

屯田转化为民田的现象。

万历二十五年（1597）贵州再一次全面丈量土地，此次丈量登册中，出现一个颇有争议的名词“科田”。科田是怎样产生的？属官田还是民田？在明代的官方文献中未见记载。笔者唯一所见对科田较为全面、详细的解释是梁骄阳在《西南屯堡科田买卖契约的法律史分析》一文中的论述：

> 因国家供给军户的粮饱和不足，正军、军余以及舍人均在军事屯田周围自行开垦荒地，以养家糊口，这种田按民田税率起科，叫“科田”。
>
> 关于科田有几种定义，一是少数民族地区官田的一种，吴大旬、王红信持这种观点，“嘉庆时期，在兴义实行将各村土地划分为八份，……以村中姓氏和人口多寡认定份额，科为“科田”，并按八围承担粮赋及夫马差徭等役事。“科田”即官田，系当时官府、土官等赖以维持其统治的经济来源之一。”因为土地归官所有，按份分配给各姓，并且以份地作为粮赋差役的条件，因此是土地公有的一种，即官田。二是认为科田是对西南少数民族地区私有土地的称谓。持此观点的有朱艳英，“明代中央王朝对西南少数民族地区所有权关系的调整，主要是以“业田”“科田”的方式对西南少数民族的土地所有权予以法律确认。”科田和业田是少数民族人民的私产，但因其社会开化不久，其利益受到特别的保护，禁止汉民及官府强取豪夺。三是认为科田是与屯田地区的屯田相对应的一个概念，屯田是官田，而科田是介于官田与私田之间的一种土地。史继忠认为，在明朝的军屯地区，屯兵或军余以及舍人，可以在屯田区边缘地带开垦荒地种植，三年后按亩起科，交纳科粮，这种土地称为科田。科田允许买卖、典当、抵押、租佃，是名副其实的地主经济。孙兆霞、张建持与此相近的观点，认为“科

田制”是明朝军屯制中颇有张力的一个制度设计，在卫所屯田周边由军余、舍人等开垦耕种，在买卖上因受其耕种者身份的限制不如其他的私田自由。①

基于上述分析，梁骄阳认为：“科田是相对于军事屯田地区的屯田而言，因只需缴纳科粮所以叫作科田，因此科田应属于私田的一种，但因屯堡地区的科田大部分是由军余、舍人开垦种植，在买卖上因受其耕种者身份的限制，不如其他的私田自由。”

《嘉靖贵州通志》《万历贵州通志》均有关于科田的记载：

（平越卫）土田：旧志，水陆田地叁万柒仟五佰叁拾贰亩玖分零。万历九年新丈壹万柒仟肆佰肆拾陆亩零。十二年复丈除豁捌佰陆亩伍分零。二十五年报存壹万陆仟叁拾玖亩肆分零，屯田壹万陆仟肆佰玖拾伍亩伍分零，科田壹佰肆拾叁亩玖分零。

旧志民田无顷亩，万历九年新丈贰万玖仟伍佰玖亩贰分零，十二年复丈出陆仟贰佰伍拾陆亩陆分零，二十五年增至叁万伍仟柒佰陆拾伍亩捌分零。高平牌二仟二佰九十九亩三分零，杨义司三万三仟四佰六十六亩四分零。②

从方志的叙述中可看出，科田和屯田一样，同属于官田。科田不属于民田，因此本文将之放在“官田”的研究内容中。

表3－7 万历二十五年（1597）贵州军卫屯田科田丈量情况统计表（度量单位：亩）

卫所名称	屯田	科田	屯田＋科田	屯田＋科田与原文总面积	原文总面积	页码
贵州卫	27 143	8468	***35 611***	不相等	***35 611. 8***	P119
贵州前卫	33 213	5210	38 423	相　等	38 423	P125

① 梁骄阳：《西南屯堡科田买卖契约的法律史分析》，《法学论丛》，2012年第7期，第63页。

② ［明］江东之、王耒贤、沈思充修，［明］许一德、陈尚象、刘汝辑，周文化等纂，赵平略、吴家宽点校：《万历贵州通志》，西南交通大学出版社，2021年，第382页。

续表

卫所名称	屯田	科田	屯田＋科田	屯田＋科田与原文总面积	原文总面积	页码
龙里卫	18 244	1913. 8	20 157. 8	相　等	20 157. 8	353
新添卫	**11 597**	**2912. 3**	***14 509. 3***	不相等	**14 509. 6**	P366
平越卫	16 495. 5	143. 9	16 639. 4	相　等	16 639. 4	P382
清平卫	7279		7279	相　等	7279	P398
兴隆卫	**9374**	**1337**	***10 711***	不相等	**10 711. 7**	P415
都匀卫	23 589	3566	27 155	相　等	27 155	P457
威清卫	16 591	3739	20 330	相　等	20 329	P167
平坝卫	**18 806**	**3015. 5**	***21 821. 5***	不相等	**21 841**	P179
普定卫	**31 962**	**14 933. 76**	***46 895. 76***	不相等	**46 885. 76**	P197
安庄卫	18 662	3404	22 066	相　等	22 066	P226
安南卫	**16 206**	**9431. 24**	**25 637. 24**	不相等	**25 637. 2**	P249
普安卫	53 670		53 670	相　等	53 670	P281
毕节卫	22 467	22 173	44 640	相　等	44 640	P289
乌撒卫	82 009	8551	90 560	相　等	90 560	P303
赤水卫	54 276	12 880	67 156	相　等	67 156	P317
永宁卫	53 290	7394	60 684	相　等	60 684	P329
黄平千户所	7783	149	7932	相　等	7932	P427
普市千户所	2628	909	3537	相　等	3537	P347
共计：	525 284. 5	110 130. 5	635 415		635 425. 26	

本表根据《万历贵州通志》文字资料整理所得

本表中有 5 个卫屯田数＋科田数之和，与原文所记总数不相等，其中新添卫、兴隆卫、平坝卫和安南卫，只是尾数不等，应与当时记载时，“亩”以下的单位数“分”“厘”等，不再进行具体数字的登记，仅用“余”字代替有关。普定卫的屯田数＋科定数之和，却与原文所记总数相差 6 亩，原因未明。

大量军卫屯田的设立，为贵州作为控扼西南的军事门户，提供了物质保障。通过屯军，大量中州地区的汉人进入贵州，促进了民族融合。

（二）学田

学田是地方权力机构在各儒学学校设置、其所纳入粮米作为维持学校运转费用的耕地，其性质属于官田。贵州学田设置较早，是除卫所屯田外最早设置的官田。明朝立国后，为实现“夏风化夷”之目的，开始在西南边疆的少数民族地区广建各类儒学。自洪武十三年（1580）首先置普安安抚司儒学起，到万历二十八年（1600）的223年间，共建儒学校（不含社学）27所。

表3－8　明朝晚期（1600）以前所建儒学校

儒学名称	皇朝数量	建置时间	公元纪年	备注
普安安抚司儒学①	洪武朝3所	洪武十三年	1380	永乐十五年（1417）改为普安州学
贵州宣慰司儒学		洪武二十五年	1392	
普定卫儒学		洪武二十七年	1394	万历三十一年（1603）改为安顺军民府儒学
思南宣慰司儒学	永乐朝6所	永乐五年	1407	永乐十三年（1415）迁建为思南府儒学
思州宣慰司儒学		永乐五年	1407	永乐十一年（1413）改为思州府儒学
黎平府儒学		永乐十一年	1413	
石阡府儒学		永乐十二年	1414	
铜仁府儒学		永乐十三年	1415	
镇远府儒学		永乐十三年	1415	
平越卫儒学	宣德朝8所	宣德八年	1433	万历三十一年（1603）改为平越府儒学
威清卫儒学②		宣德八年	1433	

① 关于普安州学建学时间，在《弘治贵州图经新志》中为洪武三十年（1397），在《嘉靖贵州通志》、《万历贵州通志》、《黔记》中均为洪武十三年（1380），所以本文采用洪武十三年（1380）之说。

② 关于威清卫学的建置时间，有两种不同的记载。一是《弘治图经新志》《嘉靖贵州通志》《万历贵州通志》均记为“宣德八年（1433）建”，二是《康熙贵州通志》和《乾隆贵州通志》均记为“明洪武间建”。本文暂时采用宣德八年（1433）之说。

续表

儒学名称	皇朝数量	建置时间	公元纪年	备注
平坝卫儒学		宣德八年	1433	
安南卫儒学		宣德八年	1433	
龙里卫儒学		宣德八年	1433	
新添卫儒学		宣德八年	1433	
都匀卫儒学		宣德八年	1433	弘治六年（1493）改为都匀府儒学
兴隆卫儒学		宣德九年	1434	
赤水卫儒学	正统朝 5 所	正统五年	1440	
安庄卫儒学		正统八年	1443	
乌撒卫儒学		正统八年	1443	
永宁卫儒学		正统八年	1443	
清平卫儒学		正统八年	1443	
程番府儒学	成化朝 1 所	成化十一年	1475	万历十四年（1586）改为定番州学，程番府学随之改为定番州学
毕节卫儒学	正德朝 1 所	正德三年	1508	
务川县儒学	嘉靖朝 2 所	嘉靖十九年	1540	
黄平所儒学		嘉靖朝	1522—1566	嘉靖间①
贵阳府儒学	万历朝 1 所	万历二十一年	1593	
共计：	27 所			

本表根据《弘治贵州图经新志》《嘉靖贵州通志》《万历贵州通志》《黔记》《威清卫指挥使司》《嘉靖贵州通志》《万历贵州通志》《康熙贵州通志》《中国地方志集成》《乾隆贵州通志》《万历贵州通志》文献整理所得

虽然普安安抚司儒学是明代贵州建的第一所儒学校，然而，由于贵州宣慰司儒学是将元初所建顺元路儒学改置而成，此前顺元路儒学经历了上百年的发展，因此贵州宣慰司儒学是明代贵州境内规模最大、办学条件最成熟、设施最完备的学校，也是最早置办学田的学校。早在洪武

① 关于黄平所儒学的唯一记载，是在《万历贵州通志》中："儒学：《旧志》城外，嘉靖间，总兵石邦宪迁于城南，万历五年，通判朱昆迁入城内西北。"参见［明］江东之、王来贤、沈思充修，［明］许一德、陈尚象、刘汝辑，周文化等纂，赵平略、吴家宽点校：《万历贵州通志》卷 13《黄平所·学校》，成都：西南交通大学，2021 年，第 428 页。

二十六年（1393），贵州都指挥程暹等即置学田以供春秋丁祭。《嘉靖贵州通志》中记“程暹等所置田十五分”，《万历贵州通志》中记为“程暹等置买计八分，共七百零六丘”。①

田有广义和狭义之分。狭义的学田指所收米谷专用作学校各项费用的耕田。广义的学田包括学田、文庙祭田、宾兴田、书院田、地、官塘等内容。

谢东山于嘉靖三十一年（1552）至嘉靖三十八期间任贵州提学，在嘉靖三十四年完成《嘉靖贵州通史》编纂时，贵州已经有 11 所儒学设置了学田。由于当时丈量不完全，所以贵州的学田大部分均用“丘”“分”等语义较为模糊的词作为学田的面积单位。经统计，当时共设学田 484 丘、12 分、260 亩，官塘 6 口。

表 3－9 嘉靖三十四年（1555）贵州各儒学校学田数量统计表

名　称	各司府卫儒学校学田数量			官塘	页码
度量单位	（分）	（丘）	（亩）	（口）	
贵州宣慰司儒学②		412			P330
贵州宣慰司儒学	3			1	P359
程番府儒学	1	68			P345
镇远府儒学	5				P359
平越卫儒学			15		P351
平坝卫儒学		2	数十亩		P353
新添卫儒学			230		P360
平越卫儒学			15	3	P360
威清卫儒学	1				P360

① ［明］谢东山修、［明］张道纂、赵平略等点校：《嘉靖贵州通志》卷 6 第 1 章《学校》，成都：西南交通大学出版社，2018 年，第 330 页。［明］江东之、王耒贤、沈思充修，［明］许一德、陈尚象、刘汝辑，周文化等纂，赵平略、吴家宽点校：《万历贵州通志》卷 4《宣慰使司·学校》，成都：西南交通大学，2021 年，第 138 页。

② 贵州宣慰司儒学的学田置于洪武二十六年（1393），是贵州设置最早的学田。见［明］谢东山修；［明］张道纂；赵平略等点校：《嘉靖贵州通志》卷 6 第 1 章《学校》，成都：西南交通大学出版社，2018 年，第 139 页。

续表

名　称	各司府卫儒学校学田数量			官塘	页码
度量单位	（分）	（丘）	（亩）	（口）	
平坝卫儒学		2			P360
普定卫儒学	1			2	P360
安庄卫儒学	1				P360
共　计：	12	484	260	6	

本表根据《嘉靖贵州通志》文字资料整理所得

随着中央朝廷对贵州的权力渗透进一步深入，贵州各民族在政治、经济、文化上的进一步融合，中央朝廷贵州的儒学教育愈加重视，具体体现在，在此期间，贵州的各类儒学校和学田同步增加。从嘉靖三十四年（1555）到万历二十六年（1598）明代中晚期临界的时间节点，仅四十三年时间，贵州置办学田的学校已经从11所增加到19所。

表3－10　万历二十六年（1598）贵州各儒学校学田统计表

名　称	学　田			官塘	纳谷	纳米	杂粮	米花	折银	页码
计量单位	分	丘	亩	口	石	石	石	秤	两	
宣慰司儒学①	11	706				2.3	豆0.3	2787	100	P139
贵阳府儒学	166	2491			153.1	29.17		6595	23.66②	P90—91
都匀府儒学	5		40		117.5					P440
思州府儒学	2		16.3		10		种4.6			P519
思南府儒学		2			30					P541
石阡府儒学					55.045					P572
铜仁府儒学			44				种4.66			P592
普安州儒学	2				25					P265
威清卫儒学	1				1					P168
平坝卫儒学	1		10		4					P180

① 宣慰司儒学有学田8分，公用田2分，宾兴田1分，共11分。学田八分置于洪武二十六年（1393），除所纳米花2757秤外，各佃户共自行认纳羊4腔，猪12口，帛16段，祭需16付。此自行认纳不在应纳之数，因此未列入表中。折色银101.6两＝白银100两＋九成银1.6两。

② 贵阳府儒学折色银23.66两＝白银22.6两＋九成银1.06两。

续表

名　称	学　田			官塘	纳谷	纳米	杂粮	米花	折银	页码
计量单位	分	丘	亩	口	石	石	石	秤	两	
普定卫儒学					7.7					P198
毕节卫儒学	5		11.3		28.7				0.565	P290
乌撒卫儒学			187			10.9	荞3		46.5①	P305
永宁卫儒学	4				8.5					P330
龙里卫儒学	4							122		P355
新添卫儒学	4				28					P367
平越卫儒学			44	2					9	P383
清平卫儒学②	8			2				173		P399—400
黄平所儒学	2			1						P428
共　计：	210	3202③	352.6	5	468.545	42.37	12.56	9967	181.325④	

本表根据《万历贵州通志》文字资料整理所得

到万历二十六年（1598）时，贵州学田已经分别达到210分、3202丘、352.6亩、官塘5口。与嘉靖三十四年（1555）相比，面积上有大幅度提升。万历二十六学田岁纳＝谷米粮（468.545＋42.37＋12.56）石＋9967秤＋银181.325两。明代的计量中，1石＝120斤，1秤＝10斤，谷米量9967秤＝9967秤×10斤/秤÷120斤/石＝830.583石。根据万历二十六年谷米与白银的折算价“每石枲价贰钱柒分”⑤，白银181.325两＝181.325两÷0.27两/石＝671.574石。

---

① 乌撒卫儒学折色银46.5两＝白银40.5两＋九成银6两。

② 清平卫儒学祭田的岁纳，除收租米共173秤外，还有“一分（田）中寨，租米一百手……；一分上五堡，租米五十手……一分落平堡，租米五十手”。此处“手”作为重量单位，是地方性的习惯用语，笔者未找到相关的说明，目前无法界定“手”大约等于多少石或多少斤。此外，清平卫儒学还有两口官塘，每年纳藁鱼50斤供祭。共收租米173秤，230手。另有塘2口，每年纳藁鱼50斤供祭。

③ 学田3202＝3199丘＋3段。

④ 折学银181.325两＝白银172.665两＋九成银8.66两。

⑤ ［明］郭子章著，赵平略点校：《黔记》，成都：西南交通大学出版社，2016年，第470页。

总计岁纳谷米粮 = 468. 545 + 42. 37 + 12. 56 + 830. 583 + 671. 574 = 2025. 632 石。

（三）惠政田

嘉靖八年（1529），广东佥事林希元上《救荒丛言》："垂死贫民急饘粥，疾病贫民急医药，病起贫民急汤米，已死贫民急葬瘗，遗弃小儿急收养。"[①] 明代早中期，贵州无论在经济、文化和社会管理方面，均处于较为落后的状态，因此，无专门的社会救济系统。万历二十五年、二十六年两年间，巡抚江东之在贵州大量设置带有社会救济性质的惠政田，包括惠药局田、泽幽田、哀骼田、备赈田、钦恤田、慈幼局田和养兵田等。下面一一说明。

1. 惠药局田

明代贵州较为重视对百姓的医疗公共服务，在洪武二十七年（1394）普定卫已置惠药局[②]。但设置惠药局田，为惠药局提供稳定的运行经费，则到万历二十五年（1597）始有："巡抚江东之以中军署改建药局，与巡按应朝卿置田建店，取租银以充药饵"[③]，朝廷首先在贵阳军民府置惠药局田，这是贵州历史上最早的惠药局田记载。贵阳府的惠药局田是江东之和应朝卿花白银 100. 85 两，购买民田 135 丘所置。次年，江东之和应朝卿分别在思州府和都匀府置惠药局田，思州府 36 丘，其中 5 丘为江东之花白银 5 两购民田所得，都匀府 27 丘。

---

① ［明］沈德符撰：《万历野获编》，北京：中华书局，1959 年，第 318 页。

② 《明太祖实录》卷 231，洪武二十七年正月壬寅条。

③ ［明］郭子章著，赵平略点校：《黔记》，成都：西南交通大学出版社，2016 年，第 469 页。

表 3-11 万历二十六年（1598）贵州惠药局田设置情况

名称		田亩	官塘	实征岁纳谷	岁纳谷折银	岁租银	共纳银	页码
		丘	口	石	两	两	两	
贵阳府	购民田置	25		51.25	0.27 两/石			P469—470
	购民田置	83		19				
	购民田置	11		10.3				
	购民田置	16		8.5				
	土官献庄田置			19.866		0.66		
	小计：	135		108.916①	29.40732	0.66	30.06732	
思州府	大佃洞官井田	5		3.09				P505
	下坝巴印田	31		5				
	小计：	36		8.09				
都匀府	东坝惠药田	3						P499
	王家司惠药田	9						
	吴家司惠药田	15						
	恤隐局前		1			0.6		
	小计：	27		11.5		0.6	0.6	
总计：		198	1	19.59			30.66732	

本表根据《黔记》文字资料整理所得

万历二十六年（1598），贵州共有惠药局田 198 丘，岁纳谷 108.916 + 19.59 = 128.506 石，其中 108.916 石折银，实纳 19.56 石。应征银 0.66 + 0.6 = 1.26 两，由于 108.916 石岁纳谷按每石折银 0.27 两计，实折银 108.916 × 0.27 = 29.40732 两，共征银 30.66732 两。

2. 泽幽田和哀骼田

泽幽田是"令寺僧岁收租以掩骼，用其余托盂兰会，以招厉魂"②；

① 此岁纳谷 108.916 石未征收米谷，按岁纳谷 1 石折银 0.27 两进行换算后征银，实征银 = 108.916 × 0.27 = 29.40732 两。另外，朝廷在惠药局前建店房二十间，岁征店租银 26.4 两，与惠药局田所收的 30.06732 两一共 56.46732 两作为惠药局运转经费。由于本节主要分析田亩，所以店租银未列入此表。

② ［明］郭子章著，赵平略点校：《黔记》，成都：西南交通大学出版社，2016 年，第 472 页。

哀骼田是“岁收租买棺掩骼，及中元祭厉亡魂”①，由此可知，泽幽田和哀骼田的目的一样，均是将所收谷米给予僧人，用于掩埋无人负责的尸体，以及在特定的传统节日中招纳亡魂的相关费用。因此，本文将二者放在一起统计。

表 3-12 万历二十六年（1598）贵州泽幽田和哀骼田情况

府名及田名		田亩数	田亩数	岁收租	市斗谷	市斗草米	耗谷	页码
		分	丘	秤	石	石	石	
贵阳府	泽幽田	8	44	141				P472
都匀府	哀骼田	4	18			16.2		P500
思州府	哀骼田	1	7		2.5		0.075	P506
石阡府	泽幽田	4	32		20			P508
合计：		17	101	141	22.5	16.2	0.075	

本表根据《黔记》文字资料整理所得

3. 备赈田

万历二十五年（1597），贵州巡抚江东之和巡按应朝卿，各捐俸薪，以及利用公费备赈等银共2623.3两，在贵阳军民府购置耕田40分344丘作为备赈田，开启了贵州大力完善社会救助系统的帷幕。次年，又在都匀府、思州府、思南府、石阡府、铜仁府、贵州卫、贵州前卫、威清卫、平坝卫、普定卫、普安州、普安卫、毕节卫、乌撒卫、赤水卫、龙里卫、新添卫、都匀卫、兴隆卫、黄平所设置备赈田，到此，贵州九府十八卫二所中，六府十四卫一所已设置备赈田，作为赈灾救济物质基础。

① ［明］郭子章著，赵平略点校：《黔记》，成都：西南交通大学出版社，2016年，第500页。

表 3-13　万历二十六年（1598）贵州设置备赈田详细情况表

名目	地点及来源	备赈田				页码
		坝块段	丘	分	亩	
贵阳府①	小龙潭，购民田		246			P470—471
	蔡家关，购民田			23		
	工腰寨，购民田		74			
	小摆陀寨，学义田改					
	威清卫刘官堡，购民田			16		
	乌当堡，入官田			1		
	傅罗庄，购土官田		24			
	宣慰司洗义寨，购宣慰田					
都匀府	班庄、旧庄下		50	2		P499
	落乍寨		56	21		
	小河		6	1		
	革忍寨，官员捐			4		
思州府	购民田		105	1		P504—505
	购民田		21	1		
	购民田		52	1		
	新开		25	1		
	购民田		3	2		
	购民田		4	1		
	购民田		9	1		
	购民田		4	1		
	购民田		1	1		
	购民田		11	1		
	购民田		12	1		
	购民田		35	1		
	购民田	水田 2 坝	176	1		
	购民田		14	1		
	购民田		12	1		
	购民田		10	1		
	清出隐占民田②				25.749	

① 贵阳军民府的备赈田早于其他各府、卫所，在万历二十五年（1597）已建。

② 万历三十年（1602）续清出偏桥卫军邓乘龙隐占石街民田 15.949 亩，岁收市斗谷 7.5；万历三十二年清出民人杨再忠隐占王家沟民田 9.8 亩，岁收市斗谷 4.9 石。两次共清出民田 25.749 亩，岁收市斗谷共 12.4 石。

续表

名目	地点及来源	备赈田				页码
		坝块段	丘	分	亩	
思南府	邵家桥		1	1		P506—507
	两江口		12			
	黎子兜		9	1		
	四官寨		101	1		
	塘头黄镇坝		12	1		
	万历三十年买民田		23	1		
普安州	张祥河		51	1		P490
	青山下		127	7	9	
	老王屯营盘河		13		1	
	小猴场大路凹		45	1		
	白水冲	23 块		1		
石阡府	平银寨		1	1	4	P508
	梭寨		1	1	5	
	龙底寨		27	1	11.9	
	平地		2	1	2.2	
	巴茅湾		8	1	3.75	
	巴寨		5	1	2	
	打铁都			1	34.6	
	官亭		17	1	13	
	亚池		6	1	12	
	凌角塘		26	1	26	
铜仁府	接官亭		29	1		P509—510
	溪左		47	1		
	溪源接官亭		35	2		
	高车		9	1		
	接官亭		10	2		
	堆边、坡脚下		23	2		
	木橾		40	1		

续表

名目	地点及来源	备赈田				页码
		坝块段	丘	分	亩	
贵州卫	左所一百户				63	P473—475
	二百户				2. 3	
	三百户			1	4	
	四百户				3. 5	
	五百户				3	
	六百户				4. 3	
	七百户				3. 1	
	八百户			1	3	
	九百户		4		2	
	十百户				3	
	右所一百户		3			
	二百户			1	1. 3	
	三百户				1. 1	
	四百户				1. 4	
	五百户				2. 1	
	六百户				2. 1	
	七百户				14	
	八百户				23. 5	
	九百户				1. 1	
	十百户				4. 2	
	中所一百户			20		
	二百户				2. 1	
	三百户				8	
	四百户				12. 2	
	五百户				11. 1	
	六百户				2. 3	
	七百户		1		6	
	八百户			2	4	

续表

名目	地点及来源	备赈田				页码
		坝块段	丘	分	亩	
贵州卫	九百户		2		4.5	
	十百户			1	8.3	
	前所一百户			2	4	
	二百户				2	
	三百户			1	4	
	四百户				4	
	五百户				9.1	
	六百户		2		1	
	七百户				3.2	
	八百户			1	3	
	九百户			1		
	十百户			1	2.5	
	后所三百户				2	
	四百户		3	1		
	五百户	1坝	4			
	六百户				3	
	七百户				1.1	
	八百户			1		
	九百户			1	8	
	十百户				2	
贵州前卫	左所一百户			2		P476—479
	二百户		2			
	三百户		5	1		
	四百户		4	1		
	五百户			1	2	
	六百户		5	1	12.4	
	七百户			3		
	八百户			2		

续表

名目	地点及来源	备赈田				页码
		坝块段	丘	分	亩	
贵州前卫	九百户			2		
	十百户			2		
	右所一百户			1	4.3	
	二百户			2		
	三百户			1	4.5	
	四百户		4			
	五百户			2		
	六百户			2		
	七百户			2		
	八百户		2		4.3	
	九百户			2		
	十百户			2	20	
	中所一百户			2		
	二百户			2		
	三百户			3		
	四百户			2		
	五百户			1	42.4	
	六百户			4		
	七百户			1	6	
	八百户			2		
	九百户			3	18	
	十百户			7		
	前所一百户			2		
	二百户			2		
	三百户		2			
	四百户	1 块		1		
	五百户			2		
	六百户			2		

续表

名目	地点及来源	备赈田				页码
		坝块段	丘	分	亩	
贵州前卫	七百户			2		
	八百户		2			
	九百户			2		
	十百户		2			
	后所一百户	4 段				
	二百户			2		
	三百户			2		
	四百户	1 段		1		
	五百户		1	1		
	六百户		3		4	
	七百户	1 段			4	
	八百户			1	4	
	九百户			1	18	
	十百户	1 段			21	
威清卫	东门外、空山			2		P483—484
	后一屯		7	1		
	左一堡		19	3		
	东门外小河边		5	1		
	后一屯门首		21	1		
平坝卫					300	P484
普定卫				2		P486
	购民田			5		
普安卫	安南所				80	P491
	安笼所				57	
	乐民所				29. 4	
	平夷所				120. 4	
	刘官屯		10			
	孔官屯		50			
	侯场小屯	旱地 2 块	28		21	

续表

名目	地点及来源	备赈田				页码
		坝块段	丘	分	亩	
毕节卫				10①		P492
乌撒卫	购土官田			1		P492—493
赤水卫		3段				P493
龙里卫					175	P494
	南门外洞脚		7	1		
	东门寨		5	1		
新添卫					202.2	P496
	冷溪铺		76	1		
都匀卫	纸房堡		2	1		P500
	小河边		2	1		
	马路坝		1	1		
	坝中		2	1		
	马料余田				452.1	
兴隆卫					316.6	P502
	恁地		17	1		
	罗浪		1			
	白记	2段	48			
	柳塘田		65	1		
黄平所	西门外		4	1		P502
	落平后坝		8	1		
	老鼠关		8	1		
	余田				224.4	
共计:		41	2067	266	2542.599	

本表根据《黔记》文字资料整理所得

从上表可知，万历二十六年（1598）在设置备赈田时，很多田未

① 原文为："头铺屯壹分……；后箐屯壹分……；炒铁冲庙后壹分……；海子屯壹分……；烧冈箐壹分……；猪场屯壹分……；后箐屯壹分……；天星桥壹分……；后箐屯壹分……。以上田共壹拾壹分……，又头铺壹分。"总共应为10分地，而非原文所加的12分。［明］郭子章著，赵平略点校：《黔记》，成都：西南交通大学出版社，2016年，第492页。

进行丈量，只是按当时的习惯，用“坝”“块”“段”“丘”“分”等概念上较为模糊的面积量词进行登记。

表3-14 万历二十六年（1598）贵州备赈田岁纳米谷统计表（度量单位：石）

名目	市斗谷	仓斗谷	耗谷	市斗米	仓斗米	科米	小计	页码
贵阳府	613.325			51.89			665.215	P470—471
都匀府	51.5						51.5	P499
思州府	144.4		4.005				148.405	P504—505
思南府	113.78						113.78	P506—507
石阡府	52.07	30.6					82.67	P508
铜仁府		112.6					112.6	P509—510
普安州	81.5						81.5	P490
贵州卫	419.491					0.548	420.039	P473—475
贵阳前卫					177.0278		177.0278	P476—479
威清卫					30.7414		30.7414	P483—484
平坝卫		136.2728					136.2728	P484
普定卫	166.35						166.35	P486
普安卫	26.5	86.8299					113.3299	P491
毕节卫	121						121	P492
乌撒卫	54						54	P492—493
赤水卫		11					11	P493
龙里卫	14.6	87.5					102.1	P494—495
新添卫	24	101.1					125.1	P496
都匀卫		347.48		10.2			357.68	P500
兴隆卫	33	158.3					191.3	P502
黄平所	112.2	15.595					127.795	P502
总计：	2027.716	1087.2777	4.005	62.09	207.7692	0.548	3389.4059	

本表根据《黔记》文字资料整理所得

巡抚江东之和巡按应朝卿在万历二十五年（1597）到万历二十六年（1598）间，共置备赈田3坝，26块，12段，2067丘，266分，2542.599亩。其中除购买民田土司土官田2坝836丘62分，清出隐占民田改作备赈田25.749亩，新开1分25丘，官员捐4分，入官田1分，其余均为官田所改。

所有备赈田每年共纳米谷总量：

市斗谷 2152.33995 + 仓斗谷 1428.9383 + 市斗米 62.09 + 耗谷 4.005 + 科米 0.548 = 3647.92125 石。

表 3－15　万历二十六年（1598）贵州备赈田面积及岁纳米谷数量统计表

名目	备赈田面积数量						岁纳米谷
	坝	块	段	丘	分	亩	石
贵阳府				344	40		665.215
都匀府				112	28		51.5
思州府	2			494	17	25.749	148.405
思南府				158	5		113.78
石阡府				93	10	114.45	82.67
铜仁府				193	10		112.6
普安州		23		236	11	10	81.5
贵州卫	1			19	35	249.4	420.039
贵州前卫		1	7	32	77	164.9	177.0278
威清卫				52	8		30.7414
平坝卫						300	136.2728
普定卫					7		166.35
普安卫		2		88		307.8	113.3299
毕节卫					10		121
乌撒卫					1		54
赤水卫			3				11
龙里卫				12	2	175	102.1
新添卫				76	1	202.2	125.1
都匀卫				7	4	452.1	357.68
兴隆卫			2	131	2	316.6	191.3
黄平所				20	3	224.4	127.795
共计：	3	26	12	2067	271	2542.599	3389.4059

本表根据《黔记》文字资料整理所得

4. 钦恤田

万历二十六年（1598），贵州巡抚江东之、巡按应朝卿首先在贵阳府，后又在黄平所设置钦恤田，作为征剿赏恤之用费所出。

表 3-16 万历二十六年（1598）贵州新置钦恤田及岁纳谷米数量统计表

名目	钦恤田位置	钦恤田		岁纳米谷（石）			页码
		丘	分	市斗谷	仓斗谷	市斗米	
贵阳府	养羊寨购民田	103				36.4	P471—472
	蔡家关购民田	227	3	65.5			
	滥泥沟抵赃田			8.64			
	亢陇口抵赃银购田					4.07	
	麦西寨抵赃田	17				1.7	
黄平所	抵赃田				35.9		P502—503
共计：		347	3	74.14	35.9	42.17	

本表根据《黔记》文字资料整理所得

万历二十六年（1598）贵州通过购民田、抵赃田等方式，共置钦恤田 3 分 347 丘，岁纳米谷 = 74.14 + 35.9 + 42.17 = 152.21 石。

5. 慈幼局田与养兵田

慈幼局田和养兵田都仅在极少数的官僚机构设置。慈幼局田仅在都匀府，由推官李珏所置，仅收市斗白米 1.46 石，市斗草米 5.5 石。养兵田是将所收米花用于给养卫所士兵的冬季粮饷。龙里卫和新添卫的养兵田，分别是原贵州前卫指挥姚大韶和新添卫指挥何鼎臣田，二人皆因纵庄民为盗，事发后献田赎罪。

表 3-17 万历二十六年（1598）惠幼局田与养兵田

种类	机构	来源	购田价银（两）	田数（分）	田数（丘）	年纳米花（秤）	完粮差及其他支出（秤）	页码
慈幼局田	都匀府	官府置		5	24	6.96		P499
养兵田	龙里卫	赎罪田				302	31	P495
		购民田	66	1		112		P495
养兵田	新添卫	赎罪田				400	200	P496
共计：			66	6	24	589.96①	231	

本表根据《黔记》文字资料整理所得

① 年纳米花总数 = 6.96 + 302 + 112 + 400 - 31 - 200 = 589.96 石。

表 3-18 万历二十六年（1598）贵州惠政田各类、数量、岁纳情况统计表

惠政田名称	惠政田面积、数量				官塘	岁纳米谷		共纳银
	坝块段	分	丘	亩	口	石	秤	两
惠药局田			198		1	19.59		30.66732
泽幽田		12	76			20	141	
哀骼田		5	25			18.775		
备赈田	41	271	2067	2542.599		3389.4059		
钦恤田		3	347			152.21		
慈幼局田		5	24				6.96	
养兵田		1					583	
共计：	41	297	2737	2542.599	1	3599.9809	730.96	30.66732

本表根据《黔记》文字资料整理所得

万历二十六年（1598）贵州惠政田的岁入＝米谷 3599.9809 石＋730.96 秤＋银 30.66732 两。明代的计量中，1 石＝120 斤，1 秤＝10 斤，交纳谷米 730.96 秤×10 斤/秤÷120 斤/石＝60.9133 石。根据万历二十六年（1598）谷米与白银的折算价“每石粜价贰钱柒分”①，白银 30.66732 两＝30.66732 两÷0.27 两/石＝113.5827 石。

惠政田岁入谷米粮＝3599.9809＋60.9133＋113.5727＝3774.4769 石。

（四）贵州官田种类及占比

明朝贵州的官田主要有三大类：军卫屯田、学田、惠政田，由于学田和惠政田中大量的田亩按“段”“块”“坝”“分”“丘”等描述性田亩单位，并非丈量性面积单位，给田亩统计带来一定的困难，因此，本文对田亩的计算，只能按期所纳谷米粮的数量作为标准。

涉及“丘”，《四友斋丛说》有“东西两乡之田皆有界水，以界水所限为一丘，每丘编作一号，逐丘画作图本”②。“丘”是一个笼统的概

① ［明］郭子章著，赵平略点校：《黔记》，成都：西南交通大学出版社，2016 年，第 470 页。

② ［明］何良俊撰：《四友斋丛说》，北京：中华书局，1959 年，第 113 页。

念，具体面积未能界定，甚至有“一丘之田有多至数百亩者”[①] 之说。

根据《黔记》记载，万历二十五年（1597）贵州军卫屯田 646 353 亩，岁纳粮米 101 893.51 石[②]，同期贵州学田岁入粮米 2025.632 石，惠政田岁入粮米3774.4769 石，占比分别为94.61%、1.88%和3.50%。

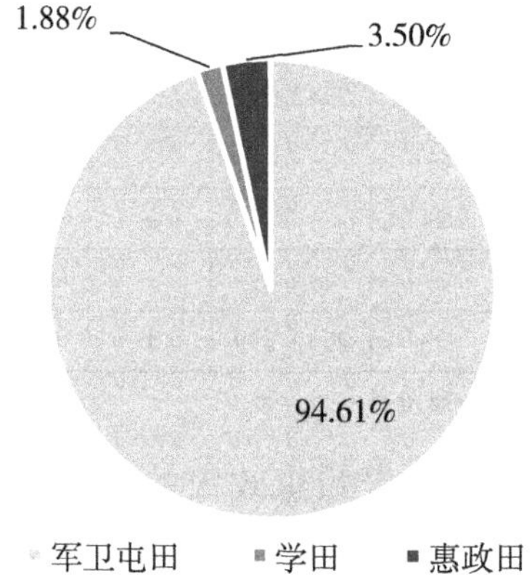

图 3－1　明代中晚期交替时段贵州官田占比图

虽然学田和惠政田占比较小，但是所含项目较多较全，特别是明代中后期才开始设置的大量的惠政田，包括社会援助、社会救济、灾害防备等功能，说明明代后期，中央权力已经较为深入地渗透到贵州少数民族地区。

三、晚明贵州田亩治理政策

万历二十八年（1600）六月西南总督李化龙平杨应龙后，将原播州宣慰司改土归流，分设遵义军民府和平越军民府，遵义军民府隶四川，平越军民府隶贵州，奠定了明代贵州的最终版图，同时也启

---

① ［明］何良俊撰：《四友斋丛说》，北京：中华书局，1959 年，第 113 页。

② ［明］郭子章著，赵平略点校：《黔记》，成都：西南交通大学出版社，2016 年，第 463 页。

动了晚明贵州的田亩治理。晚明贵州田亩治理，主要包括以下几个方面。

（一）夷田转民田

晚明贵州民田面积发生过两次大增长，一是播州之役后，播州一分为二，其中一半新设置为平越府划归贵州，导致民田面积大跃升，二是奢安之乱后，原水西土司水外六目地划归贵州省布政司管辖。

第一，播州之役后，原隶四川、此次划入贵州的平越府一州三县，所含耕田面积 160 022 亩，贵州原有民田为 1 196 600 亩，共计 1 356 622 亩，新增数占贵州民田总量的 13.37%。

表 3-19 万历二十九年（1601）划入贵州的平越军民府一州三县耕地面积及岁入

州县名称	查出旧田					没官逆田	
	等级	数量（亩）	岁纳科粮（石）	岁纳本色米（石）	岁租差银（两）	数量（亩）	租银（两）
黄平州	上中下田	35 372	245.95	890.2	2218.1		31
湄潭县	上中下田	37 955	246.93	885.5	2222.5		3916.3
瓮安县	上中下田	61 713	411.55	1487.9	3676.9		324
余庆县	上中下田	24 982	169.88	607.9	1528.9		115
共计		160 022	1074.31	3871.5	9646.4		4386.3

本表根据《黔记》文字资料整理所得

平越府的耕地，按“查旧田有凭者，还旧主；查逆田入官者，给新民，俱不令入价而责其纳租”① 进行处置。其中的逆田，皆为原播州反叛土司的夷田，平播州土司后，贵州布政司将夷田没入官后，给新民耕种，责令纳租。此次从四川划入贵州的旧田 160 022 亩，没官逆田 41 710 亩，共 201 732 亩。除此之外，还有一部分是原省内的夷田，播州之役后转为民田。贵州布政司对平越府龙泉县的旧田进行丈量，这些

---

① ［明］郭子章著，赵平略点校：《黔记》，成都：西南交通大学出版社，2016 年，第 460 页。

旧田原属夷田，清丈后按民田册籍纳租。此次丈量出龙泉县上中下田34 322 亩，所纳科粮 219.35，岁征差银 1615.9 两，本色米 701.5 石。因此，实除增加民田共 236 054 亩。

第二，奢安之乱后，贵州宣慰使安位“献六目之地以求抚”①，将水西的水外六目之地献出，划归贵州布政司管辖。由于明末朝廷将主要精力皆用于维持社会稳定，对水外六目之地的耕地面积未行丈量，具体多少亩无从得知。针对土司地区夷田的不同属性，朝廷分别作不同的处置：

> 水西有宣慰之土，有各目之土，宣慰公土宜还朝廷，各目私土宜俾分守，籍其户口，征其赋税，殊俗内向，同于编氓。②

虽然仍由夷目耕种，但是由于已经由朝廷登籍造册，耕地在性质上，已经属于民田。对来献土献印的夷目，西南总督兼贵州巡抚朱燮元分别授予朝廷的官职：

> 改土设流，不若分土世官，似属长便区画之策，则惟有分别黔蜀各辖，以蜀责蜀，以黔责黔，相机操纵之一法而已。如蔺土蜀辖也，听蜀抚规画，水西黔辖也，听黔督规画。有来归者，即发祚昌为例，率万人地土至者，授指挥；率数千人土地至者，授千户；率数百人地土至者，授百户。③

奢安之乱平定后，献土夷目较多。土司内部的公地收归朝廷，各夷目自行耕种的地，由各夷目继续承种，朝廷征其赋税，“责以催办粮

---

① ［明］朱燮元撰：《少师朱襄毅公督黔疏草（十二卷）》卷 11 第 1 疏《水蔺界址三覆会勘疏》，清康熙五十九年朱人龙刻本，第 5 页。

② ［明］刘宗周撰：《恒岳朱公墓志铭》。辑入［明］朱燮元撰：《朱少师奏疏钞八卷》，中国科学院图书馆藏，清雍正十一年朱源星刻本，第 17 页。

③ ［明］朱燮元撰：《少师朱襄毅公督黔疏草（十二卷）》卷 11 第 2 疏《水西夷汉各目投诚措置事宜疏》，清康熙五十九年朱人龙刻本，第 14 页。

马，供应邮驿，并除宣慰一切苛政”①。由于明末之际社会动荡，地方政府已无能力及时对各少数民族所献之地进行丈量，因此，文献资料中，公地仅以“庄”、目地仅以“处”为单位进行登记：

表 3－20　崇祯九年（1636）水西水外十一宅吉所献土地统计表

序号	宅吉名称	公地			目地	
		数量（庄）	纳秋粮米（石）	纳旱粮（石）	数量（处）	纳秋粮米（石）
1	木胯宅吉	5	1311		62	658.61
2	火掌宅吉	6	1280		60	865.17
3	架勒宅吉	2	555.2		11	268.9
4	安架宅吉	3	599.5		20	196.3
5	的都宅吉	8	1224.5		31	257.625
6	朵你宅吉	8	5387.575		42	406.26
7	则窝宅吉	10	4193.45		38	415.69
8	以著宅吉	6	84.75	100	36	633.85
9	化角宅吉		1458.75	80	17	355.35
10	雄所宅吉	4	6244.91		120	236.7
11	陇胯宅吉	2	500		15	243.7
共计：		54	22 839.635	180	452	4538.155

本表根据朱燮元《勘明水西分土授官疏》文字资料整理所得

上述 11 宅吉交给朝廷公地 54 庄、仍由夷目耕种、却向朝廷进行缴纳赋税的目地 452 处，每年共向朝廷缴纳粮米 27 557.79 石。除此之外，还有“卧这、化沙及各夷目，各献土若干”②，由此可知，大中小土司纷纷主动献土，将原来的夷田变为民田。

晚明贵州耕地，出现两个大增长，一是平越军民府属隶贵州带来的总面积大幅度增长，二是大量夷田改民田和官田带来的民田官田数量大

① ［明］朱燮元撰：《少师朱襄毅公督黔疏草》卷 12 第 2 疏《勘明水西分土授官疏》，清康熙五十九年朱人龙刻本，第 4 页。

② 同上。辑入《遵义丛书》编委会，谭剑锋主编：《遵义丛书》第 42 册《少师朱襄毅公督黔疏草》，北京：国家图书馆出版社；上海：上海古籍出版社，2018 年 12 月，第 419 页。

幅度增长。

（二）增加公共事业类官田

与教育相比，明朝对基础设施建设的重视远远不够。明初已开建学校并配置学田，明朝中后期的万历二十五年（1597）朝廷大量设置惠药局田、泽幽田、哀骼田、赈田、钦恤田、慈幼局田和养兵田等惠政田，主要用于帮扶救济。进入晚明后，朝廷第一次设置用于基础设施建设的桥田。

贵州山高箐深，江河纵横，水流湍急，交通不便，正如贵州按察司副使阴子淑所言，贵州到处是“层崖壁立摩霄汉”①，桥梁成为贵州对外交通的最重要的建筑设施。晚明以前，贵州的桥梁建造主要是政府官员、土司、义民等的个人行为，如贵州宣慰司的崇真桥是洪武二十七年(1394）都指挥程暹建，宣泽桥是弘治间宣慰使安贵荣、宋然建②，普安州的南小板桥，在弘治五年（1492），由义官刘华改造成石桥。③ 也有少数桥梁是由当地百姓自行筹建，如安顺州的索桥，“谷龙河上，河宽水急，土人系藤为桥，以济往来”④。进入晚明后，贵州布政司首次置办桥田，作为基础设施桥梁建造维护的费用所出：

> 镇宁州桥田，原系安庄卫赈田，万历二十六年（1598）巡抚江东之、巡按应朝卿置。收租备赈。查得前谷皆为武弁侵费，即赈未必贫，贫未必赈，借又多负，归于乌有。三十一年

---

① ［明］沈庠修，［清］赵瓒纂，赵平略、邢洋洋、赵念、吴春燕点校：《弘治贵州图经新志》卷 5《石阡府》，成都：西南交通大学出版社，2018 年，第 125 页。

② ［明］沈庠修，［清］赵瓒纂，赵平略、邢洋洋、赵念、吴春燕点校：《弘治贵州图经新志》卷 1《贵州宣慰司》，成都：西南交通大学出版社，2018 年，第 47—48 页。

③ ［明］沈庠修，［清］赵瓒纂，赵平略、邢洋洋、赵念、吴春燕点校：《弘治贵州图经新志》卷 13《普安州》，成都：西南交通大学出版社，2018 年，第 204 页。

④ ［明］沈庠修，［清］赵瓒纂，赵平略、邢洋洋、赵念、吴春燕点校：《弘治贵州图经新志》卷 12《安顺州》，成都：西南交通大学出版社，2018 年，第 193 页。

（1603）子章因盘江之险，行者称病，檄镇宁守吴天佑建造浮桥，往来利涉。第一年小修，三年大造，费无所出。据该州议，将前田改为桥田，庶几拯溺无异拯饥。①

除镇宁州盘江上的浮桥外，安南卫盘江上的浮桥、平越卫麻哈江上的浮桥、清平县重安江上的浮桥均需要维修改造，因此，贵州同期在镇宁州、安南卫、平越卫、清平县皆设置桥田，这些桥田均是由原来的赈田改置而成。

表 3－21　万历三十一年（1603）所置桥田及所纳谷米情况

名　称		桥田数量			市斗谷	仓斗谷	市斗豆	页码
度量单位		分	丘	亩	石	石	石	
镇宁州	海巴寨	2	50			54		P487
	谭家庄	1	49			42	0.5	
	阿义寨	1	26			39.999		
	戴家庄	1	75			30		
	侯旗堡	1	97			23.33		
	大河边	1	66			18.6		
	小计：	7	363			207.929②	0.5	
永宁州	阿苔寨	1	66			70		P488
	江西坡	1	86			30		
	小计：	2	152			100		
平越卫	卫桥田	1		18.5		24.3		P497
	乐平堡	1	5		11.9			
	乐平堡	1			2.5			
	杨旗堡	2	22		8.65			
	阿窝冲	1	25		5			
	落平堡	1	6		3.65			
	毛口堡			32.7		36.55		
	小计：	7	58	51.2	31.7	60.85		

① ［明］郭子章著，赵平略点校：《黔记》，成都：西南交通大学出版社，2016 年，第 487 页。

② 镇宁州各庄寨桥田所纳粮食数量之和为 207.929 石，而原文中的总数为 195.263 石。

续表

名称		桥田数量			市斗谷	仓斗谷	市斗豆	页码
度量单位		分	丘	亩	石	石	石	
都匀府	清平县	64				66.18		P501
总计：		80	573	51.2	31.7	434.959	0.5	

本表根据《黔记》文字资料整理所得

万历三十一年（1603）贵州共置桥田80分，576丘，51.2亩，岁收谷米豆467.159石，用作浮桥维修改造。桥梁费用由个人承担转向官田岁入承担，为贵州的基础设施建设提供了制度性的保障，加快了贵州民族地区融入中央的历史进程。

（三）田亩清丈与清查

晚明贵州田亩的清丈，主要是万历三十万（1602）大造黄册时的田亩清丈和崇祯五年（1632）朱燮元主持的田亩清查。播州之役刚结束，川湖贵总督李化龙于万历二十九年（1601）三月提出播州善后事宜二款中，首先提出“丈田粮”，核定播州田亩数量，为平越府划入贵州时的田亩数提供了依据，成为万历三十年（1602）田亩清丈的序幕：

> 环播幅员千里，田地无虑数千万亩。旧时额粮，止岁以五千八百石输贵州，盖蛮方赋税原轻。至应龙巧立新法，名曰“等赍”，每田一亩，征银数钱，初犹敛其财以招苗，后并夺其地以养苗，而赋法荡然尽矣。今既改流，自当责成道府，亲率州县官定疆界，沿丘履亩，逐一丈量，分为等则，造册呈报，以定赋法。额粮轻重，蜀无定规，查克平九丝，丈量田地，分别上、中、下三等，每亩上田四升，中田三分，下田二升。播地山水间杂，不止三等。尚有上上、下下者，宜逐项分析。最上者一亩可当上田几亩，最下者几亩可当下田一亩，则待临时酌定，难以预计。丈完，总计田地若干，粮若干，征本色若干，俟二年之外起科。除足一年夏秋二锐、银力二差一切杂费

外，余解布政司，充边饷支用。①

次年，正好是万历三十年的大造黄册，再次实行土地全面清丈，与李化龙要求的"丈田粮"正好不谋而合。

表 3－22　万历三十年（1602）大造黄册贵州耕地丈量情况（耕地面积单位：亩）

名目	屯田	民田	科田	官田	合计	页码
贵州宣慰使司		350 123			350 123	P480
贵阳府		105 248			105 248	P468
都匀府		58 510			58 510	P498
思州府		48 380.5			48 380.5	P503
思南府		133 648			133 648	P506
黎平府		29 612			29 612	P510
镇远府		27 399			27 399	P503
石阡府		87 802.6			87 802.6	P507
铜仁府		89 796			89 796	P509
安顺府		80 198			80 198	P485
平越府		159 762.1			159 762.1	P496
永宁州		36 416			36 416	P488
镇宁州		51 543			51 543	P486
普安州		34 805			34 805	P489
贵州卫	27 143		8468	35 611	35 611.8②	P473
贵州前卫	33 213		5210	38 423	38 423	P476
龙里卫	4385			4385	4385	P494
新添卫	9367			9367	9367	P495
平越卫	16 495.5	35 765.8	143.9	16 639.4	52 405.2	P497

① ［清］郑珍、莫友芝编纂：《道光遵义府志》卷42《艺文一》，成都：四川出版集团巴蜀书社，2013年，第832页。

② 原文"（贵州卫）今实在叁万伍仟陆佰壹拾壹亩八分零，屯田贰万柒仟壹佰肆拾叁亩零，科田捌仟肆佰陆拾捌亩零"，屯田27 143亩＋科田8468亩＝35 611亩，与原文总数35 611.8亩相差0.8亩。见［明］郭子章著，赵平略点校：《黔记》，成都：西南交通大学出版社，2016年，第473页。

续表

名目	屯田	民田	科田	官田	合计	页码
清平卫	6056	1071	150	6206	7279①	P501
兴隆卫	9374		1337	10 711	10 711.7②	P501
都匀卫	23 589		3566	27 155	27 163③	P500
威清卫	16 591		3738	20 329	20 329	P483
平坝卫	18 806		3217	22 023	22 023	P484
普定卫	32 092		15 033	47 125	47 125	P485
安庄卫	18 662		3412	22 074	22 074	P487
安南卫	16 206		9464	25 670	25 670	P489
普安卫	29 541		24 129	53 670	53 670	P491
毕节卫	22 467		22 173	44 640	44 640	P492
乌撒卫	82 009		8559	90 568	90 568	P492
赤水卫	54 076		12 580	66 656	66 656	P493
永宁卫	53 290		7394	60 684	60 684	P493
黄平千户所	7783		149	7932	7932	P502
普市千户所	2628		909	3537	3537	P494
共计：	**483 764.5**	**1 330 080**	**129 631.9**	**613 405.4**	**1 943 496.9**	

本表说明：

①本表根据《黔记》文字资料整理所得

②本表中官田数 = 屯田数 + 科田数

③各府州县卫所耕地面积合计数 = 官田数 + 民田数 = 屯田数 + 科田数 + 民田数

④本表中官田数 613 396.4 + 民田 1 330 080 数 = 1943 485.4 亩，比原文所记贵州耕地总数 1 943 496.9 亩少 11.5 亩，差数分别在：贵州卫少 0.8 亩、平越卫少 2 亩、兴隆卫 0.7 亩、都匀卫少 8 亩

---

① 原文“（清平卫）实在柒仟贰佰柒拾玖亩，屯田陆仟伍拾陆亩零，科田壹佰伍拾亩零，凯里安抚司民田壹仟柒拾壹亩零”，屯田 6056 亩 + 科田 150 亩 + 民田 1071 亩 =7277 亩，与原文总数 7279 亩相差 2 亩。见［明］郭子章著，赵平略点校：《黔记》，成都：西南交通大学出版社，2016 年，第 501 页。

② 原文“（兴隆卫）报存壹万柒佰壹拾壹亩柒分零，屯田玖仟叁佰柒拾肆亩零，科田壹仟叁佰叁拾柒亩零”，屯田 9374 亩 + 科田 1337 亩 = 10 711 亩，与原文总数 10 711.7 亩相差 0.7 亩。见［明］郭子章著，赵平略点校：《黔记》，成都：西南交通大学出版社，2016 年，第 501 页。

③ 原文“（都匀卫）万历九年新丈，报存贰万柒仟壹佰伍拾伍亩，屯田贰万叁仟伍佰捌拾玖亩零，科田叁仟伍佰陆拾陆亩零，三十年黄册贰万柒仟壹佰陆拾叁亩”，万历三十年总数比万历九年多 8 亩，后面无分项记录，本文中分项用的是万历九年的数据，总数用的是万历三十年数据。见［明］郭子章著，赵平略点校：《黔记》，成都：西南交通大学出版社，2016 年，第 500 页。

万历三十年（1602）的清丈结果为 1 943 496.9 亩，比万历二十五年（1597）的 1 817 788.86 亩多 125 708.04 亩，比万历九年（1581）的 1 815 637.506 亩多 127 869.394 亩。

此后的二十余年间，贵州无大规模的田亩清理。直到天启二年（1622）水西安邦彦叛，围贵阳城十月之久，全省土地荒芜、户口衰落、经济萧条、民不聊生。天启四年（1624）二月，巡按贵州御史侯恂向朝廷提请振兴贵州社会相关事宜，首先提出要恢复农业经济：

> 国家方拙，岂能常割楚饷以供黔……何若未雨绸缪，逮威荫长享无事之福，所省更多也。一在核田亩以定赋额。黔中在万山间，溪壑高低，并堪垦作，其田大约有三：一曰军卫屯田，一曰有司民田，一曰土司夷田。初制犬牙相错，三相互浑，先年曾经清丈，而事久弊生，私顶暗投之蠹莫除也。继绝芜熟之繇莫察也，影射飞诡之害莫禁也，吞并丢压之窦莫釐也，法有遗奸屯所遗力从来也。况近洪边、龙里等处新经勘定，而省会、安顺等处户口流亡，沟塍半是无主，不可不一问者，莫若及今亟作一番开拓，逐一清丈，某系屯地，某系民田，某系夷田，查其各原纳着粮若干，酌议摊派，土司忠顺者，各管原土，叛逆者悉归版图。原未派定差粮，照例起科，即有硗确绝断人烟者，并当逐寨逐庄查造入册，中有乡绅富豪冒占者，亦必造入册籍，差粮有稽，一洗得田抛粮之积习。其无主民田，应入官者，相应现成府州县设法招徕开垦，久抛荒者量行蠲租。而军卫节年凋残，屯田更多衰旺，相应责成管屯卫官，督令五所遍给屯军耕种，用抵饷额之乏。①

侯恂认为，要恢复贵州的农业生产，首先必须要“核田亩以定赋

① 《明熹宗实录》卷 39，天启四年二月丙午条。

额"[①]。然而，贵州在平安邦彦的战争中，天启四年（1624）贵州巡抚王三善血染沙场，六年（1626）西南总理鲁钦兵败自杀，贵州无力再理农事。直到西南总督兼贵州巡抚朱燮元在崇祯二年（1629）平定奢安之乱，崇祯三年（1630）平定狼峒、摆金、火烘等处苗仲叛乱，崇祯四年（1631）平定两江黑苗叛乱后，于崇祯五年（1632）二月重启田亩清理。此次清理是首先从水外六目之地开始，"南自三岔北至乌江五六百里内，臣（朱燮元）行总兵官王国祯，毕节道郑朝栋，安顺府知府杨先芳等经理清丈"[②]。清出水田"通共一十一万七千五百亩"[③]。清丈并统计的新屯，不包括议改州治的"开科洪边十二码头并施秉新复清出贼绝田亩"[④]，朱燮元安排总兵官王国祯负责，说明他对此次清理田亩是十分重视的。朱燮元对屯田的清理，主要是针对旧屯、民田、科田。

清理旧屯：对于旧屯，朱燮元要求查清祖制的赋税。按照屯军的祖制，每个军人"授田十八亩，岁输屯粮四石五斗，岁用三钱五分"[⑤]，按照全省的制额来说，"通省一十八卫，通共祖军三万零六百□□□□□□□（原刻本此处共缺324字）复五百五十六名。"由于缺字太多，目前笔者未能在其他文献中找到此篇的内容，因此，全省的制额情况是不清楚的。对于熟田，朱燮元采用招复屯军的方式进行耕种，单是安龙、安南、平夷、乐民四所，就"招复屯军七百四十三名"[⑥]。对于荒地，朱燮元要求各屯所"设法招徕，渐次耕垦，资生有籍，何人非兵"[⑦]，以达到屯军人口的增加。

---

① 《明熹宗实录》卷39，天启四年二月丙午条。

② ［明］朱燮元撰：《少师朱襄毅公督黔疏草（十二卷）》卷6第11疏《议清通省新旧田赋以佐军需疏》，清康熙五十九年朱人龙刻本，第47页。

③ 同上，第48页。

④ 同上，第47页。

⑤ 同上，第49页。

⑥ 同上，第50页。

⑦ 同上，第50页。

表 3-23　崇祯五年（1632）旧屯查祖制田亩情况

卫所名	开垦熟田（亩）	清出贼田（亩）
龙里卫	14 368	15 604.0958
贵州卫	19 819	
贵州前卫	10 377.135	
威清卫	7323.3	
平坝卫	13 919	
普定卫	10 030	
安庄卫	18 187.273	
安南卫	15 504.25	
普安卫	4267.5	
安龙、安南、平夷、乐民四所	5900	
共计：119 695.458 + 15 604.1958 = 135 299.5538	119 695.458	15 604.0958

本表根据朱燮元《议清通省新旧田赋以佐军需疏》文字资料整理所得

对于清理出来的屯田，朱燮元要求按旧额征收赋税，达到“酌盈济虚，宽天下加派之半；益屯损饷，补师中供亿之繁”① 之目的。在特定的时间、局部的范围内，有效地维持了地方社会的长治久安。

清理科田：相比旧屯，民科的情况更为复杂，也更难清理。贵州对科田管理一直处于一种相对混乱的状态，“既无册籍可稽，亦无坵段、亩数可考”②。由于科田税收存在严重漏洞，大量科田税粮流失，导致“通省惟科田之粮最轻”③，因此，民间有“田不输赋，民不当差”④ 负面议论。

① ［明］朱燮元撰：《少师朱襄毅公督黔疏草（十二卷）》卷6第11疏《议清通省新旧田赋以佐军需疏》，清康熙五十九年朱人龙刻本，第50页。

② 同上，第51页。

③ 同上，第51页。

④ 同上，第51页。

表 3－24　崇祯五年（1632）科田清查情况

清查对象	增科田（亩）	来源
威清卫	1493	安庄卫乡官伍经文创义输公
平坝卫	4684.73	同上
普定卫	42 896.8482	同上
安庄卫	9014.7	同上
小计：	58 089.2782	
各卫贼、绝田并科田旧额	101 900	布政司清查所得
共计：	159 989.2782	

本表根据朱燮元《议清通省新旧田赋以佐军需疏》文字资料整理所得

民科要清理的田亩主要是以下三种情况：

第一，地方豪强隐匿、侵吞、少报的科田。“豪有力者，或开荒或屯军私买，据为己业，量报升合，以掩耳目”①，如已故两广督臣王尊德，“户内所上仓粮，只有五合”②，就是典型的隐匿、少报。对此偷税漏税现象，朱燮元指责其“食土而不思输赋，有急而为乞邻……独不念经岁攻围食子爨骸之惨”③。要求对此类情形，通通实行“量输十一以助饬武备”④。

第二，长期不输赋的科田。朱燮元要求对长期不缴纳税赋的科田，应予以加收，以示惩戒：“凡全未输课者，查出每亩征粮一斗，近则输仓，远则折银五分。”⑤ 对于此项收上来的钱粮，应“专用赡兵，不许别支”⑥。

第三，绝田被非法处置的。朱燮元在奏疏中就提到：“黔省有司陋规，每遇无主之田，辄断价充饷。士民以为自官卖得，绝不供输。而究

① ［明］朱燮元撰：《少师朱襄毅公督黔疏草》卷 6 第 11 疏《议清通省新旧田赋以佐军需疏》，清康熙五十九年朱人龙刻本，第 51 页。

② 同上。

③ 同上。

④ 同上。

⑤ 同上。

⑥ 同上。

竟所谓充饷者，亦从无报解。”[①] 由此可知，被有司处理的绝田，既未输赋，也未充饷，费用进入了官僚的私人口袋。针对此陋规，朱燮元“入黔即通行禁止，而积习相沿，多有梗法”[②]。

朱燮元按照“新开贼绝之田，名为新屯以养防河之兵；旧额屯田陆续查出，以复干陬之役；其民田有未科者，另作民科一项，以充赋额”[③]。

在清田亩的过程中，朱燮元还对梗法行为予以严厉打击。对于侵占或变相侵占科税的行为，朱燮元“相应申饬，著为厉禁”[④]，并“俱行道镇，分别给发由票，有由者，即系实业，无由者，即系欺隐”[⑤] 定性处理。对冥顽不化的贪官污吏，如湄潭知县倪斯莞，隐匿“该县贼首王伦，所遗贼田颇多，只报二百三十五亩”[⑥]。朱燮元“行令追租赡兵”[⑦]。面对倪斯莞“坚执不肯，必欲仍依陋规，断价官卖”[⑧]，抗拒缴纳赋税的行径，朱燮元“必欲依照浮躁例重加降处”[⑨]。

在对梗法者进行严惩的同时，朱燮元对主动将五万八千多亩耕地交给朝廷的安庄乡官伍经文，以及在清理工作中“实心任事，清白自持”[⑩]的有司官员——安顺府知府杨先芳、推官曹代之，朱燮元都给予极高的评价和认可，并奏请朝廷予以重用：“相应先行纪录杨先芳，遇道缺优

① ［明］朱燮元撰：《少师朱襄毅公督黔疏草》卷6第11疏《议清通省新旧田赋以佐军需疏》，清康熙五十九年朱人龙刻本，第52页。

② 同上，第52页。

③ ［明］朱燮元撰：《少师朱襄毅公督黔疏草（十二卷）》卷8第2疏《题黔省田赋重不便改科疏》，清康熙五十九年朱人龙刻本，第16页。

④ ［明］朱燮元撰：《少师朱襄毅公督黔疏草（十二卷）》卷6第11疏《议清通省新旧田赋以佐军需疏》，清康熙五十九年朱人龙刻本，第52页。

⑤ 同上。

⑥ 同上。

⑦ 同上。

⑧ 同上。

⑨ 同上。

⑩ 同上。辑入《遵义丛书》编委会，谭剑锋主编：《遵义丛书》册41《少师朱襄毅公督黔疏草（十二卷）》，北京：国家图书馆出版社；上海：上海古籍出版社，2018年，第355页。

迁；曹代之候行取考选者。”①

由于长期战乱造成社会管理混乱，使得朱燮元在清查田亩时，感到困难重重，“履亩清核，事最锁屑；豪猾作奸，千态万状”②，要完成此务，不仅需要地方官吏恪尽职守，还需借助中央朝廷的力量才得以完成：“非责成守巡粮储道臣，会同总兵官并副参等将，加意清理，力任劳怨，未易就绪。更乞天语申饬，以警惰玩，庶法可通行而事得长久。”③

（四）限田制

晚明时，对西南稳定有重大战功的两任总督都执行过限田制：一是平播州之疫的李化龙，对平越府耕地的限田制，是针对民田的限田制；一是平奢安之乱的朱燮元，对原属水西安氏土司的水外六目之地，改为卫所的屯田，是针对屯田的限田制。

播州之役中，参与杨应龙反叛朝廷的土司，或因为被铲除，耕地被没收，或在叛乱中死亡，耕地收归地方政府管辖。万历二十九年（1601）三月，时任川、黔、湖广总督的李化龙奏请将这些田土分给旧民，为防止这些耕地落入个别地方豪强手中，在分配方案中提出“限田制”：

> 播土旧民，自逆酋芟夷之后，大兵征讨之余，仅存十之一二耳。遗弃田地，多无主人。惟册籍不存，疆界莫考，复业之民，往往冒认影占，原少而报多，原瘠而报肥，甚至一人占田一二千亩；尚有异省流徙，假播籍而希冒占者。夫王者之师，吊民伐罪，罪人既得，孑遗之民，自当存恤。顾无知小民，何厌之有？若任其冒占，而不为限制，不惟告扰纷纷，徒滋多事，恐将来田地阔而民少，不能成府县之规。且自应龙在事以来，

① ［明］朱燮元撰：《少师朱襄毅公督黔疏草（十二卷）》卷6第11疏《议清通省新旧田赋以佐军需疏》，清康熙五十九年朱人龙刻本，第52页。

② 同上，第47页。

③ 同上。

与夺任意，生杀自由，强凌弱，从暴寡。凡业厚而田丰者，皆席应龙之宠，而鱼肉细民所得也。此辈初用事，后得罪，有逃避他方，至今方出者，有身为奏民，起衅酿祸者，有其身已歼，其家已灭，而一二远族，尚思承首者，谁为厉阶致此纷扰？卒令天朝以二十万之师，费百万之饷，杀人数万，方得剪定此土宇，而犹令此辈窃据以自封？即应龙地下亦不服矣。

今应将播之旧民号“杨保子”者，查果真的，无论原业肥瘠，俱人给田三十亩，上、中、下搀配均给。若一处皆上田、皆下田者，临时酌给。大率纯下田，多不得过一百亩；纯上田，不能少过二十亩。其原非播民，凡不能为杨保语，亦自易辨，无问其曾否寄住，皆不得妄认。斯诈冒不行，争竞可息。

至遗下无主民田，应另行招人承种，纳粮当差。应龙官庄并杨兆龙、田一鹏、何汉良等诸擒斩过有名头人庄田，尽数没官，听三省之民愿占籍播州者承种。其领田之人，查照时值，量行上纳，以充目下建立城池、衙门、驿传诸费，亦定为限制：平人不得过五十亩；指挥、千、百户不得过百亩，俱于丈量时定粮定价，令不得挪移。州县官收过绝产价值，给付印契，登入循环，听兵备道稽查转报，抚按查考。经该官吏，如有干没，从重治罪。庶定经制之中，又得夫裕财用之意。①

此次限田制，是对原来存在的土地兼并、集中情况进行重新分配，按上中下田搭配，人均 30 亩，纯下田不得多过 100 亩，不得少过 20 亩，防止土地集中在少数地方豪强的手中，使更多的人拥有土地资源，具备生存条件，对于稳定地方社会、发展地方具有一定的积极作用。

李化龙施行限田制后 20 年，川黔边界地区暴发了长达近 10 年的

① ［明］陈子龙等选辑，虞万里等整理：《明经世文编》，上海：上海书店出版社，2019 年，第 4803—4804 页。又可见［清］郑珍、莫友芝编纂：《道光遵义府志》卷 42《艺文一》，成都：四川出版集团巴蜀书社，2013 年，第 832 页。

“奢安之乱”，导致贵州人口锐减，大量田土抛荒。朱燮元在红土川剿灭主要叛首后，宣慰司安位向朱燮元投降，朱燮元提出四个条件，第二个是“削水外六目之地归朝廷”[①]，朱燮元将这一片耕地作为卫所屯田时，限定卫所按一军20亩分配：

> 查水外一带，土脉肥饶，见今将士屯种，岁输租近万石，则两卫所之官俸军粮办之有余。旧例一军授水田十二亩，旱地六亩，今量宽予二亩，计用兵万人，即就见在行伍编定军制，授之以田，而客兵皆成世军矣。[②]

此前贵州卫所屯军每军授田18亩，此次将水外六目之地给予敷勇卫和镇西卫屯军，比旧例多出两亩，按20亩分拨。除了水外六目之地的分拨是限制了数量之外，朱燮元还对地方豪强多占耕田的情况进行打击和限制。

奢安之乱持续时间太长，大量耕地被抛荒，目前未找到具体抛荒数量的情况统计资料。但从天启七年（1627）八月御史巡按贵州监军的太仆寺少卿陆献明上疏时言及“耕耨无人，军民逃窜”[③] “满目荒凉”[④]，可知抛荒田亩数量不少。战争期间社会的无序与混乱，使得地方豪强非法争夺耕地的行为时有发生。如有奸猾之徒为了自身利益，无理争夺熟田，“无论十年不耕，即承平时，实已私卖或被占去，今日垦熟，复来妄争”[⑤]。并在政府官员组织实施清田亩和限田制时，故意设置障碍进行阻挠。此举影响地方政府的赋税收入，贵州布政司甚至担心“大乱之后，

---

① ［明］刘宗周撰：《恒岳朱公墓志铭》，辑入［明］朱燮元撰：《朱少师奏疏钞八卷》，中国科学院图书馆藏，清雍正十一年朱源星刻本，第15页。

② ［明］朱燮元撰：《少师朱襄毅公督黔疏草》卷7第4疏《列城设卫久任世守疏》，清康熙五十九年朱人龙刻本，第34—35页。

③ 《明熹宗天启七年八月》，天启七年八月丁未，第26页。

④ 同上。

⑤ ［明］朱燮元撰：《少师朱襄毅公督黔疏草（十二卷）》卷6第11疏《议清通省新旧田赋以佐军需疏》，清康熙五十九年朱人龙刻本，第48页。

榛芜再辟，曩日豺狐，业已屏踪，若不设法与之更始，将来转贷路穷，何以支应”[①]？

对于地方豪强阻挠限田制，朱爕元认为“若听其阻挠，则奸猾纷起”[②]。为防止事态进一步恶化，朱爕元要求地方各级官府“相应严禁”[③] 并予以打击。一方面，朱爕元责成守巡粮储的道臣会同总兵、副参等地方重要官员“加意清理，力任劳怨”[④]，同时向朝廷报告，请皇帝申饬地方严格执行：“乞天语申饬，以警惰玩，庶法可通行，而事得长久。”[⑤] 在皇权的支持下，限田制得到较好的执行。由于两任总督均严格执行限田制，保证了底层百姓和普通士兵的基本生存条件，为贵州经济社会恢复，人口渐次增长提供了物质保障。

（五）广开垦

贵州历来是少数民族聚居区，明王朝在贵州境风实行土司制度，管理人数众多的少数民族。明朝对于土司地区是不征税的，“土府银米，向来不纳”[⑥]。贵州自永乐建省以来，地方财政主要依靠四川、湖广的协济。然而，“奢安之乱”给四川地方经济带来的破坏不亚于贵州，整个社会农业生产停滞，经济凋敝，无法支付应给贵州的协济粮。天启四年（1624）正月，时任五省总督兼四川巡抚的朱爕元就在《恭报蔺地善后机宜疏》中提及四川财政之困顿：“独是蜀连年用兵，公私俱匮，

---

① ［明］朱爕元撰：《少师朱襄毅公督黔疏草（十二卷）》卷6第11疏《议清通省新旧田赋以佐军需疏》，清康熙五十九年朱人龙刻本，第47页。

② 同上，第48页。

③ 同上，第48页。

④ 同上，第47页。

⑤ 同上，第47页。

⑥ 见：①［明］朱爕元撰：《少师朱襄毅公督黔疏草（十二卷）》卷4第6疏《酌请四年新饷疏》，清康熙五十九年朱人龙刻本，第27页。

又见：②［明］陈子龙等选辑：《明经世文编》卷486《朱司马督蜀黔疏草（朱爕元）》卷8疏《□请四年新饷疏》，上海：上海书店出版社，2019年，第5562页。

库藏括而又括，钱粮借而又借，小民之仳傂未复，膏血尽罄，不戢自焚，最为可虑。臣忧心如惔，不能朝夕。”① 天启五年（1625）三月，朱燮元《简兵屯守疏》中又云：“夫蜀民之困极矣，马已竭而犹求，鸿欲集而无所，吸髓既空，揭竿欲起，外则建昌松潘群夷在在跳梁，内则屯戍各兵嗷然待哺，画地之饼难啖，无惠之法难振。”② 天启六年（1626）十二月，四川巡按张睿谟也在奏疏中言及：“蜀省兵饷不支，发帑金兑楚饷百余万矣，两三年来，局尚未结，困不可支，无所措处，势必剥民负薪不休，皮毛俱尽。”③

协济贵州的楚饷同样无法及时支付。当时辽东战事不断，很大程度上依赖楚饷，尽管中央朝廷多次减少楚饷对贵州的协济“楚饷已减十之六七，旧欠征去一半”④，加上两省之间山高路远“远候转运，更多劫掠之虞”⑤，导致湖广布政司无法足额、及时地将协济粮米运达贵州。天启二年（1622）三月朱燮元刚到贵州时，“昔年止欠饷九个月，今缺一年矣”⑥。

贵州是西南军事咽喉之地，为保证西南的安宁，必须长期维持庞大的军费开支。既然指望川湖协济已然不可靠，朱燮元提出：“看得养兵，莫善于屯田，以其地之所出，供本地之官军，不劳转输而廪粮自给。”⑦

---

① ［明］朱燮元撰：《少师朱襄毅公督蜀疏草（十二卷）》卷8第6疏《恭报蔺地善后机宜疏》，清康熙五十九年朱人龙刻本，第26—27页。

② ［明］朱燮元撰：《少师朱襄毅公督蜀疏草（十二卷）》卷12第2疏《简兵屯守疏》，清康熙五十九年朱人龙刻本，第7—8页。

③ 《明熹宗实录》卷74，天启六年十二月壬戌条。

④ ［明］朱燮元撰：《少师朱襄毅公督黔疏草（十二卷）》卷4第6篇《酌请四年新饷疏》，清康熙五十九年朱人龙刻本，第29页。

⑤ ［明］朱燮元撰：《少师朱襄毅公督蜀疏草（十二卷）》卷12第2疏《简兵屯守疏》，清康熙五十九年朱人龙刻本，第8页。

⑥ ［明］朱燮元撰：《少师朱襄毅公督黔疏草（十二卷）》卷4第6篇《酌请四年新饷疏》，清康熙五十九年朱人龙刻本，第27页。

⑦ ［明］朱燮元撰：《少师朱襄毅公督黔疏草（十二卷）》卷7第4疏《列城设卫久任世守疏》，清康熙五十九年朱人龙刻本，第34页。

唯有屯田才是解决军队粮食最可靠最有效的途径。加上水西“地起裸朵、乐农、思腊、七星桥，纵横数百里，水土广衍”①，安邦彦等巨憝授首后，留下大片可耕之地，因此，朱燮元“思疆圉多故，物力艰难，敢不加意撙节”②，致力于开屯辟土，发展地方农业生产。

在“清田亩”的基础上，朱燮元鼓励“广开垦”。开垦包括垦新和垦熟，垦新即是将从未被开垦过的荒坡野地开辟成可耕种的田土，垦熟即是将原来曾被耕种过，后因战乱、闲置等原因被抛荒，或是开垦原被非法占有的贼田，现重新开垦进行耕种的田土。

崇祯五年，朱燮元对“垦新”和“垦熟”的田亩数进行统计，在《议清通省新旧田赋以佐军需疏》中奏报朝廷。

表 3－25　崇祯五年（1632）贵州开垦田亩数统计表

开垦耕地的军卫名称	开垦性质	开垦负责人	垦田数（亩）	备注
铁王旗一路	垦新	副总兵范邦雄	23 610	今改为定南所
鸭池一路	垦新	副总兵杨正芳	25 000	今改为镇西卫
乐平一路	垦新	游击金良田	6500	今改为柔远所
龙场一路	垦新	总兵官王国祯	15 000	今改为敷勇卫
六广一路	垦新	参将方国安	10 000	今改为濯灵所
徉狼一路	垦新	都司佥书袁桂芳	8000	今改为息烽所
平伐、定广	垦新		29 390	属省会要隘
小计：			117 500	
龙里卫	垦熟		14 368	
龙里卫	清出贼田		15 604. 0958	土官何中蔚贼田
贵州卫	垦熟		19 819	
贵州前卫	垦熟		10 377. 135	

① ［明］朱燮元撰：《少师朱襄毅公督黔疏草（十二卷）》卷 7 第 4 疏《列城设卫久任世守疏》，清康熙五十九年朱人龙刻本，第 32 页。

② ［明］朱燮元撰：《少师朱襄毅公督黔疏草（十二卷）》卷 4 第 6 疏《酌请四年新饷疏》，清康熙五十九年朱人龙刻本，第 27 页。

续表

开垦耕地的军卫名称	开垦性质	开垦负责人	垦田数（亩）	备注
威清卫	垦熟		7323.3	
平坝卫	垦熟		13 919	
普定卫	垦熟		10 030	
安庄卫	垦熟		18 187.273	
安南卫	垦熟		15 504.25	
普安卫	垦熟		4267.5	
安龙、安南、平夷、乐民四所	垦熟		5900	
小计：			135 299.5538	
合计：			252 799.5538	

本表根据朱燮元崇祯五年（1632）二月十二日奏疏《议清通省新旧田赋以佐军需疏》文字资料整理所得

从崇祯二年（1629）八月崇安叛乱的主谋及核心成员被捣平后，在朱燮元的激励政策下，仅仅两年半的时间，到崇祯五年二月时，所统计出来的贵州垦新和垦熟总面积就达 252 799.5538 亩。

为了更好地发展农业生产，朱燮元对战乱中流徙在外的士绅百姓，在恢复原田土所有权时，程序上给予方便。如他在《回奏新旧田赋疏》中，针对不同的情况，提供不同的解决办法。

首先，对于原有田土所有者，只因战乱时逃离在外，至今未归的情况："其有士绅在外，即未归而先求田者，查府县有册案，亦即给之。"①只要府县有册案的，马上归予其田。

其次，是对于原无田土之人："其若来归而原无业者，则如道臣杨先芳所议，将沿河旷土，随便给耕。但恐其不就招徕，断不忍绝其生计也。"② 只要愿意到贵州来安居的，即使没有田土，准许其随便耕种，

① ［明］朱燮元撰：《少师朱襄毅公督黔疏草》卷 9 第 2 疏《回奏新旧田赋疏》，清康熙五十九年朱人龙刻本，第 14 页。

② ［明］朱燮元撰：《少师朱襄毅公督黔疏草（十二卷）》卷 9 第 2 疏《回奏新旧田赋疏》，清康熙五十九年朱人龙刻本，第 14 页。

使之愿意来、能生存、可安居。

此外，为鼓励开垦与耕种，朱燮元还在税赋上予以优惠。对于熟田，按要求以每亩抵粮五斗进行折算。对于地势较偏的屯田，则税赋减半，“隔营穹远，不便耕作者，即听召顺苗佃种，照前额减输一斗”[①]。而对于为鼓励开垦生地，“尚有未能尽开与山坡高地，一望荒芜，俱责成随便耕种，概未起科”[②]。由于赋税上的免征，极大地提高了开垦生地的积极性。

由此可见，朱燮元主政时期，贵州耕地开发政策优惠的力度很大。

（六）田治与吏治

朱燮元及时统计、随时掌握已经开垦田亩数，并针对屯政建设提出一系列的激励措施，其中最重要的是，将屯政与官员考核挂钩。

朱燮元将官兵开垦田亩的情况，作为考核其官绩的主要依据，还在崇祯五年（1632）二月十二日《议清通省新旧田赋以佐军需疏》中提出对官员在屯政上的业绩考评与奖惩措施：

> 惟是各卫所官，冥顽梗法，必须从屯政上课以殿最。如印屯操捕等官，有清出屯田五十亩以上，练出精壮军五百名，足资战守者，即与提升守备，倍者又加一级。其漫不遵奉，肆行违拗者，轻则革任革俸，重则轻题革袭，庶可警其玩而醒其谜也。[③]

紧接在崇祯六年（1633）十月二十四日《回奏新旧田赋疏》中，再次强调将屯政作为官员的升迁与降级的重要考核依据：“督按即以屯

---

① ［明］朱燮元撰：《少师朱襄毅公督黔疏草（十二卷）》卷6第11疏《议清通省新旧田赋以佐军需疏》，清康熙五十九年朱人龙刻本，第48页。

② 同上。

③ 同上，第50页。

政课其殿最，以为黜陟。”① “责令各官设法招徕，务令七分在屯，三分入操，每岁年终，以开垦之多寡，为官评之殿最。”②

不仅有政策，朱燮元还将考核落到实处。如他在崇祯五年（1632）二月二十日的《列城设卫久任世守疏》，制定出官员的考核标准：

> 臣（朱燮元）惟朝廷名器毫不可滥，而鼓舞激劝，于法宜核，于途宜宽，谨调为三等：第一等为主将劳苦而功高者；第二等为偏裨血战而功多者；第三等为冲锋各将，功苦素超而尚应责成以俟再叙者。三等之中，首论战功，再论版筑，论开屯。③

照此标准，朱燮元共对52名官名提请授功，由于战功“俱载叙案”④，在此只记录版筑与屯田之功。其中一等功5人，二等功14人，三等功33人，具体见下表：

表3－26　崇祯五年（1632）朱燮元奏报官兵功次表

官职或所属卫所	官兵姓名	功次	已开屯田数（亩）	所荫官职名称	品级
总兵官	林兆鼎	一等功	2000	镇西卫指挥使	正三品
总兵官	王国祯	一等功	15 000	敷勇卫指挥使	正三品
副将	杨正芳	一等功	25 000	镇西卫指挥使	正三品
副将	范邦雄	一等功	23 610	定南所指挥同知	从三品
参将	陈谦	一等功	2000	敷勇卫指挥佥事	正四品
以上为一等功，共5人					
参将	方国安 刘镇藩	二等功	共人共开垦10 000	同授敷勇卫正千户	正五品

① ［明］朱燮元撰：《少师朱襄毅公督黔疏草（十二卷）》卷9第2疏《回奏新旧田赋疏》，清康熙五十九年朱人龙刻本，第9页。

② 同上，第15页。

③ ［明］朱燮元撰：《少师朱襄毅公督黔疏草（十二卷）》卷7第4疏《列城设卫久任世守疏》，清康熙五十九年朱人龙刻本，第39页。

④ 同上，第40页。

续表

官职或所属卫所	官兵姓名	功次	已开屯田数（亩）	所荫官职名称	品级
游击	彭应麟	二等功	1000	镇西卫正千户	正五品
游击	金良田	二等功	6500	柔远所正千户	正五品
都司佥书	袁桂芳	二等功	8000	修文所正千户	正五品
镇西卫守备	毛　礼	二等功		本卫所副千户	从五品
镇西卫守备	李守文	二等功		本卫所副千户	从五品
镇西卫守备	龙凤麟	二等功		本所实授百户	正六品
敷勇卫游击	温如珍	二等功		本卫所副千户	从五品
敷勇卫守备	周民望	二等功		本卫所副千户	从五品
敷勇卫守备	卢仲勋	二等功		本所实授百户	正六品
定南所守备	王天宠	二等功		本卫所副千户	从五品
息烽所守备	牟海奇	二等功		本所实授百户	正六品
连云等城守备	朱明远	二等功		本所实授百户	正六品
以上为二等功，共14人					
敷勇卫7人：	张　顺	三等功		未注明所授官职	
	黄河清	三等功		未注明所授官职	
	曹瑞麟	三等功		未注明所授官职	
	钱应科	三等功		未注明所授官职	
	李应甲	三等功		未注明所授官职	
	王贵龙	三等功		未注明所授官职	
	陈　斌	三等功		未注明所授官职	
镇西卫7人	戴尚贵	三等功		未注明所授官职	
	王　辅	三等功		未注明所授官职	
	高友茂	三等功		未注明所授官职	
	杨　忠	三等功		未注明所授官职	
	况元赏	三等功		未注明所授官职	
	张　才	三等功		未注明所授官职	
	王　可	三等功		未注明所授官职	

续表

官职或所属卫所	官兵姓名	功次	已开屯田数（亩）	所荫官职名称	品级
定南所6人	赵良臣	三等功		未注明所授官职	
	华宗明	三等功		未注明所授官职	
	吴国栋	三等功		未注明所授官职	
	向起奉	三等功		未注明所授官职	
	欧　伦	三等功		未注明所授官职	
	王国胜	三等功		未注明所授官职	
息烽所2人	刘安边	三等功		未注明所授官职	
	严　奇	三等功		未注明所授官职	
省城标下各营4人	杨　云	三等功		未注明所授官职	
	丁显爵	三等功		未注明所授官职	
	朱文庆	三等功		未注明所授官职	
	沈　芳	三等功		未注明所授官职	
安普十一新城7人	李芳先	三等功		未注明所授官职	
	曹正邦	三等功		未注明所授官职	
	许尽忠	三等功		未注明所授官职	
	李世芳	三等功		未注明所授官职	
	施国颜	三等功		未注明所授官职	
	陆逢春	三等功		未注明所授官职	
	马振邦	三等功		未注明所授官职	
以上三次等，共33人					

本表根据朱燮元崇祯五年（1632）二月二十日奏疏《列城设卫久任世守疏》文字资料整理所得

除平息奢安之乱的战功、新建城堡哨的版筑功绩外，一等功的五人均在开屯方面功绩卓著，因此分别被授予正三品、从三品、正四品的卫指挥使、卫指挥同知和卫指挥佥事等重要的官职；二等功的14人中，被授予正五品的正千户5人，也在版筑和开屯方面成绩突出；其余的二等功人员，只能被分别授予从五品和正六品的副千户和百户；对于三等功的33人，由于“开屯未多”[1]，只能“听候绩叙”[2]。

四、本章小结

明代是以农业经济为主、其他经济为辅的封建社会，国家十分重视对耕地的管理。贵州不沿边、不沿海，无法像江南地区一样发展手工业、轻工业，因此农业成为老百姓赖以生存的唯一产业，因此对耕地的管理一直是地方政府的最重要的职能。

晚明的贵州，先后参与平定紧邻的四川播州之役、川黔的奢安之乱后，对耕地管理影响最大的是属地调整和属性调整。耕地的属地调整是指由原隶四川的播州宣慰司经改土归流后所建的二府之一——平越府划归贵州，平越府的所有耕田改隶贵州，因此，贵州耕地在原来的基础上，增加大约14%。此为万历二十九年（1601）的数据，平越府民田160 022亩，贵州原有民田1 196 000亩，共1 356 022亩，增加值=160 022/1 196 000=13.38%。万历三十年大造黄册，平越府民田159 762.1亩，贵州原有民田1 170 317.9亩，共1 330 080亩，增加值为13.65%。[3] 耕地的属性调整，主要指播州之役和奢安之乱后，大量的夷田变为民田和屯田，一方面，快速增加税赋收入，另一方面，耕田性质的改变，推进了民族地区融入中央政府的速度，为民族融合、民族团结打下坚实的物质基础。

除此之外，晚明贵州加快对耕田的开发，为贵州人口恢复、经济发展提供了条件，为西南边疆的稳定提供了保障。

---

① ［明］朱燮元撰：《少师朱襄毅公督黔疏草（十二卷）》卷7第4疏《列城设卫久任世守疏》，清康熙五十九年朱人龙刻本，第41页。

② 同上。

③ 见本文表3-22《万历三十年（1602）大造黄册贵州耕地丈量情况》。数据来源于：［明］郭子章著，赵平略点校：《黔记》，成都：西南交通大学出版社，2016年，第459页。

第四章　晚明贵州矿业开发及治理政策

贵州省土面积不大，却蕴藏着丰富的矿产资源。据 2020 年贵州省国土资源局的资料显示，目前已发现的矿产有 110 种以上，其中 42 种矿产的保有储量排名全国前十位。在现代化的工业体系中，矿产品开采和矿产品冶炼由不同行政部门主管、不同企业经营，在此之前，既所谓的传统时期，习惯上并未将采矿业与冶金业区分开来①，因此，本文中的矿业既包括矿产品开发，也包括矿产品冶炼。贵州矿业起步较早，据《贵州通史·明代的贵州》记载，贵州矿业开发可追溯到汉代：

> 贵州汞的开发历史最长，至迟在汉代已经闻名全国。《后汉书郡国志》中即有“毋敛、谈指出丹”的记载。唐宋时期，朱砂、水银已成为贵州主要的贡品，屡贡不绝，有时竟高达千两……明代以来，贵州的经济得到进一步发展，朱砂、水银的生产也随之扩大，而成为全国之冠。②

据程昭星《贵州民族地区的矿业发展》中记载，宋代的文献资料

---

① 温春来：《清代贵州铅矿业中的“放本归铅”》，《历史档案》，2016 年第 2 期，第 82 页。

② 《贵州通史》编委会：《贵州通史》卷 2《明代的贵州》，北京：当代中国出版社，2002 年，第 248 页。

中，就已有贵州开发矿产的文献记载[①]。明代矿产开发及金属冶炼铸造水平，可以从方方面面的文献资料中看出。在金属铸造方面，明代包汝楫的《南中纪闻》有“贵州罗鬼苗造马鞍，精巧坚固，骑坐，人马俱适。彼国大头目一鞍，值价百余金，最下亦十余金”[②] 的记载。《弘治贵州图经新治》里，详细记载思南府的朱砂矿业的情况：

> 思南府采砂为业。务川县境有板场、本悠、岩前等坑，产朱砂，其深十五六里，土人以皮为帽，悬灯于额，入坑采砂，经宿方出，其良者如芙蓉箭簇，生白石上者，为砂床；碎小者末之以烧水银，为银硃。土人倚为生计。岁额水银百六十斤入贡。而民间贸易，皆用之如钱钞焉。[③]

就连铜仁的地名来源，也是因为在元朝设置大小江等处蛮夷军民长官司时，以治所有三个古铜人而得名。[④] 由此可知铜仁地区的金属冶炼技术较为成熟。在金属锻造方面，《南中纪闻》有“黔、蜀诸土夷……试刀，尝于路旁，伺水牛经过，一挥，牛首辄落，其牛尚行十步许才仆，盖锋利之极，牛已毙，猝未觉也”的记载，由此可知，明代贵州的金属锻造技术水平同样不容小觑。[⑤] 不过本章的重点不在于此，而是主要介绍明代贵州的矿产经济。

永乐十一年（1413）明朝置贵州布政使司，贵州成为全国第十三个独立省份。两年之后贵州布政司派人到南京朝贡，贡品中即有矿产品(水银和朱砂)：

---

① 程昭星：《贵州民族地区的矿业发展》，《贵州文史丛刊》，1988 年第 1 期，第 99 页。

② ［明］包汝楫著：《南中纪闻》，北京：中华书局，1985 年，第 2 页。

③ ［明］沈庠修，［清］赵瓒纂，赵平略、邢洋洋、赵念、吴春燕点校：《弘治贵州图经新志》卷 3《思南府》，成都：西南交通大学出版社，2018 年，第 82 页。

④ 同上，第 139 页。

⑤ ［明］包汝楫著：《南中纪闻》，北京：中华书局，1985 年，第 1 页。

永乐十三年（1415）三月，贵州布政司右布政使蒋廷瓒率所属宣慰使、府、州、县官并头目、耆民来朝，贡马百匹、黄蜡千斤、水银四百三十斤，朱砂三十五斤。①

关于黄蜡，百度百科上有两种不同的解释，一是指黄蜡石，又名龙王玉，属矽化安山岩或砂岩，主要成分是石英，因石表层内蜡状质感而得名，因石英岩矿物受地质变动影响，并长期受酸性土壤和地热火山温度的双重催化，变质形成黄蜡石。二是黄蜡是工蜂分泌出来的蜡，主要是用于修筑巢穴的，是可以食用的天然物质，可以当作中药。由于贵州黄蜡石储量较为丰富，在无材料证明黄蜡是指可以食用的食药材蜂蜡前，本文暂代指矿产品的黄蜡石。

明代在贵州曾设有各类矿产管理机构，即金场局、银场局、黄坑水银朱砂场局等，目前笔者能查到的有12个：

表4－1　明代贵州已设和曾设矿产管理机构名册

序号	明代贵州曾设矿局	资料来源
1	提溪长官司之太平溪金场局	《太宗永乐实录》卷96，第12页
2	石阡长官司落桥、葛容溪银场局	《太宗永乐实录》卷107，第9页
3	大崖土地黄坑水银朱砂场局	《宣宗宣德实录》卷13，第11页
4	铜仁府金场局	《英宗正统实录》卷13，第7页
5	思印长官司水银场局	《英宗正统实录》卷32，第7页
6	大万山长官司水银朱砂场局	《英宗正统实录》卷46，第6页。
7	乌撒卫天生桥、稻田坝、奈童场等处银峒	《明宪宗实录》卷176，第10页
8	思南府板场、木悠、岁前、任办四坑水银局	《贵州通史》卷2《明代的贵州》，第249页
9	铜仁府鳌寨、苏葛捧朱砂水银局	《贵州通史》卷2《明代的贵州》，第249页
10	铜仁府大崖土地黄坑水银朱砂场局	《贵州通史》卷2《明代的贵州》，第249页
11	都匀府铅厂	《贵州通史》卷2《明代的贵州》，第251页
12	谷龙水银厂	《万历贵州通志》卷4，第136页。

① 《明太宗实录》卷96，永乐十三年三月壬寅条。

虽然明代的贵州方志中，均未记载矿局的设置情况，但从《明实录》的零星记载中依然可知，贵州曾在多地设置过矿局和矿厂，可见当时贵州的矿业已具有一定的规模。

一、明代贵州已发现的矿藏情况

明立国初，太祖朱元璋因提心开矿生事，“唯贵州大万山长官司有水银、朱砂场局，而四川东川府会川卫产青绿、银、铜，以与外番接境，虞军民潜取生事，特禁饬之”[①]。此时的大万山长官司水银朱砂场局，应是从元代承袭过来的。但是朱元璋为了社会稳定，禁止开矿。这种情况在永乐时逐渐改变，永乐十三年（1415），明成祖朱棣在铜仁府的提溪长官司设太平溪金场局，负责金矿的开发。此事在《明史》上也有记载：

> 永乐间，开陕西商县凤皇山银坑八所，遣官湖广、贵州采办金银课，复遣中官、御史往核之。又开福建浦成马鞍等坑三所，设贵州太平溪、交耻宣光镇金银局，葛容溪银场局，云南大理银治。[②]

朱棣不仅设金银局，“采办金银之课，差官领之”[③]，任命官员到地方负责金银开采之事。对遐荒之地的贵州，朝廷亲自安排，任命官员负责矿事，说明朝廷十分重视贵州所提供的矿产。弘治九年（1496）沈庠任贵州提学时编《弘治贵州图经新志》，将各行政机构所产矿产

① ［清］张廷玉等撰：《明史》卷81《食货五·坑冶》，北京：中华书局，1974年，第1974页。

② 同上，第1970页。

③ ［清］朱奇龄：《续文献通考补》卷24《食货补三》，清抄本，第5页。转引自郭从阳：《明成化开湖广金场述论》，《珞珈史苑》，2021年，第200页。

记载：

表4-2 弘治年间贵州各府州卫所开采矿产情况一览表

序	机构名称	矿产品种	金	银	水银	铜	铁	铅	蜡	雄黄	矿砂	其他类	页码
1	贵州宣慰司	2					有				朱砂		P14
2	思州府	4			有		有	有	有				P73
3	思南府	5			有		有		有		丹砂	银朱	P83
4	石阡府	3			有		有		有				P114
5	黎平府	2					有		有				P130
6	铜仁府	5	有		有		有		有		朱砂		P141
7	程番府	3							有	雌黄		白石英	P151
8	永宁州	1								雄黄			P178
9	镇宁州	1							有				P184
10	普安州	4			有		有			雄黄	朱砂		P200
11	龙里卫	1					有						P212
12	清平卫	1							有				P240
13	普定卫	3						有	有			紫英石	P272
14	安南卫	1								雄黄			P294
15	乌撒卫	3		有		有	有						P311
16	黄平所	1							有				P336

备注：贵州的蜡有石蜡、漆蜡、黄蜡，从属性看，石蜡和漆蜡均可用作工业原料和燃料，黄蜡是矿石，属石英类。原材料的来源看，黄蜡属矿石，石蜡是从石油、页岩油或其他沥青矿物油的某些馏出物中提取出来，属矿产资源；漆蜡是用漆树果实果皮中的脂肪煎制而成，属自然资源。在《弘治贵州图经新志》中，漆蜡和蜂蜡均单独注明，只用“蜡”时专指石蜡

弘治时期直隶贵州布政司的机构共29，其中宣慰司1，府8，州4，卫14，所2，有矿产的达16个，占一半以上。弘治年间未发现矿产的13个府州卫所为：镇远府、都匀府、安顺州、新添卫、平越卫、兴隆卫、威清卫、平坝卫、安庄卫、毕节卫、赤水卫、永宁卫、普市千户所。石蜡和铁开发最广，分别有10个和9个府州卫出产。分布上则主

要集中在黔东地区，其他地区均是零星散存。从商业价值上看，金、银、水银、朱砂等价值更高，更被朝廷重视，当时所建的矿务局主要是金局、银局、水银局和朱砂局。

明代贵州的矿产作为额定贡赋主要在黔东和黔东北地区征纳，正统二年（1437）已有大量征缴黄白蜡的记载，“思州、镇远等处已有额办黄蜡一千五百六十余斤，今又派黄白蜡于黎平、乌罗等府买办”①，以致连贵州按察使应履平皆认为如此重的税赋让百姓不堪重负，请求停免：“夷民家无甔石，衣不掩胫，额办粮马已为重难，加派重买，力何能胜。”② 然而，朝廷并未有所减免。直到万历朝，矿产的征缴只增未减。

铜仁府属各长官司岁贡黄蜡一百八十四斤四两，铜仁司三十五斤八两，乌罗司五十七斤，提溪司五十三斤二两，平头司三十八斤十两。水银二十九斤八两，万山司出。朱砂一十六斤八两，省溪司一十一斤，万山司五斤八两。③

石阡府贡额：每岁黄蜡三百五十斤，石阡司一百三斤一十四两，龙泉司一百六十七斤六两，苗民司七十一斤一十二两，葛彰司七斤。④

思南府贡额：每岁黄蜡九百五十八斤一十二两。水德司三百二十八斤，蛮夷司一百八十九斤二两，沿河司八十三斤十二两，朗溪司十四斤，印江县一百六十一斤十四两，务川县一百八十二斤。水银一百九十九斤八两，水德司四斤，蛮夷司三

---

① 《明英宗实录》卷30，正统二年五月丙午条。

② 同上。

③ ［明］江东之、王耒贤、沈思充修，［明］许一德、陈尚象、刘汝辑，周文化等纂，赵平略、吴家宽点校：《万历贵州通志》，成都：西南交通大学，2021年，第591页。

④ ［明］郭子章著，赵平略点校：《黔记》，成都：西南交通大学出版社，2016年，第507页。

斤。务川县一百六十九斤八两，印江县二十三斤。[1]

思州府贡额：岁解黄蜡六十三斤，都坪司四十六斤，黄道司六斤斗，施溪司四斤半，都素司六斤。[2]

镇远府偏桥司每年额贡黄蜡一十二斤十二两。[3]

贵州每年向朝廷额定贡额的矿产：黄蜡一千五百六十八斤十二两、水银二百二十九斤、朱砂一十六斤八两，均在黔东和黔东北地区征纳。黔西北的水西盛产水银，“安酋国中甚富，有水银坑二处，岁获银亿万”[4]，岁贡中却无额定数量。

贵州三分之一的地方产铁，铁却并未出现在贡赋矿产品中，是因为铁是比较常见的金属，朝廷不需要从偏远的贵州运到京城，因此，贵州的铁、铅、铜等，主要是本地使用。黔西北的水西地区盛产水银，却未被完全开发，反而多次被要求关停。

明代贵州的矿产业未能得到很好的开发，一个主因为朝廷严格限制。如万历八年（1580），王缉到贵州任巡抚，和巡按马呈图一起上奏《申严矿禁疏》，明确提出禁止开矿：

查得宣慰司水银厂封闭已久，节经本院申饬禁约，近闻豪恶窝主，招集流民，托迹潜踪，夜聚晓散，窃挖专利。相应速行该管各地方官员，挨访密拿，如有私搭草棚，偷设炉灶，即时拆毁，仍将窝主流民捆缚解院，先照军法重治，复依律例远遣，各官役准以捕盗条格论功，若地方军民人等有能协力擒

---

① ［明］江东之、王末贤、沈思充修，［明］许一德、陈尚象、刘汝辑，周文化等纂，赵平略、吴家宽点校：《万历贵州通志》，成都：西南交通大学，2021 年，第 538—539 页。

② ［明］郭子章著，赵平略点校：《黔记》，成都：西南交通大学出版社，2016 年，第 504 页。

③ ［明］郭子章著，赵平略点校：《黔记》，成都：西南交通大学出版社，2016 年，第 503 页。

④ ［明］包汝楫著：《南中纪闻》，北京：中华书局，1985 年，第 3 页。

获，连赃解献，一体给赏。[1]

万历十二年（1584）舒应龙任贵州巡抚时，和巡抚毛在共同上《留防御官疏》，再一次强调禁止开矿：

> 旧有水银厂，先经抚按等官查议封禁年久，不许私窃开挖货卖，搜集流亡，以为啸聚海盗之薮。马鞍山防御官兵照旧存留，遇有盗贼生发，并贩买矿砂商犯，听其督兵捕解，以遏乱萌。[2]

二人的奏疏言“设官防御以来，更历数员，具有擒捕矿盗之绩”[3]，由此可知，明朝禁止贵州开矿的规定由来已久，并一直被严格执行。

二、万历朝矿税之祸与贵州

万历二十四年（1596）六月，府军前卫副千户仲春请开矿助大工，得万历皇帝允准。锦衣卫百户陆松、鸿胪寺随堂官许龙、顺天府教授冯时行、经历赵凤等随之跟风，各言开矿助大工之请。七月，命户部郎中戴绍科、锦衣佥书杨宗吾开矿汝南。八月，詹事府录事曾长庆和锦衣卫百户吴应骐请山西夏邑开矿，府军后卫指挥王中允请青、沂开矿，锦衣卫百户汪文通请沂州矿，指挥郝承爵请费县开矿，指挥刘鉴请栖霞、招远等开矿，指挥马清请文登县开矿，千户赵良将请沂水、蒙阴、临朐开矿[4]，均得到皇帝的恩准，由此拉开了万历朝，甚至是整个明代历史上最轰轰烈烈的矿税大戏。

---

① ［明］江东之、王耒贤、沈思充修，［明］许一德、陈尚象、刘汝辑，周文化等纂，赵平略、吴家宽点校：《万历贵州通志》，成都：西南交通大学，2021 年，第 661 页。

② 同上，第 676 页。

③ 同上，第 675 页。

④ ［清］谷应泰撰：《明史纪事本末》，北京：中华书局，2015 年，第 1006—1007 页。

万历朝狂飙突进式的矿业开采，不是科学技术进步的结果，也不是国家发展经济的措施，而是以皇帝为首的统治阶级及其爪牙——宦官集团沆瀣一气，急功近利，攫取民脂民膏的手段。开矿负责之人，既不是工部所派，也不是地方政府所派。技术上“招矿盗开采”[①]，由矿盗负责；管理上，派宦官负责。如万历二十四年（1596）十二月，皇帝遣太监张忠往山西、曹金往两浙、赵钦往陕西督促开矿事宜，随后不断派出税监。

矿税为害地方日甚，期间不断有正直的官员奏请停止开矿，明神宗皇帝长期不上朝、不理政，这些奏请甚至无法传达到皇帝，即使传达到的，皇帝也充耳不闻。山西巡抚魏允贞形容矿税巨珰为“凿齿窫窳”[②]、户科给事包见捷将之形容为“虎狼出柙”[③]。万历皇帝不仅未对贪枉不法的太监进行处置，反而对上报太监恶行的官员进行处罚：

> 万历二十六年（1698）九月，益都知县吴宗尧奏：“矿务太监陈增，罔上营私。益都有铅砂无银矿，增强之入银，业非法矣。更强采者代纳，稍缓，逮及吏民。陛下所得十一，而增私橐十九。山东巡抚尹应元参增罪状二十余条，忤旨，夺俸，宗尧下镇抚司，削籍。[④]

万历皇帝亲手推动的矿产开采进行得如火如荼之际，紧邻贵州的四川播州宣慰使杨应龙已蠢蠢欲动。先是万历二十三年（1595）二月，四川巡按王慎德就以杨应龙“抗杀将领，叛逆已彰”[⑤] 为由，奏请朝廷对其进行征剿。四月，国子监博士杨景淳又以“杨应龙历代土司，淫

① ［清］谷应泰撰：《明史纪事本末》，北京：中华书局，2015年，第1007页。

② 同上，第1009页。

③ 同上，第1009页。

④ 同上，第1009—1010页。

⑤ 《明神宗实录》卷282，万历二十三年二月乙丑条。

纵杀戮”为由，奏请朝廷“下诏明正其罪”[①]。十月，贵州督抚邢玠受命勘问杨应龙的罪状，报请对杨应龙进行“令其偿银赎罪，革职为民”[②]。万历二十六年（1598）二月，杨应龙直犯合江，与明廷走上公然决裂之路。播州反叛，朝廷必须要调动贵州官兵和土兵进行征剿，卷入战争的贵州，朝廷无法派人开矿，因此避免了矿税带来的生灵涂炭。

在此期间，朝廷的万历三大征——西北宁夏之役、东北朝鲜之役、西南播州之役正在进行，除这三场国内战争外，还在南方边境地区，与缅甸进行着长达三十年的明缅战争。在此内忧外患之际，为避免激起民愤，保证国内安定，万历二十七年（1599）十月，户科给事李应策、姚文蔚以播警为由，乞停中官矿税[③]。李应策等人的奏请甚至都未能到达皇帝手中。为挽救风雨飘摇的朝廷，万历二十八年（1600）四月，凤阳巡抚李三才直接向万历皇帝发出言辞激烈的灵魂拷问，其声振聋发聩：

> 万历二十八年四月，凤阳巡抚李三才请停矿税曰：“自矿税繁兴，万民失业。陛下为斯民主，不唯不衣之，且并其衣而夺之，不唯不食之，且并其食而夺之。征榷之使，急于星火，搜乱之令，密如牛毛。今日某矿得银若干，明日又加银若干；今日某处税若干，明日又加税若干；今日某官阻挠矿税拿解，明日某官怠玩矿税罢职。上下相争，唯利是闻。如臣境内：抽税徐州则陈增，仪真则暨禄，理盐扬州则鲁保，芦政沿江则郝隆。千里之区，中使四布，加以无赖亡命，附翼虎狼。如中书程守训尤为无忌，假旨诈财，动以万数。昨运同陶允明自楚来云：“彼中内使，沿途掘坟，得财方止。”圣心安乎？不安乎？且一人之心，千万人之心也。皇上爱珠玉，人亦爱温饱；皇上

① 《明神宗实录》卷284，万历二十三年四月壬子条。

② 《明神宗实录》卷290，万历二十三年十月丁巳条。

③ ［清］谷应泰撰：《明史纪事本末》，北京：中华书局，2015年，第1015页。

> 爱盛世，人亦恋妻孥。奈何皇上欲黄金高于北斗，而不使百姓有糠秕升斗之储？皇上欲为子孙万年，而不使百姓有一朝一夕？试观往籍，朝廷有如此政令，天下有如此景象而不乱者哉？①

李三才的拷问没能惊醒万历皇帝，十二月，湖广税监陈奉激变荆州，二十九年（1601）武昌民变，逐陈奉；六月，税监孙隆激变苏州；三十年（1602）二月，税监潘相派变饶州景德镇民变；三月，云南税监杨荣激变；五月，太监刘成激变苏、松、常、镇。万历开矿成为百姓的梦魇，且一直持续到万历四十八年（1620）七月，万历皇帝驾崩时，"遗诏罢一切矿税"②，才得到中止。经此折腾，明朝的江山已摇摇欲坠。

贵州因交通不便以及参与朝廷平播州之役，朝廷未派太监到贵州督促开矿，使贵州免于此轮矿税之祸。贵州虽然派兵协助朝廷平定播州之乱，但是贵州应当上贡朝廷的矿产品，朝廷也未减免。本就地瘠民贫的贵州，因战争带来的沉重负担，以及战后民族关系未能恰当处置又导致社会矛盾重重。

经济上已然千疮百孔，社会动荡不堪，是晚明贵州的真实写照，为天启初年暴发的奢安之乱埋下伏笔。

三、晚明贵州矿业政策的突破与改变

播州之役后，朝廷将原播州宣慰司领土一分为二，其中一半设平越军民府隶贵州，奠定了明代贵州的最终版图。在此期间，贵州的矿产开发处于平稳运行状态，万历四十六年（1618）三月，毕节、乌撒二卫军民王应星等奏请开铅厂以充兵饷，朝廷以"恐一旦两省棍恶夷汉盘

---

① ［清］谷应泰撰：《明史纪事本末》，北京：中华书局，2015 年，第 1014—1015 页。

② 同上，第 1023 页。

踞为乱”[1] 为由予以否决。七月，贵州巡抚张鹤鸣“议割四川之乌撒军民府改隶贵州，欲开采天桥矿厂以充军饷”，朝廷又以“乌撒军民府土知府安效良称，本府自隶川省二百余年，一旦闻隶开采，夷民俱不乐从”[2] 为由再次否决在贵州增加开采矿产的奏请。四年后，即天启二年（1622）初，水西土司安邦彦叛乱，其与天启元年（1621）九月叛乱的四川永宁土司本就相邻而居，叛乱后合兵为一，史称奢安之乱。明廷用近十年的时间才彻底平息叛乱。因此直到明朝灭亡，贵州未曾新增过矿厂。

晚明贵州在矿务上的唯一改变，就是奢安之乱平息后，原水西土司控制的水外六百里地割由贵州布政司管辖，一起割出的还有水西水银厂，朱燮元将水西水银厂所得收入作为贵州儒生选举费用所出：

> 州、卫、所各寄学生员，见今共计三百余士，汇造于敷勇一庠，拟廪二十名，月支仓斗米二十石，年该支米二百四十石，遇闰加二十石。取之各城苗民佃种租米，照城之大小、田土多寡为额，大者议三名之粮，小者议二名之粮，年总纳之敷勇，汇给诸生，有余者即以充闰月，详学道动支。贡则三年二人，学道自奉有例科举九十名，乡书加增旧额三各，如国子监例定编一号，庶几不碍本籍诸生。而各城将官子弟生员并各寄学生员，亦得以振起文教而化格远人也。
>
> 至春秋祭祀、乡饮宾兴、科贡盘缠、廪生膳银等费银两，取之水银厂内，盖以武功所得之厂，而量取之修文之用，似有益于衰益之数。其用度多寡，原有府卫成例可仿。查廪生二十名，每年膳银共计二十四两，经魁九十两、文魁八十两。又每举人盘缠二十两，此大约用之数。其余教官一员，每月俸米仓

---

① 《明神宗实录》卷567，万历四十六年三月乙丑条。

② 《明神宗实录》卷572，万历四十六年七月辛亥条。

斗二石，斋夫银年该一十六两七钱。[①]

水银厂的收益为敷勇卫学教官生员的日常用度、重大活动、儒生参加科举等所用。为刚刚筹建的敷勇卫学提供了经济保障，使明朝“夏风化夷”的目的得以实现。

朱燮元以矿产所得服务教育的政策，对明代贵州的教育系统和矿业系统影响均有较大的影响。以前贵州的矿产，主要由各地土司控制，水西水银厂划归贵州布政司后有三个好处，一是削弱了土司的经济实力；二是增强了流官系统对资源的控制能力；三是改变了矿产品收益的社会性质，由以前的土司个人占有享用，变为公共事业性质的教育经费，使更多的百姓受益，还原了矿产“来源于自然，服务于大众”的本来面目。

① ［明］朱燮元撰：《少师朱襄毅公督黔疏草（十二卷）》卷8第9疏《议建新学疏》，清康熙五十九年朱人龙刻本，第40—41页。

第五章　晚明贵州畜牧业问题研究

——以养马为研究对象

明代贵州的畜牧业已逐渐兴起，饲养的大中型动物有马、牛、羊、猪、狗等，小型的有鸡、鸭、鹅、兔、鱼等，微型的有蜂、蚕等。其中主要饲养的是羊、牛、马。新添卫的蔡家就专“以牧羊为生”①，乌撒卫不仅“土宜羊，土人皆牧以为生”②，而且还“岁两取其毛以为毡而资贸易”③，以此换取其他的生产生活资料。养牛则更为普及，贵州的犵狫族、杨黄、彝族、苗族（包括东苗、西苗、白苗、康佐苗）等，均有“以牛为聘礼”④或“以牛羊为聘”⑤的传统习俗，龙里卫的东苗嫁女时，甚至将女儿的姿色，与作为聘礼的牲口挂钩，“父母论姿色索

---

① ［明］沈庠修，［清］赵瓒纂，赵平略、邢洋洋、赵念、吴春燕点校：《弘治贵州图经新志》卷15《新添卫》，成都：西南交通大学出版社，2018年，第207页。

② ［明］沈庠修，［清］赵瓒纂，赵平略、邢洋洋、赵念、吴春燕点校：《弘治贵州图经新志》卷25《乌撒卫》，成都：西南交通大学出版社，2018年，第220页。

③ 同上，第311页。

④ ［明］沈庠修，［清］赵瓒纂，赵平略、邢洋洋、赵念、吴春燕点校：《弘治贵州图经新志》卷17《清平卫》，成都：西南交通大学出版社，2018年，第184、238页。

⑤ ［明］沈庠修，［清］赵瓒纂，赵平略、邢洋洋、赵念、吴春燕点校：《弘治贵州图经新志》卷10《永宁卫》，成都：西南交通大学出版社，2018年，第177页。

牛马，多至十五六”①。而在祭祀、丧葬、民间纠纷等重大事件和日常生活中，均以牛为媒介。例如，镇远府的各少数民族均有“每三年一次杀牛祭祖”② 的习俗，普安州的夷人在每年的冬夏两次火把节时，皆“屠豕宰牛，以祭其先”③，清平卫在岁首（以每岁秋收毕日为岁首）等重大节日，有“杀牛祭祀”④ 的习俗。永宁州的夷人有“死丧杀牛祭鬼”⑤ 的习俗。镇宁州的白罗罗和黑罗罗也有“凡死丧，宰牛祭鬼……祭毕，用牛皮裹尸焚之”⑥ 的习俗。清平卫的犵猪族民间解决纠纷时，有“有仇提戈相戮，或剁牛召众为报复”。⑦

然而牛和羊主要用于日常消费和本地贸易，市场需求量小，交易量不高，未能在经济领域形成产业化。而贵州马则因其在军事、交通中的重要作用，而被地方大面积养殖，成为明代贵州畜牧业的代表，因此本章以马为切入点，来研究晚明贵州畜牧业。

“马者，甲兵之本，国之大用”，作为冷兵器时代最重要的战略资源，马匹是衡量一个国家军事力量的直接标志。明立国前，还是吴王的朱元璋已十分重视获取马匹用于战争：“初，太祖起江左，所急惟马，

① ［明］沈庠修，［清］赵瓒纂，赵平略、邢洋洋、赵念、吴春燕点校：《弘治贵州图经新志》卷14《龙里卫》，成都：西南交通大学出版社，2018年，第211页。

② ［明］沈庠修，［清］赵瓒纂，赵平略、邢洋洋、赵念、吴春燕点校：《弘治贵州图经新志》卷4《镇远府》，成都：西南交通大学出版社，2018年，第93页。

③ ［明］沈庠修，［清］赵瓒纂，赵平略、邢洋洋、赵念、吴春燕点校：《弘治贵州图经新志》卷13《普安州》，成都：西南交通大学出版社，2018年，第197页。

④ ［明］沈庠修，［清］赵瓒纂，赵平略、邢洋洋、赵念、吴春燕点校：《弘治贵州图经新志》卷17《清平卫》，成都：西南交通大学出版社，2018年，第238页。

⑤ ［明］沈庠修，［清］赵瓒纂，赵平略、邢洋洋、赵念、吴春燕点校：《弘治贵州图经新志》卷10《永宁州》，成都：西南交通大学出版社，2018年，第177页。

⑥ ［明］沈庠修，［清］赵瓒纂，赵平略、邢洋洋、赵念、吴春燕点校：《弘治贵州图经新志》卷11《镇宁州》，成都：西南交通大学出版社，2018年，第177、184页。

⑦ ［明］沈庠修，［清］赵瓒纂，赵平略、邢洋洋、赵念、吴春燕点校：《弘治贵州图经新志》卷17《清平卫》，成都：西南交通大学出版社，2018年，第238页。

屡遣使市于四方”[①]。贵州属典型的喀斯特地貌，地表被大面积的石灰岩层所覆盖，渗水能力强，不利于水生植物的种植。在以水稻为南方主产粮食的明代，农业上不占优势。然而，贵州的畜牧业却发展较好，特别是因大面积养殖马，使贵州成为明初主要马匹供给地之一。

贵州养马历史悠久，早在宋代，整个西南地区就已经是朝廷购马的重要地区。[②] 云贵高原盛产以耐力著称的滇马，该马体质结实、体形短小精悍、运动灵活、善登山越岭、长途持久劳役、耐粗饲、有良好的适应性，品种包括大理马、乌蒙马、腾冲马、水西马等。贵州在永乐十一年（1413）独立建布政使司后，原属云南布政司管辖的黔西北地区即是水西马、乌蒙马的主要产地。水西马和乌蒙马的情况在《黔书》中有详细记载：

马之良者唯冀北，而渥洼之种则友龙，大宛之来则汗血，渥洼、大宛皆西域也。水西、乌蒙近于西，故多良马。上者可数百金，中亦半之，其鬻于外者，凡马也。而其上者，蛮人爱之，不肯鬻，亦不愿骑，惟作戛（祀鬼也），临阵乃用之。蛮死则以殉。

水西之马状甚美，前际鸡鸣，后晌犬蹲，膈阔膊厚，腰平背圆。秣之以苦麦焉，啖之以姜盐焉，遇暑喝又饮之以虀浆焉。体卑而力劲，质小而德全。登山蹁岭，逐电欻云，鄙螳螂而笑蝘蜓也，龙髭凫臆，肉角阑筋，志倜傥而精权奇也。有马如此，不可谓非良矣。然而未若乌蒙之异也。

乌蒙之马，体貌不逮水西，而神骏过之。食苍筤之根，饮甘泉之水，首如碓，蹄如盂，齿皆黄区，耳则桃记。以平涂试

---

① ［清］张廷玉等撰：《明史》卷92《兵四・马政》，北京：中华书局，1974年，第2277页。

② 《贵州通史》编委会：《贵州通史》卷2《明代的贵州》，北京：当代中国出版社，2002年，第211页。

之，夷然弗屑，反不善走，而志在千里，隐然有不受羁勒之意，所以英雄之才不易测，而君子之道贵养晦也。①

明朝是在驱逐元蒙政权的基础上建立起来的，元蒙北据边外大漠，成为明朝的心腹大患，终明之世，朝廷的战略核心均在北方。“国之大事在戎，戎之大用在马”②，蒙古兵善骑射，为防止北蒙政权南下，明朝不得不在西北大修马政，广设官牧马场，以便获得战马。西北所获的战马只能满足北部边防。明初朝廷平云南时需大量战马，则是通过西南地区民牧获取，即在川黔地区通过土司朝贡或购买等方式。平定云南后，云贵川的民牧之马，“官牧给边镇，民牧给京军”③，西南马又成为拱卫京城、内地交通的主要工具。朝廷获取贵州马匹的途径有三：一是土司进贡，二是购买，三是以劳役形式派征。

一、明代早中期贵州畜牧业——养马兴养马衰

贵州的少数民族历来有养马的传统，马匹已是贵州土司拥有的重要战略物资。明立国前一年，黔东地区土司已经开始派人向当时的吴王朱元璋内附称臣并进贡马匹：“吴元年（1367）七月，思南道宣慰使司都元帅田仁智，遣五寨副长官戴允中进表，贡马及方物。”④ 三个月后，思州宣慰使田仁厚，遣其镇抚田谨晋，同样向吴王朱元璋贡马及方物⑤。贵州马作为地方政权进贡给朝廷的重要战略物资，走上历史舞台。

---

① ［清］田雯撰：《黔书·下》，嘉庆十三年刻本，民国重排铅印本，第38—39页。

② ［明］陈子龙等选辑：《明经世文编》卷159《毛东塘集·举修马政疏》，上海：上海书店出版社，2019年，第1707页。

③ ［清］张廷玉等撰：《明史》卷92《兵四·马政》，北京：中华书局，1974年，第2270页。

④ 《明太祖实录》卷19，吴元年七月乙酉条。

⑤ 《明太祖实录》卷21，吴元年十月戊午条。

根据王毓铨先生对明代的分期，明代早期为洪武朝至宣德朝，即从公元1368—1435年，明代中期为正统元年至十六世纪末，即从公元1436—1599年，明代晚期为十七世纪初至明亡（1600—1644）。本节分别论述早、中期贵州贡马、易马、驿马情况。

（一）明代早期贵州贡马情况

明代早期共经历5个皇帝68年，分别为洪武（1368—1398）、建文（1399—1402）、永乐（1403—1424）、洪熙（1425）、宣德（1426—1435）。

明代早期，地方进京朝贡的频率和贡马的频率均是最高的，作为战略物资的贵州马，第一次隆重地登上国家政治的历史舞台。

根据《明实录》的资料，下面将明代早期5个帝王时期的贡马情况整理列表，为方便后面的统计，本文采用的是年号，而非皇帝具体执政的起始时间：

1. 洪武朝贵州贡马

太祖朱元璋于公元1368年登基称帝，建立大明朝，年号洪武。蒙古政权退出中原后，占领了山西、陕西、甘肃、东北、云南等边疆地区，地理上形成了对明政府的包围。立国之初，国家危机重重，朱元璋一边要北征元蒙流亡政权，一边要南征云南的元蒙残余势力及地方少数民族土司政权。中国的战马主要产于北疆，西南次之，蒙古流亡政府控制北部后，明政府只能退而求其次，在西南购马。当时西南的云南还未归附，四川和贵州就成为西南的主要贡马易马之地。

表5－1　洪武朝（1368—1398）贵州贡马情况统计表

序	年　份	贵州地方进贡情况	有无贡马	文献来源（卷号）
1	洪武二年（1369）正月	思南道宣慰使田仁智遣使上表，献方物	不明	卷36

续表

序	年份	贵州地方进贡情况	有无贡马	文献来源（卷号）
2	洪武二年（1369）六月	思州土官田弘正遣万户张思温贡马及方物	有	卷42
3	洪武三年（1370）正月	湖耳洞长官杨秀荣、潭溪长官石文焕、新化长官欧明万、平江蛮夷军民长官杨晟明、欧阳寨长官杨再仲等来朝，贡马及方物	有	卷48
4	洪武三年（1370）二月	思南宣慰使田仁智遣都事李懋进表，贡马	有	卷49
5	洪武五年（1372）正月	故元贵族宣慰使郑彦文及土官宣慰使霭翠、叔禹党、宣慰宋蒙歹古并男思忠等来朝，贡马及方物……普定府女总管适尔及弟阿瓮来朝，贡马。龙番安抚龙舜昌、龙世荣，方番安抚方德用，韦番安抚韦胜祖，金石番安抚石良玉、文保大，新添安抚宋一怜真子仁贵来朝，贡马	有	卷71
6	洪武五年（1372）十一月	思州土官田弘正率其所部蛮夷长官来朝，贡方物	不明	卷76
7	洪武五年（1372）十二月	贵州八番宣慰司同知肖安礼、柏枰、新添、卢番、洪番、小龙番四安抚司和程番、卢山二长官司来朝，贡方物	不明	卷77
8	洪武七年（1374）七月	思州宣慰使田弘正……遣其弟弘道贡方物	不明	卷90
9	洪武七年（1374）九月	贵州宣慰使霭翠遣其下曹阿必解贡马	有	卷93
10	洪武七年（1374）十月	思南宣慰使田仁智贡马	有	卷93
11	洪武九年（1376）八月	思南宣慰使田仁智入觐，贡马及方物……思州宣慰使田弘正与弟弘道等来朝，贡方物	有	卷108
12	洪武九年（1376）九月	贵州宣慰使宋钦遣人来朝，贡马	有	卷108
13	洪武九年（1376）十月	贵州宣慰使霭翠遣使贡马	有	卷110
14	洪武十年（1377）七月	普定府世袭女知府适贵来朝	不明	卷113
15	洪武十年（1377）七月	思州宣慰司田弘正上表，贡马及方物	有	卷113
16	洪武十一年（1378）十一月	思南宣慰使田大雅以袭职奉表谢恩并献方物、良马	有	卷121
17	洪武十四年（1381）四月	思南宣慰使田大雅率其属来朝，贡马及方物	有	卷137

续表

序	年　份	贵州地方进贡情况	有无贡马	文献来源（卷号）
18	洪武十五年（1382）闰二月	贵州宣慰使霭翠来朝，贡马二十七匹入毡衫、环刀等物	有	卷 143
19	洪武十五年（1382）四月	贵州宣慰使宋诚母刘氏来朝贡	不明	卷 144
20	洪武十五年（1382）五月	金筑安抚使密定来朝，贡马六十匹	有	卷 145
21	洪武十五年（1382）六月	贵州方番、程番、韦番、洪番、卧龙番、小龙番、金石番、大龙番、罗番、卢山番、卢番、小程番、新添、大平伐、木瓜十五长官方德等，及小平伐土酋的那、把平寨土酋肖仕诚、上马桥土酋方谷富俱来朝，贡马	有	卷 146
22	洪武十五年（1382）十一月	普定军民府知府者额来朝	不明	卷 150
23	洪武十五年（1382）十二月	思南宣慰使田大雅上表，贡方物	不明	卷 150
24	洪武十六年（1383）正月	贵州宣慰使霭翠、黎州安抚使芍德、金筑安抚使密定等俱遣使来朝，贡马	有	卷 151
25	洪武十六年（1383）二月	思南宣慰使田大雅……贡马及方物	有	卷 153
26	洪武十六年（1383）四月	普定军民府知府者额，遣弟阿昌及八十一寨长阿窝等来朝，贡马	有	卷 153
27	洪武十六年（1383）六月	贵州宣慰使霭翠、宋诚贡马	有	卷 155
28	洪武十六年（1383）九月	贵州宣慰使霭翠、宋诚……普安……普定等知府各献马	有	卷 156
29	洪武十六年（1383）九月	贵州宣慰司同知沙溪、普安军民府土酋实恭、越州土酋阿资、贵州土酋陇珠等来朝，贡马及方物	有	卷 156
30	洪武十六年（1383）九月	贵州宣慰使宋诚母刘氏淑贞、普定知府者额妻适约来朝	不明	卷 156
31	洪武十七年（1384）二月	普定知府者额来朝，贡方物。贵州宣慰使霭翠妻奢香率所部土酋来朝，贡方物	不明	卷 159
32	洪武十七年（1384）五月	思州宣慰使田弘正、思南宣慰使田大雅贡马及方物	有	卷 162
33	洪武十七年（1384）八月	普安军民府知府实恭遣把事阿居贡马	有	卷 164

续表

序	年份	贵州地方进贡情况	有无贡马	文献来源（卷号）
34	洪武十八年（1385）正月	普定知府都额来朝，贡方物及马三百余匹	有	卷 170
35	洪武十八年（1385）正月	贵州宣慰使霭翠上表，贡马及方物	有	卷 170
36	洪武十八年（1385）正月	金筑安抚使密定遣其弟保珠、普定长河窝各番长龙昌□贡马	有	卷 170
37	洪武十九年（1386）六月	思南宣慰使司宣慰使田大雅贡马十二匹	有	卷 178
38	洪武十九年（1386）十二月	金筑安抚等司、云南安顺等州……等贡方物	不明	卷 179
39	洪武二十年（1387）九月	思州宣慰使田琛来朝	不明	卷 185
40	洪武二十年（1387）十月	贵州宣慰使霭翠妻奢香等进马二十三匹，普定卫安顺州判官阿窝等来朝，贡马二十五匹	有	卷 186
41	洪武二十年（1387）十一月	普安军民府知府普旦等被召至京，贡马三十九匹	有	卷 187
42	洪武二十年（1387）十二月	思南宣慰使田大雅来朝，贡马及水银	有	卷 187
43	洪武二十一年（1388）正月	金筑等番四十四长官司贡方物	不明	卷 188
44	洪武二十一年（1388）六月	水西宣慰使霭晖、贵州宣慰使宋斌等遣使来贡马	有	卷 191
45	洪武二十一年（1388）八月	思州宣慰使田琛遣其弟琦来贡马	有	卷 193
46	洪武二十一年（1388）九月	贵州宣慰使霭翠以蠲其逋租，上表谢恩，贡马	有	卷 193
47	洪武二十一年（1388）九月	黄道溪等处长官司梁思礼等贡马	有	卷 193
48	洪武二十一年（1388）九月	贵州水西土官霭晖等贡马	有	卷 193
49	洪武二十二年（1389）正月	贵州木瓜长官司石保等来朝，贡方物	不明	卷 195
50	洪武二十二年（1389）二月	思州宣慰使田琛贡马	有	卷 195

续表

序	年　份	贵州地方进贡情况	有无贡马	文献来源（卷号）
51	洪武二十二年（1389）三月	思州宣慰使田琛遣长官司杨通显、王思总，贵州宣慰使霭翠妻奢香遣把事阿白等贡马	有	卷195
52	洪武二十二年（1389）五月	思南宣慰使田大雅等贡马	有	卷196
53	洪武二十二年（1389）十一月	云南水西土官奢香遣使贡马	有	卷198
54	洪武二十三年（1390）正月	金筑安抚司、贵州卢番、大华长官司、普定十二长官司，各遣人贡马	有	卷199
55	洪武二十三年（1390）正月	贵州宣慰使宋诚遣其弟文彬贡马	有	卷199
56	洪武二十三年（1390）二月	都匀安抚副使刘武遣人贡马	有	卷200
57	洪武二十三年（1390）三月	平茶长官司杨祗纲遣子再胜来朝，贡方物	不明	卷200
58	洪武二十三年（1390）九月	思南宣慰使田大雅等各遣使奉表，贡方物	不明	卷204
59	洪武二十四年（1391）正月	金筑安抚司土官德弟遣把事贡马	有	卷207
60	洪武二十四年（1391）六月	贵州宣慰使安的，以袭职遣把事阿孔等奉表，贡马二十二匹	有	卷209
61	洪武二十四年（1391）十一月	龙里蛮夷长官杨道等贡马	有	卷214
62	洪武二十四年（1391）十二月	思州土官黄福荣……贵州宣慰使安的、普定卫、安顺等州长官来朝，贡马	有	卷214
63	洪武二十四年（1391）十二月	贵州新添长官司及金筑安抚使宋质、德弟奉表，贡马及进岁办马一百一十匹	有	卷214
64	洪武二十五年（1392）二月	贵州宣慰使宋诚母刘氏赴京贡马	有	卷216
65	洪武二十五年（1392）五月	贵州水西宣慰使安的来朝，贡马	有	卷217
66	洪武二十五年（1392）五月	普定卫指挥顾成及其属安顺等州土官阿窝等贡马	有	卷217
67	洪武二十五年（1392）十月	水西宣慰使奢香遣其子妇奢助，及其把事头目允则、陇住等来朝，贡马	有	卷222

续表

序	年　份	贵州地方进贡情况	有无贡马	文献来源（卷号）
68	洪武二十五年（1392）十一月	贵州宣慰使这的等来朝，贡马六十六匹	有	卷 222
69	洪武二十六年（1393）正月	水西女土官奢香……金筑安抚司、平伐长官司各遣使贡马及方物	有	卷 224
70	洪武二十六年（1393）正月	贵州宣慰使安的……各贡方物	不明	卷 224
71	洪武二十六年（1393）三月	贵州中槽蛮夷长官谢阿梭贡马	有	卷 226
72	洪武二十六年（1393）十一月	贵州水西土官遣把事阿夷、阿库贡马六十五匹	有	卷 230
73	洪武二十六年（1393）十二月	贵州宣慰使司宣慰使安的等，安顺州及十二营长官司，各遣人贡马，卢番、韦番、小平伐三长官司土官卢朝奉等来朝，贡马	有	卷 230
74	洪武二十七年（1394）正月	贵州宣慰使司宣慰使安的遣使贡马十二匹	有	卷 231
75	洪武二十七年（1394）十一月	贵州宣慰使司宣慰使安的贡马二十六匹	有	卷 235
76	洪武二十八年（1395）正月	贵州宣慰使安的并金筑等处土官，各进方物、马匹	有	卷 236
77	洪武二十八年（1395）七月	贵州宣慰使安的贡马	有	卷 239
78	洪武二十八年（1395）九月	贵州宣慰使安的遣把事阿沙贡马	有	卷 241
79	洪武二十八年（1395）十二月	方番长官司方文康来朝，贡马	有	卷 243
80	洪武二十九年（1396）正月	思州宣慰使田琛来朝，贡马	有	卷 244
81	洪武二十九年（1396）八月	贵州宣慰使安的贡马	有	卷 246
82	洪武二十九年（1396）八月	贵州都指挥使程暹等来朝……献马	有	卷 246
83	洪武二十九年（1396）十月	思南宣擗使田大雅贡马及方物	有	卷 247
84	洪武二十九年（1396）十二月	金筑安抚等司、云南安顺等州、西堡等长官司，各贡方物	不明	卷 248

续表

序	年　份	贵州地方进贡情况	有无贡马	文献来源（卷号）
85	洪武三十年（1397）正月	安顺、镇宁二州并十二营、顶营……蛮夷……等长官阿窝、德聚等各遣人贡马	有	卷249
86	洪武三十年（1397）正月	贵州宣慰使安的遣把事阿沙……来朝，贡马	有	卷249
87	洪武三十年（1397）十一月	思州宣慰使田琛母杨氏，以其子琛得罪见释，来谢恩，贡马	有	卷255
88	洪武三十年（1397）十二月	木瓜长官石保来朝，贡马	有	卷255
89	洪武三十一年（1398）正月	以普定卫顶营长官司寨长阿禄为长官。初，阿禄从颍国公傅友德征云南，累有劳绩。至是，诣阙贡马。因自陈功，故有是命	有	卷256

本表根据《太祖洪武实录》文字资料整理而成

太祖朱元璋是明代早期五个皇帝中在位时间最长、治理能力最强的皇帝，这一时期全国经济快速发展，贵州畜牧业借此东风，再加上明初太祖征伐北元政府及其残余，被北元控制的北方、西北和西南边疆的云南，均是中国主要的产马地，因此朝廷只能将获取战马的途径转到四川、贵州等地。两者结合，使得以贵州马（主要是水西马和乌蒙马）为特色的贵州畜牧业得以飞速发展。朱元璋在位31年，贵州朝贡89次，贡马次数达71次，年平均朝贡率2.9次，年平均贡马率2.3次。

2. 建文朝贡马情况

太祖朱元璋死后，其孙朱允炆继位，登基后即忙于削藩战争的建文帝，不仅在位时间短，地方朝贡次数也少。前三年没有朝贡，建文四年（1402）虽有四次朝贡，其中三次均在六月以后，即永乐帝已经登基，贵州地方土司才来朝贡的。

表5-2 建文朝（1399—1402）贵州贡马情况统计表

序	年 份	建文朝贵州地方进贡情况	有无贡马	文献来源（卷号）
1	建文四年（1402）正月	思南宣慰使田大雅、贵州宣慰使宋斌来朝，贡水银、朱砂等物	不明	卷12下
2	建文四年（1402）十月	金筑安抚司安抚得垛来朝	不明	卷13
3	建文四年（1402）十一月	思州宣慰使田琛来朝，贡马……卧龙番等长官龙庆祖等，各遣使贡马及方物	有	卷14
4	建文四年（1402）十二月	安顺等州土官恩得等来朝，贡马	有	卷15

本表根据《太宗永乐实录》文字资料整理而成

建文朝共四年，贵州只有四次朝贡，年平均朝贡1次，年平均贡马0.5次。

3. 永乐朝贡马情况

永乐朝是燕王朱棣夺取亲侄子建文帝朱允炆的皇位建立的。朱棣登基后，五次亲征漠北蒙古政权、南征安南，均需要大量的战马，因此地方贡马频率虽略低于洪武朝，但仍处于明代在贵州易马的高位。

朱棣在位22年，以其文治武功，将明代的社会经济发展推向又一高峰。由于中央王朝强大有力，各民族紧紧团结在一起。在社会经济上的表现，就是地方少数民族与中央的进贡增加，与此相对应，中央对朝贡者的赏赐也同样增加。

表5-3 永乐朝（1403—1424）贵州贡马情况统计表

序	年 份	永乐朝贵州地方进贡情况	有无贡马	文献来源（卷号）
1	永乐元年（1403）正月	贵州宣慰使安卜葩、永顺宣慰使彭添保等三百人来朝，贡方物	不明	卷16
2	永乐元年（1403）四月	湖广、四川、云南、广西所隶宣慰使杨升等并……各遣人朝贺，贡马及方物	有	卷18
3	永乐元年（1403）十月	贵州宣慰使宋斌遣兄得义来朝，贡马	有	卷23

续表

序	年　份	永乐朝贵州地方进贡情况	有无贡马	文献来源（卷号）
4	永乐元年（1403）十月	贵州宣慰使安卜葩、普安安抚慈长、乌撒、乌蒙、东川、芒部军民府诸土官卜穆等来朝，贡马	有	卷23
5	永乐元年（1403）十一月	镇守贵州镇远侯顾成遣指挥李宣贡马	有	卷24
6	永乐元年（1403）十二月	镇守贵州镇远侯顾成遣人贡马	有	卷25
7	永乐二年（1404）四月	贵州水东、乖西二蛮夷长官向四等来朝，贡马	有	卷28
8	永乐二年（1404）四月	思南宣慰使田大雅与其祖母来朝，贡方物	不明	卷28
9	永乐二年（1404）九月	程番等十二长官司，各遣人来朝，贡方物	不明	卷31
10	永乐三年（1405）四月	镇守贵州镇远侯顾成……各遣人来奉表，贡金器并犀、象、马、方物	有	卷34
11	永乐三年（1405）十月	贵州中曹、水东、乖西诸长官司遣人贡马	有	卷38
12	永乐三年（1405）十二月	贵州诸土官，各遣人贡方物	不明	卷39
13	永乐四年（1406）正月	贵州宣慰使司宣慰使安卜葩等遣人贡马，各十四匹	有	卷40
14	永乐四年（1406）六月	贵州宣慰司宣慰使宋斌遣弟震贡马	有	卷43
15	永乐四年（1406）十二月	安顺等州并十二营长官司土官阿宇……等各遣人贡马及方物	有	卷47
16	永乐五年（1407）正月	思南宣慰使田宗鼎来朝，贡马	有	卷48
17	永乐五年（1407）十月	贵州贵竹长官司长官宋昌，各遣人贡马	有	卷53
18	永乐五年（1407）十二月	金筑安抚司土官，上马桥等十四长官司，各遣使贡马	有	卷54
19	永乐六年（1408）正月	贵州宣慰使安卜葩遣人贡马	有	卷55
20	永乐六年（1408）正月	思州宣慰使田宗鼎遣镇抚柳原芳贡马及方物	有	卷55
21	永乐六年（1408）十二月	四川、云南、广西、湖广、贵州土官宣慰使彭源等，各遣人贡马	有	卷60

续表

序	年 份	永乐朝贵州地方进贡情况	有无贡马	文献来源（卷号）
22	永乐七年（1409）正月	贵州宣慰使安卜葩率所属青山等长官司长官八十人来朝，贡马	有	卷61
23	永乐七年（1409）四月	贵州诸土官酋长等遣使贡方物	有	卷62
24	永乐七年（1409）九月	思南宣慰使司田宗鼎遣镇抚柳原芳等贡马	有	卷66
25	永乐七年（1409）十一月	思南宣慰使田宗鼎遣母冉氏来朝，贡马	有	卷67
26	永乐七年（1409）十二月	四川金筑安抚得珠……贵州程番长官程永中贡马	有	卷67
27	永乐八年（1410）十一月	思南宣慰使司宣慰使田宗鼎遣副长官李斌贡马	有	卷73
28	永乐九年（1411）四月	四川、湖广、广西土官宣慰使杨升来朝，贡马及方物	有	卷76
29	永乐九年（1411）五月	贵州宣慰使宋斌遣把事苟应宗等贡马	有	卷76
30	永乐十年（1412）正月	思南宣慰司宣慰使田琛母来朝，贡马	有	卷81
31	永乐十年（1412）正月	贵州宣慰使司宣慰使安卜葩遣人贡马	有	卷81
32	永乐十年（1412）五月	思南故宣慰使田大雅母杨氏，率官属六十五人来朝，贡马及方物	有	卷83
33	永乐十二年（1414）十一月	贵州宣慰使宋诚、安卜葩遣把事徐英及其属贵州等十长官司贡马	有	卷94
34	永乐十二年（1414）十二月	贵州金筑安抚司程番、方番、上马桥、卢番、洪番、小龙番、卧龙番、大龙番、韦番、小程番、金石番、罗番、卢山、木瓜、大华、麻响十六长官司……贵州养龙坑长官蔡承郎，各遣人贡马	有	卷94
35	永乐十二年（1414）十二月	普定卫所属安顺、镇宁、永宁三州及西堡、宁谷、十二营、慕役、顶营、康佐六长官司土官阿宇等各遣人贡马	有	卷94
36	永乐十三年（1415）正月	贵州宣慰使司宣慰使安卜葩等来朝，贡马九十匹	有	卷95
37	永乐十三年（1415）正月	贵州布政司右布政使蒋廷瓒率所属宣慰使、府、州、县官并头目、耆民来朝，贡马百匹、黄蜡千斤、水银四百三十斤，朱砂三十五斤	有	卷96

续表

序	年　份	永乐朝贵州地方进贡情况	有无贡马	文献来源（卷号）
38	永乐十八年（1420）二月	贵州乌撒卫指挥佥事蔡礼献白兔	不明	卷116
39	永乐十九年（1421）正月	贵州宣慰使安卜葩来朝，贡马	有	卷119
40	永乐十九年（1421）四月	贵州宣慰使宋斌……等来朝，贡……	有	卷120
41	永乐二十一年（1423）十二月	贵州宁谷寨长官安爱……等，各遣人贡马	有	卷127
42	永乐二十一年（1423）十二月	贵州故宣慰使安卜葩之弟安中贡马六十匹	有	卷127
43	永乐二十一年（1423）十二月	金筑安抚司、潭溪等二十七长官司长官石宗原等，各遣人奉表，贡方物	不明	卷127
44	永乐二十二年（1424）正月	贵州邛水十五洞蛮夷长官杨胜武等来朝，贡马	有	卷128
45	永乐二十二年（1424）正月	贵州龙泉坪长官安永和……等，各遣人贡马	有	卷128
46	永乐二十二年（1424）正月	贵州宣慰使安中遣人贡马	有	卷128
47	永乐二十二年（1424）二月	贵州石阡长官司副长官杨光清……等贡羊、马	有	卷128
48	永乐二十二年（1424）十二月	贵州思南府沿河祐溪长官司……贡马	有	《仁》卷5下

本表根据《太宗永乐实录》文字资料整理而成

永乐朝22年，贵州进贡48次，其中有贡马的42次，年平均朝贡2.2次，年平均贡马1.9次。

4. 洪熙朝贡马情况

永乐二十二年（1424）七月，朱棣死于征北元蒙古政权途中，其子朱高炽继位，于八月登基，次年改年号为洪熙，五月即病逝，在位不足一年。其子朱瞻基继位，是为明宣宗。因此洪熙朝实际只有一年。

表5-4 洪熙朝（1425）贵州贡马情况统计表

序	年 份	洪熙朝贵州地方进贡情况	是否贡马	书名卷号
1	洪熙元年（1425）二月	贵州宣慰司水东等长官司……各遣人贡马及方物	有	《仁》卷7上
2	洪熙元年（1425）三月	贵州乌罗长官司等处土官冉兴祖等贡马并方物	有	《仁》卷8下
3	洪熙元年（1425）三月	贵州安顺州等处土官同知阿笼等遣把事阿底等……来朝，人贡马	有	《仁》卷8下
4	洪熙元年（1425）四月	贵州卫指挥同知顾勇及新设长官司土官宋能等……各遣人贡马	有	《仁》卷9下
5	洪熙元年（1425）四月	贵州都坪峨异溪蛮夷长官司土官本土等，贡马及方物	有	《仁》卷9下
6	洪熙元年（1425）七月	贵州罗番等长官司土官舍人龙通源等来朝，贡象、马及方物	有	《宣》卷3
7	洪熙元年（1425）七月	贵州贵竹等长官司长官宋昌等来朝，贡马	有	《宣》卷4
8	洪熙元年（1425）闰七月	贵州十二营长官司副长官肖贤贡马	有	《宣》卷6
9	洪熙元年（1425）八月	贵州小龙番长官司长官龙庆福遣头目朝集等来朝，贡马	有	《宣》卷8
10	洪熙元年（1425）十二月	贵州镇远州土官知州何瑄……等贡马及方物	有	《宣》卷12
11	洪熙元年（1425）十二月	贵州土官宣慰使安中遣把事阿路……等贡马及方物	有	《宣》卷12

本表根据《太宗永乐实录》《宣宗宣德实录》文字资料整理而成

洪熙朝仅一年，贵州朝贡达11次，并且每一次皆有贡马，年平均朝贡次数和年平均贡马次数均高达11，位居整个明代各朝之首。然而，由于时间太短，洪熙朝在贡马次数上的高位，笔者认为纯属偶然，不具有代表性。

5. 宣德朝贡马情况

洪熙元年（1425）五月，明仁宗去世，其子朱瞻基继位，是为明宣宗，次年改年号为宣德。由于明宣宗在明仁宗善治的基础上，清革前弊，实行机构精简，裁汰冗弱，大力发展经济，实行宽政缓和社会矛盾，将国家带入一个兴盛时期，史称“仁宣之治”。国家富强，民族团结，朝廷与地方在政治、经济上关系更紧密，体现在行政活动中，就是地方朝贡次数增多，与中央的往来更加频繁。

表 5－5 宣德朝（1426—1435）贵州贡马情况统计表

序	年 份	宣德朝贵州地方进贡情况	是否贡马	书名卷号
1	宣德元年（1426）正月	贵州安顺州土官同知阿宠……等贡马	有	《宣》卷 13
2	宣德元年（1426）三月	贵州宣慰使安中遣把事王志彬等贡马及金银器皿等物	有	《宣》卷 15
3	宣德元年（1426）三月	贵州大平伐长官司土官长官宋英遣头目陈文贵……等贡马	有	《宣》卷 15
4	宣德元年（1426）四月	贵州金筑安抚司土官安抚得珠遣头目刘英等贡马	有	《宣》卷 16
5	宣德元年（1426）五月	贵州普安州通事张普、安顺州等衙门把事阿日来朝，贡马	有	《宣》卷 17
6	宣德元年（1426）十二月	贵州镇远州土官同知杨政麒……等贡驼、马及羊	有	《宣》卷 23
7	宣德元年（1426）十二月	贵州八舟等蛮夷长官司长官吴从义遣子革……等贡马及方物	有	《宣》卷 23
8	宣德二年（1427）正月	贵州上马桥等长官司长官程仲良……等来朝，贡马	有	《宣》卷 24
9	宣德二年（1427）二月	贵州宣慰使安中遣弟者封、金筑安抚司土官安抚得珠遣头上曹都……等来朝贡	不明	《宣》卷 25
10	宣德二年（1427）二月	贵州白纳等长官司把事阿南等贡马及方物	有	《宣》卷 25
11	宣德二年（1427）三月	贵州等处宣慰司故土官同知安武子瑛、洪州泊里蛮夷长官司土官副长官林平秀遣舍人林杲等贡马	有	《宣》卷 26
12	宣德二年（1427）三月	贵州乖西蛮夷长官司土官长官杨暹遣把事徐名……等来朝，贡马	有	《宣》卷 26
13	宣德二年（1427）六月	贵州安顺土官同知阿宠遣把事阿安等来朝，贡马及方物	有	《宣》卷 28
14	宣德三年（1428）四月	贵州宣慰使安中遣把事蒋贵林……等来朝，贡马及方物	有	《宣》卷 41
15	宣德三年（1428）六月	贵州安顺州土官同知阿宠遣把事阿关、镇宁州遣把事阿宗、西堡长官司故土长官温林子阿健遣把事阿者、十二营长官司副长官肖贤遣把事杨保、宁谷寨长官司长官阿艾遣通事李得、慕役长官司土官长官李福海遣寨长杨得、顶营长官司副长官程受遣把事赵陆、康佐长官司副长官余鉴遣把事的比……等贡马及方物	有	《宣》卷 44

续表

序	年 份	宣德朝贵州地方进贡情况	是否贡马	书名卷号
16	宣德四年（1429）二月	贵州宣慰使安中遣侄怯……等贡驼、马及方物	有	《宣》卷51
17	宣德四年（1429）四月	贵州金筑安抚司土官安抚金得住遣头目李宗让等来朝，贡马	有	《宣》卷53
18	宣德四年（1429）六月	贵州小平伐长官司舍人宋斌来朝，贡马	有	《宣》卷56
19	宣德四年（1429）八月	贵州安顺等州土官同知阿宠遣把事阿开等贡马及方物	有	《宣》卷57
20	宣德四年（1429）十二月	大平伐长官司、偏桥长官司土官长官安衡遣把事宇比等来朝，贡马	有	《宣》卷60
21	宣德四年（1429）十二月	贵州龙里等卫土官千户周斌、龙里蛮夷长官司土官长官何庆禄、上马桥长官司土官李庆……等来朝，贡马	有	《宣》卷60
22	宣德五年（1430）正月	贵州福禄永从等蛮夷长官司署司事舍人石宗和等来朝，贡马	有	《宣》卷61
23	宣德五年（1430）正月	贵州古州蛮夷长官司长官杨政贤遣乡老石再原等贡马	有	《宣》卷61
24	宣德五年（1430）正月	贵州新化蛮夷长官司长官欧林遣头目欧阳孙……等贡马	有	《宣》卷61
25	宣德五年（1430）正月	贵州湖耳蛮夷长官司长官欧景虎遣头目姚子云等来朝，贡马	有	《宣》卷62
26	宣德五年（1430）二月	贵州宣慰使安中遣弟嘉、乖西蛮夷长官司长官杨暹……等贡马	有	《宣》卷63
27	宣德五年（1430）三月	贵州乐平长官司副长官宋真……等贡马	有	《宣》卷64
28	宣德五年（1430）三月	贵州宣慰使安中遣舍人安比……等来朝，贡马及金银器皿、方物	有	《宣》卷64
29	宣德五年（1430）四月	贵州贵竹长官司副长官刘荣等遣头目宋礼等来朝，贡马及方物	有	《宣》卷65
30	宣德五年（1430）七月	贵州安顺等州土官同知阿宠等把事杨保等贡马	有	《宣》卷68
31	宣德五年（1430）八月	贵州小平伐等长官司吏目阿若等贡马	有	《宣》卷69
32	宣德五年（1430）十一月	贵州都坪峨异溪蛮夷长官司长官黄勋遣头目罗海全等贡马	有	《宣》卷73

续表

序	年 份	宣德朝贵州地方进贡情况	是否贡马	书名卷号
33	宣德六年（1431）二月	贵州宣慰使安中遣把事袁英……等贡马及方物	有	《宣》卷76
34	宣德六年（1431）三月	贵州宣慰使安中遣把事何敬等来朝，贡马	有	《宣》卷77
35	宣德六年（1431）三月	贵州金筑安抚司遣头目赵荣及上马桥等长官司土官长官方永寿等来朝，贡马	有	《宣》卷77
36	宣德六年（1431）八月	贵州安顺州土官同知阿宠遣把事杨保等来朝，贡马及方物	有	《宣》卷82
37	宣德七年（1432）三月	贵州金筑安抚司头目王真来朝，贡马	有	《宣》卷88
38	宣德七年（1432）六月	贵州大平伐等长官司头目宋海等来朝，贡马	有	《宣》卷91
39	宣德七年（1432）七月	贵州大万山长官司土官长官杨光庆遣子海昌等贡马	有	《宣》卷93
40	宣德七年（1432）八月	贵州安顺等州衙门土官同知阿宠遣通事李宗等贡马	有	《宣》卷94
41	宣德七年（1432）十二月	贵州贵竹长官司把事罗源、水东长官司舍人胡海……等来朝，贡马及方物	有	《宣》卷97
42	宣德七年（1432）十二月	贵州十二营长官司副长官肖琬、养龙坑长官司长官蔡升……等来朝，贡马及方物	有	《宣》卷97
43	宣德七年（1432）十二月	贵州青山长官司副长官刘子恭、康佐长官司长官于鉴、慕役长官司副长官杜宣遣舍人刘镇等来朝，贡马	有	《宣》卷97
44	宣德七年（1432）十二月	贵州乖西蛮夷长官司长官杨暹遣舍人刘钊……来朝，贡马	有	《宣》卷97
45	宣德八年（1433）正月	贵州卧龙番长官司等衙门长官龙智保、金筑安抚司等衙门安抚的珠遣头目徐进通等……来朝，贡马	有	《宣》卷98
46	宣德八年（1433）二月	贵州平伐长官司署司事舍人庭若等贡银器及方物	不明	《宣》卷99
47	宣德八年（1433）二月	贵州平浪长官司副长官王阿童遣子珍等来朝，贡马	有	《宣》卷99
48	宣德八年（1433）三月	贵州丰宁长官司土官舍人杨震……等来朝，贡马及方物	有	《宣》卷100
49	宣德八年（1433）四月	贵州十二营长官司故土官副长官陇得妻色鸠等来朝，贡马	有	《宣》卷101

续表

序	年　份	宣德朝贵州地方进贡情况	是否贡马	书名卷号
50	宣德八年（1433）五月	贵州安顺州土官同知阿宠遣把事陈庸等来朝，贡马	有	《宣》卷102
51	宣德九年（1434）三月	贵州宣慰司宣慰使安中遣把事胡珉等来朝，贡马	有	《宣》卷109
52	宣德九年（1434）四月	贵州安顺州土官同知阿宠遣寨长的肖等来朝，贡马	有	《宣》卷110
53	宣德九年（1434）五月	贵州金筑安抚司及上马桥等长官遣头目蒋政等贡马	有	《宣》卷110
54	宣德九年（1434）七月	贵州乐平长官司舍人宋瑄……等来朝，贡马及方物	有	《宣》卷111
55	宣德九年（1434）七月	云南顶营长官司故长官阿庸子珩……等来朝，贡马	有	《宣》卷111
56	宣德十年（1435）二月	贵州新化蛮夷长官司俱遣人来朝，贡马	有	《英》卷2
57	宣德十年（1435）三月	贵州新化府赤溪湳洞等（蛮夷长）官司土官长官杨福等，各遣人来朝，贡物	不明	《英》卷3
58	宣德十年（1435）四月	贵州金筑安抚司上马桥等长官司……各遣人贡马	有	《英》卷4
59	宣德十年（1435）四月	贵州普定、安顺州等衙门土官遣人来朝，贡马	有	《英》卷4
60	宣德十年（1435）十一月	贵州故宣慰使安中男聚……等来朝，贡马及方物	有	《英》卷11
61	宣德十年（1435）十二月	贵州都匀土官男王升……俱来朝，贡马及方物	有	《英》卷12
62	宣德十年（1435）十二月	贵州龙里卫指挥徐徽……来朝，贡马	有	《英》卷12
63	宣德十年（1435）十二月	贵州普定卫慕役长官司安抚犹恭……俱来朝，贡马	有	《英》卷12

本表根据《宣宗宣德实录》《英宗正统实录》文字资料整理而成

明宣宗在位仅十年，然而贵州地方朝贡达63次，其中有贡马达60次。宣德朝年平均朝贡达6.3次，年平均贡马次数高达6次，虽然次于洪熙朝。仁宣之时，不论是两朝的平均数还是单朝的平均数，贵州朝贡率在明代早期（1368—1435）的68年中，均是最高的。

明代早期，经历了五位皇帝，年平均朝贡率和年平均贡马率相差较大，两项指标中最高的均为明仁宗，年平均数均为 11 次。两项指标最低的均为建文朝，建文朝的 4 次朝贡中真正在建文帝在位朝贡的只有 1 次，且未贡马。其余 3 次是在朱棣登基后朝贡的，但是年号仍是建文（有的史料将建文年号取消，续为洪武），所以本文仍按建文朝算，年平均朝贡率为 1 次，年平均贡马率为 0.5 次，均远远低于明代早期其他各朝的平均数。

表 5－6　明代早期（1368—1535）贵州贡马次数统计表

序	皇帝年号	公元纪年	年数	朝贡次数	明确有马次数	未明有马次数	有马次数占比	年平均贡马率（次/年）	年平均朝贡率（次/年）
1	洪武朝	1368—1398	31	89	71	18	80%	2.3	2.9
2	建文朝	1399—1402	4	4	2	2	50%	0.5	1
3	永乐朝	1403—1424	22	48	42	6	88%	1.9	2.2
4	洪熙朝	1425	1	11	11	0	100%	11	11
5	宣德朝	1426—1435	10	63	60	3	95%	6	6.3
共计：		1368—1435	68	215	18	50	87%	2.7	3.2

图表说明：

1. 本表根据本文中表 5－1、表 5－2、表 5－3、表 5－4、表 5－5 资料统计所得
2. 本表中统计的是永乐十一年（1413）贵州置布政司时隶属贵州境内的土司、土府、土州等的贡马，不包含后来划入贵州的播州宣慰司、乌撒军民府、乌蒙府等
3. 本表中年平均贡马率＝朝贡时已明确有马次数/皇朝年数
4. 本表中年平均朝贡率＝朝贡次数/皇朝年数
5. 本表中有马次数占比＝明确有马次数/朝贡次数＊100%

明代早期一共 68 年，贵州年平均朝贡 3.2 次，年平均贡马 2.7 次，朝贡时有马的次数占总数的 87%，由此可说明，明代早期，贵州马是重要的朝廷战略物资。

洪熙朝虽仅有一年，然而朝贡却高达 11 次，不仅是明代早期各王朝中平均数最高，而且是整个明代各王朝中平均数最高的。从年份看，洪熙元年（1425）和宣德五年（1430），贵州进贡均为 11 次，并列整个明代单年进贡次数之最。此两个年份共 22 次进贡，每次均有贡马。

从地域分布上，贡马在贵州全境内均有，黔西北次数最频，数量最高。每次贡马数量不等，少则几匹，多则几百匹。如“洪武十八年（1385）正月，普定知府者额来朝，贡方物及马三百余匹”①。

（二）明代中期贵州贡马情况

王毓铨先生将明代中期定为正统至万历中期，即15世纪前叶至16世纪末，为方便陈述，本文将明代中期的时间节点确定为1436—1599年，共164年。如果说明代早期是社会经济的发展期，那么中期是社会经济的繁荣期。

明代中期共经历了英宗朱祁镇的正统朝（1436—1449）、景宗朱祁钰的景泰朝（1450—1457）、朱英宗复辟后的天顺朝（1457—1464）、宪宗朱见深的成化朝（1465—1487）、英宗朱祐樘的弘治朝（1488—1505）、武宗朱厚照的正德朝（1506—1521）、世宗朱厚熜的嘉靖朝（1522—1566）、穆宗朱载垕的隆庆朝（1567—1572）、世宗朱翊钧的万历朝上半期（1573—1599），共八个皇帝八朝半。

1. 正统朝贵州贡马情况

公元1435年初，明宣宗去世，长子朱祁镇继位，即明英宗，建元正统。明英宗继位时虽然只有七岁，但宣德朝留下的繁荣昌盛的社会经济，加上闻名的“三杨内阁”——杨士奇、杨荣、杨溥主政，以及贤德的太皇太后张氏的操持，国家依然一派欣欣向荣。直到正统五年（1440）杨荣去世、正统八年（1443）太皇太后张氏去世、正统九年（1444）杨士奇去世、正统十一年（1446）杨溥去世，太监王振兴风作浪，误导英宗北伐被俘，正统朝戛然而止。

① 《明太祖实录》卷170，洪武十八年正月甲子条。

表 5－7　正统朝（1436—1449）贵州贡马情况统计表

序	年　份	正统朝贵州地方进贡情况	有无贡马	文献来源（卷号）
1	正统元年（1436）正月	贵州宣慰使司白纳等长官司、镇远府偏桥长官司俱遣人来朝，贡马及方物	有	卷13
2	正统元年（1436）正月	贵州龙里卫长官司头目杨肆等……俱来朝，贡马及方物	有	卷13
3	正统元年（1436）正月	贵州龙里卫平伐长官司遣把总阿令、贵州宣慰使司养龙坑长官司长官蔡升俱遣人来朝，贡马及方物	有	卷13
4	正统元年（1436）正月	贵州思南府沿河祐溪等长官司长官张钰等俱遣人来朝，贡马	有	卷13
5	正统元年（1436）二月	贵州金筑安抚司头目赵荣及上马桥等十六长官司……俱遣人来朝，贡马	有	卷14
6	正统元年（1436）二月	贵州乌罗府朗溪蛮夷司土官田任泰、乖西蛮夷长官司土官杨暹等遣人贡马	有	卷14
7	正统元年（1436）二月	贵州普定、新添等卫，十二营等长官司色鸩等俱来朝，贡马	有	卷14
8	正统元年（1436）三月	贵州新化、龙里等蛮夷长官司各遣人贡马	有	卷15
9	正统元年（1436）三月	贵州八舟寨蛮夷长官司……各遣人贡马	有	卷15
10	正统元年（1436）四月	安顺、永宁、镇宁、西堡、宁谷、十二营、募役、顶营、康佐等长官司长官阿宠等遣人贡马	有	卷16
11	正统元年（1436）四月	贵州安顺州、新添卫、新添等长官司俱遣人来朝，贡马及方物	有	卷16
12	正统元年（1436）四月	贵州新添卫小平伐长官司……遣人来朝，贡马及方物	有	卷20
13	正统二年（1437）六月	贵州都匀卫平州六洞长官司副长官杨平等，并土官宣慰使安聚，遣人贡马	有	卷31
14	正统二年（1437）十二月	关索岭巡检司故土官巡检李实男荣……各来朝，贡马及方物	有	卷37
15	正统三年（1438）五月	贵州宣慰使土官安聚等各遣头目并金筑安抚司头目赵子华、上马桥长官司头目韦四副……等俱来朝，贡马	有	卷42
16	正统三年（1438）六月	贵州安顺州等衙门土官同知阿宠等遣把事阿过等来朝，贡马	有	卷43

续表

序	年 份	正统朝贵州地方进贡情况	有无贡马	文献来源（卷号）
17	正统四年（1439）四月	贵州石阡府葛彰葛商长官司土官长官安宁来朝，贡马及方物	有	卷50
18	正统四年（1439）正月	贵州宣慰使司把事舍人者凤……等俱来朝，贡马及方物	有	卷50
19	正统四年（1439）二月	贵州金筑安抚司遣头目季存中……并木瓜等长官司土官副长官顾雄等来朝，贡马	有	卷51
20	正统四年（1439）二月	关索岭巡检司舍人李荣等俱来朝，贡物	未明	卷51
21	正统四年（1439）闰二月	贵州慕役长官司女土官适由……贵州金筑安抚司土官舍人金镛俱来朝，贡马及方物	有	卷52
22	正统四年（1439）四月	贵州黎平府蛮夷长官司各遣人来朝，贡马及方物	有	卷54
23	正统四年（1439）六月	贵州普定卫安顺等处土官同知阿笼遣把事阿著……贵州宣慰使司土官同知安瑛遣把事阿克等俱来朝，贡马及方物	有	卷56
24	正统四年（1439）七月	贵州新添长官司头目宋阿升、平伐长官司通事阿正……俱来朝，贡马及方物	有	卷58
25	正统四年（1439）十二月	贵州宣慰使安聚、舍人陇富遣把事阿杰等……等俱来朝，贡马	有	卷62
26	正统五年（1440）五月	贵州宣慰使司程番等长官司头目程老绫等来朝，贡马	有	卷67
27	正统五年（1440）六月	贵州镇宁州土官巴鸠等遣把事李刚俱来朝，贡马及方物	有	卷68
28	正统五年（1440）七月	贵州永宁州遣把事阿毕……来朝，贡驼、马及方物	有	卷69
29	正统五年（1440）八月	贵州金筑安抚司遣头目赵荣……各来朝，贡马及方物	有	卷70
30	正统五年（1440）八月	贵州安顺州西堡等长官遣把事张礼……各来朝，贡马及方物	有	卷70
31	正统五年（1440）九月	贵州西堡长官司把事张礼等俱来朝，贡马	有	卷71
32	正统六年（1441）二月	贵州镇宁州十二营长官司土官舍人阿乌……俱来朝贡	未明	卷75
33	正统六年（1441）四月	贵州宣慰使司舍人安陇富遣把事阿意等……俱贡马及方物	有	卷78
34	正统六年（1441）六月	贵州宣慰使司土官宣慰使宋斌，遣舍人龙源等……来朝，贡马	有	卷80

续表

序	年　份	正统朝贵州地方进贡情况	有无贡马	文献来源（卷号）
35	正统六年（1441）十月	贵州金筑安抚司安抚金镛遣头目王瑄，及木瓜、大华、麻向、大龙番、卢山五长官司遣头目阿春等来朝，贡马	有	卷84
36	正统六年（1441）十一月	贵州安顺州等衙门遣把事阿遨……等贡马及方物	有	卷85
37	正统六年（1441）十二月	贵州底寨长官司长官蔡文升、贵州养龙坑长官司长官蔡升进、贵州等处宣慰使司遣把事杨瑾等来朝，贡马	有	卷87
38	正统六年（1441）十二月	贵州宣慰使司土官舍人安陇富遣把事阿卓等，平越卫麻哈长官司长官浦成……等来朝，贡马及银器、方物	有	卷87
39	正统七年（1442）正月	贵州扎佐等长官司遣舍人赵泰等贡马及方物	有	卷88，
40	正统七年（1442）二月	贵州宣慰使司遣舍人石得新等贡马及方物	有	卷89
41	正统七年（1442）四月	贵州金筑安抚司头目何先等来朝，贡马	有	卷91
42	正统八年（1443）五月	贵州宣慰使司遣舍人宋昂、头目刘季暹等贡马	有	卷104
43	正统八年（1443）八月	贵州金筑安抚司遣头目王玄明等来朝，贡马	有	卷107
44	正统八年（1443）十二月	贵州永宁州并顶营长官司遣把事张伍等……各贡马	有	卷111
45	正统九年（1444）六月	贵州宣慰司宣慰使宋昂……各遣人贡马	有	卷117
46	正统九年（1444）六月	贵州宣慰司宣慰使安陇富各遣人贡马及方物	有	卷117
47	正统九年（1444）七月	贵州宣慰使司遣把事何澄等贡马	有	卷118
48	正统九年（1444）十二月	贵州都匀长官司副长官王鼎各遣人贡马及方物	有	卷124
49	正统十年（1445）六月	贵州宣慰使安陇富等遣舍人安阿朔等来朝，贡马及方物	有	卷130
50	正统十一年（1446）十二月	贵州金筑安抚司及大华等长官，安抚金镛等遣人来朝，贡马	有	卷148

续表

序	年　份	正统朝贵州地方进贡情况	有无贡马	文献来源（卷号）
51	正统十二年（1447）七月	贵州普安州营把夷老者纳等来朝，贡马	有	卷156
52	正统十四年（1449）二月	贵州水德江长官司长官张源遣子皆福等来朝，贡马及方物	有	卷175
53	正统十四年（1449）四月	贵州普安州营长者纳……来朝，贡马及方物	有	卷177

本表根据《英宗正统实录》文字资料整理而成

正统朝前期，经济繁荣，国力昌盛，地方朝贡频繁，单是贵州在正统元年（1436）的朝贡就高达12次。然而，随着“三杨”和太皇太后张氏先后过世，正统朝实力渐衰，贵州的朝贡次数日见减少：

表5-8　正统朝（1436—1449）各年度贵州朝贡及贡马次数

序号	年度	贵州朝贡情况		贵州贡马情况	
		朝贡次数	占正统朝百分比	贡马次数	占正统朝百分比
1	正统元年（1436）	12	23%	12	24%
2	正统二年（1437）	2	4%	2	4%
3	正统三年（1438）	2	4%	2	4%
4	正统四年（1439）	9	17%	8	16%
5	正统五年（1440）	6	11%	6	12%
6	正统六年（1441）	7	13%	6	12%
7	正统七年（1442）	3	6%	3	6%
8	正统八年（1443）	3	6%	3	6%
9	正统九年（1444）	4	8%	4	8%
10	正统十年（1445）	1	2%	1	2%
11	正统十一年（1446）	1	2%	1	2%
12	正统十二年（1447）	1	2%	1	2%
13	正统十三年（1448）	0	0	0	0%
14	正统十四年（1449）	2	4%	2	4%
	共计：	53		51	

正统朝14年，贵州土司进京朝贡53次，其中51次的贡品里面，

都有贡马。年平均朝贡3.8次，年平均贡马次数3.6次。不仅在明代中期最高，在整个明代均是较高的。

2. 景泰朝至万历朝上半期贵州贡马

从景泰朝开始到明代中期结束，经历了天顺朝、成化朝、弘治朝、正德朝、嘉靖朝、隆庆朝和万历朝上半期（1573—1599）共150年，在这漫长的150年中，政治日渐腐败，经济越发萧条，社会矛盾更加尖锐。在这腐而不僵的制度下，贵州向朝廷贡马的次数既没有特别明显的升高，也没有特别明显的下降，总体来看是处于相对平稳的状态。下面将从天顺到万历七个半王朝的贡马，逐一列表说明：

表5－9　景泰朝（1450—1457）贵州贡马情况统计表

序	年　份	景泰朝贵州地方进贡情况	有无贡马	文献来源（卷号）
1	景泰三年（1452）四月	贵州思南府蛮夷长官司长官安逸来朝，贡马及黄蜡	有	卷33
2	景泰三年（1452）八月	贵州宣慰使司宣慰使安陇富遣舍人安克等来朝，贡驼、马及方物	有	卷37
3	景泰七年（1456）三月	贵州金筑安抚司吏目熊涣等俱来朝，贡马	有	卷82

本表根据《英宗实录》文字资料整理而成

表5－10　天顺朝（1457—1464）贵州贡马情况统计表

序	年　份	天顺朝贵州地方进贡情况	有无贡马	文献来源（卷号）
1	天顺二年（1458）闰二月	贵州宣慰司遣舍人把事阿鲁……等各来朝，贡马及方物	有	卷288
2	天顺二年（1458）三月	贵州宣慰司土官宣慰使宋昂等各遣人贡马	有	卷289
3	天顺二年（1458）十一月	贵州乌罗长官司长官冉文质等来朝，贡马	有	卷297
4	天顺三年（1459）四月	贵州思南府刀（极）水巡检司土官巡检陆机……等来朝，贡马	有	卷302
5	天顺四年（1460）五月	贵州宣慰使司遣把事阿约等……贡马及方物	有	卷315

续表

序	年份	天顺朝贵州地方进贡情况	有无贡马	文献来源（卷号）
6	天顺六年（1462）十月	贵州永宁州顶营长官司土官舍人阿伟来朝，贡马及方物	有	卷345
7	天顺七年（1463）正月	贵州宣慰司……贡马及方物	有	卷348

本表根据《英宗天顺实录》文字资料整理而成

表5-11 成化朝（1465—1487）贵州贡马情况统计表

序	年份	成化朝贵州地方进贡情况	有无贡马	文献来源（卷号）
1	成化元年（1465）八月	贵州宣慰司宣慰使安观……等来朝，贡马及方物	有	卷20
2	成化二年（1466）正月	贵州宣慰司土官、宣慰使女官各遣舍人、头目人等来朝，贡马并金银器皿、香蜡等物	有	卷25
3	成化二年（1466）五月	贵州上马桥长官司长方勇等遣头目谷卿等来朝，贡马	有	卷30
4	成化三年（1467）三月	贵族宣慰使司白纳长官司长官周冕等……各遣头目、舍人来朝，贡马	有	卷40
5	成化三年（1467）五月	贵州思南府蛮夷长官司长官安洛……来朝，贡马	有	卷42
6	成化三年（1467）七月	贵州上马桥等长官司头目方良彬等……各来朝，贡马	有	卷44
7	成化三年（1467）十月	贵州养龙坑长官司头目蔡林等各来朝，贡马	有	卷47
8	成化四年（1468）四月	贵州宣慰使司上马桥等长官司长官方勇等遣头目方先等各来朝，贡马	有	卷53
9	成化四年（1468）十月	贵州宣慰使司土官宣慰使安观遣把事王源等……各来朝，贡马	有	卷59，页7
10	成化五年（1469）二月	贵州宣慰使司土官遣舍人安觉等各来朝，贡象、马及方物	有	卷63
11	成化五年（1469）九月	贵州宣慰司长官谢富、湖润寨巡检岭帅各来朝，贡马	有	卷71
12	成化七年（1471）正月	贵州宣慰司并大龙番长官司土官宣慰使安观等遣头目安伍等各来朝，贡马	有	卷86
13	成化十年（1474）十月	贵州宣慰使司金石番等长官司遣头目吴永总等……各晋朝有，贡马及方物	有	卷134

续表

序	年　份	成化朝贵州地方进贡情况	有无贡马	文献来源（卷号）
14	成化十一年（1475）二月	贵州宣慰使安贵荣……各遣人来朝，贡马及银器	有	卷138
15	成化十二年（1476）七月	贵州宣慰使安贵荣……各遣舍人、把事来朝，贡马	有	卷155
16	成化十二年（1476）十二月	贵州宣慰使安贵荣遣把事陈昂等各来朝，贡马	有	卷160
17	成化十四年（1478）正月	贵州贵竹长官司土官宣慰等官冉云等各遣人来朝，贡马	有	卷171
18	成化十五年（1479）五月	贵州程番府程番等七长官司长官程旻等各来朝，贡马	有	卷190
19	成化十五年（1479）九月	贵州程番府金筑安抚司，洪番长官司……各遣人来朝，贡象、马并金银器、西洋布等物	有	卷194
20	成化十六年（1480）十一月	贵州卧龙番等长官司各遣头目来朝，贡马及方物	有	卷209
21	成化十八年（1482）十一月	贵州程番府小龙番长官司各遣人来朝，贡马及方物	有	卷234
22	成化十九年（1483）四月	贵州宣慰使司……遣头目把事等来朝，贡马	有	卷239
23	成化十九年（1483）九月	贵州金筑安抚司安抚金楸各遣头目人等来朝，贡马	有	卷244
24	成化二十年（1484）二月	贵州宣慰司金石番长官司……遣人来朝，贡马及方物	有	卷249
25	成化二十一年（1485）十二月	贵州宣慰使司宣慰使安贵荣遣舍人安沐等各来朝，贡马及方物	有	卷273
26	成化二十二年（1486）六月	贵州宣慰使司遣舍人安得等……各来朝，贡马	有	卷279

本表根据《宪宗成化实录》文字资料整理而成

表5-12　弘治朝（1488—1505）贵州贡马情况统计表

序	年　份	贵州地方进贡情况	有无贡马	文献来源（卷号）
1	弘治元年（1488）六月	贵州程番府韦番长官司……遣使贡马	有	卷15
2	弘治二年（1489）正月	贵州程番府方番、卢山二长官司长官方志高等各遣人来朝，贡马	有	卷22
3	弘治四年（1491）三月	贵州宣慰使司土官宣慰使安贵荣及中曹蛮夷等长官司土官副长官刘铎……谢恩贡马	有	卷49

续表

序	年 份	贵州地方进贡情况	有无贡马	文献来源（卷号）
4	弘治四年（1491）八月	贵州金筑安抚司及上马桥长官司土官舍人金福庆……等各遣头目朝贺，贡马并银器等物	有	卷54
5	弘治五年（1492）五月	贵州金筑按抚司署事舍人金福庆各遣使贡马	有	卷63
6	弘治六年（1493）三月	贵州宣慰使司土官宣慰使安贵荣遣土舍人等贡马，贺册立东宫。别遣人进岁贡马	有	卷73
7	弘治八年（1495）正月	贵州中曹蛮夷、方番等长官司各遣通事人等来贡	未明	卷96
8	弘治八年（1495）六月	贵州宣慰使司宣慰使安贵荣及程番府、小程番长官司长官程英，各遣使来贡	未明	卷101
9	弘治八年（1495）九月	贵州程番长官司土司程汉遣头目来贡	未明	卷104
10	弘治十一年（1498）九月	贵州宣慰使司……遣头目把事人等来贡	未明	卷141
11	弘治十二年（1499）二月	贵州宣慰使司宣慰使安贵荣遣舍人安亨等来贡	未明	卷147
12	弘治十四年（1501）九月	贵州宣慰司土官宣慰使安贵荣老疾，遣舍人安武等来贡	未明	卷179

本表根据《孝宗弘治实录》文字资料整理而成

表5-13 正德朝（1406—1521）贵州贡马情况统计表

序	年 份	贵州地方进贡情况	有无贡马	文献来源（卷号）
1	正德元年（1506）三月	普安州女土判官适擦袭夫职事，遣使贡马	有	卷11
2	正德元年（1506）四月	贵州宣慰使安贵荣遣舍把安诚等、答石等族番人居肖等各来朝，贡马匹方物	有	卷12
3	正德二年（1507）四月	贵州宣慰使司土官宣慰使宋然遣舍把宋璘等贡马庆贺	有	卷25
4	正德三年（1508）正月	湖广、四川、贵州、广西土官衙门各遣通把头目贡马及降香等物	有	卷34
5	正德三年（1508）四月	贵州宣慰使司土官左参政安贵荣遣舍人安宗等贡马	有	卷37
6	正德四年（1509）闰九月	贵州宣慰使司土官右参政安贵荣遣舍人安居等贡马	有	卷55
7	正德四年（1509）闰九月	贵州宣慰使司土舍宋仁遣舍人宋銮等贡马	有	卷55

续表

序	年 份	贵州地方进贡情况	有无贡马	文献来源（卷号）
8	正德五年（1510）十一月	贵州宣慰使司右参政安贵荣差舍要贡马	有	卷69
9	正德六年（1511）正月	贵州宣慰使司土官参政安贵荣差舍人安仁等贡马	有	卷71
10	正德六年（1511）正月	贵州……所属土官差通把头目人等汪哈等来朝，各贡马、降香	有	卷71
11	正德六年（1511）十月	贵州宣慰司宋储遣舍把宋宪等各贡马	有	卷80
12	正德七年（1512）十月	贵州宣慰司应袭土舍宋储遣舍把宋炫等来贺万寿节，贡马	有	卷93
13	正德八年（1513）十月	贵州宣慰使应袭土舍安万钟差舍人等来朝，贡马	有	卷105
14	正德十年（1515）十月	贵州宣慰使安万钟差人贡马	有	卷130
15	正德十五年（1519）五月	贵州中曹蛮夷等长官司……各备方物，遣人来贡	未明	卷186

本表根据《武宗正德实录》文字资料整理而成

表5－14 嘉靖朝（1522—1566）贵州贡马情况统计表

序	年 份	贵州地方进贡情况	有无贡马	文献来源（卷号）
1	嘉靖二年（1523）十一月	贵州宣慰司应袭土舍安万镒差舍把安然等贡马	有	卷33
2	嘉靖三年（1524）十一月	贵州宣慰使安万钟妻奢播贡马	有	卷45
3	嘉靖四年（1525）八月	贵州宣慰使司宣慰使宋储遣舍人宋子垕等来贺圣节，贡马	有	卷54
4	嘉靖四年（1525）八月	贵州宣慰安万钟妻奢播遣舍把安元等来补贡元年马匹	有	卷54
5	嘉靖五年（1526）正月	贵州保靖各宣慰、安抚俱遣使入贡	未明	卷60
6	嘉靖七年（1528）九月	贵州宣慰司土官宣慰使宋储，遣舍人宋堪等贺□圣节并贡马	有	卷92
7	嘉靖八年（1529）十二月	贵州宣慰使司土官宣慰使安万铨袭职，遣冠带舍人安玉等贡马六十匹	有	卷108

续表

序	年　份	贵州地方进贡情况	有无贡马	文献来源（卷号）
8	嘉靖九年（1530）十月	贵州宣慰使安万铨、宋储遣舍把安儒、宋绘等贡马来贺	有	卷118
9	嘉靖十二年（1533）九月	贵州上马桥等四长官司遣使贡马	有	卷154
10	嘉靖十三年（1534）十二月	贵州宣慰使安万铨……各遣通人把事等贡马	有	卷170
11	嘉靖十四年（1535）四月	贵州金筑安抚司……各差通把族目赴京朝贡	未明	卷174
12	嘉靖十七年（1538）九月	贵州中曹蛮夷长官司遣人入贡	未明	卷210
13	嘉靖十九年（1540）九月	贵州宣慰使安仁差舍人安边等各补贡万寿圣节	未明	卷241
14	嘉靖二十年（1541）六月	贵州所属宣慰使司及龙里长官司冠带舍人安德头目何卿等来朝，贡马	有	卷250
15	嘉靖二十一年（1542）四月	贵州土官宣慰使安仁差舍把安义等来贡马	有	卷260
16	嘉靖二十一年（1542）十一月	镇守贵州宣慰使安仁差冠带舍人安菊等来贡马	有	卷268
17	嘉靖二十三年（1544）二月	贵州宣慰使司宣慰使安仁遣人贡马	有	卷283
18	嘉靖二十三年（1544）二月	贵州、四川等处……各贡方物	未明	卷283
19	嘉靖二十三年（1544）六月	贵州龙里长官司头目唐贤等入贡	未明	卷287
20	嘉靖二十四年（1545）十一月	贵州宣慰使司宣慰使宋夔差舍把米墙等贡马	有	卷305
21	嘉靖二十四年（1545）十一月	贵州宣慰使司宣慰使安仁差舍把委克等贡马	有	卷306
22	嘉靖二十七年（1548）二月	贵州宣慰使安仁差舍把安乐等来贡马	有	卷333
23	嘉靖二十七年（1548）八月	贵州百纳长官司通判司差通把陈瑚章等来贡马	有	卷339
24	嘉靖二十七年（1548）十一月	贵州宣慰使宋夔遣人来贡马	有	卷342
25	嘉靖二十九年（1550）五月	太平、思州等州，程番、小平伐、新添等长官司，宁戎巡检司各遣头目李闰等入贡	未明	卷360

续表

序	年　份	贵州地方进贡情况	有无贡马	文献来源（卷号）
26	嘉靖三十一年（1552）二月	贵州宣慰使安万铨差官贡马	有	卷382
27	嘉靖三十四年（1555）八月	贵州宣慰使司承袭土舍安国亨等差长官张裔、舍把安敌等各贡马及方物	有	卷425
28	嘉靖三十五年（1556）五月	四川、广西、湖广、贵州所属叠溪长官等司各遣头目周顶等来朝贡	未明	卷435
29	嘉靖四十一年（1562）八月	贵州宣慰使宋一清及白纳长官司、新添卫小平伐长官司、青山长官司、程番府木瓜、麻响、大华山长官司……各遣人贡马及方物	有	卷512
30	嘉靖四十三年（1564）正月	贵州宣慰使安国亨……差人贡马	有	卷529
31	嘉靖四十三年（1564）二月	贵州永宁九姓长官司土官任钰等各遣人来朝贺贡马	有	卷530
32	嘉靖四十三年（1564）七月	贵州宣慰使宋一清、安国亨各遣人贡马	有	卷536
33	嘉靖四十三年（1564）九月	贵州宣慰使安国亨……遣人贡马	有	卷538
34	嘉靖四十四年（1565）八月	贵州宣慰使司宣慰使土舍宋一清遣人入贺圣节贡马	有	卷549

本表根据《世宗嘉靖实录》文字资料整理而成

表5－15　隆庆朝（1567—1572）贵州贡马情况统计表

序	年　份	贵州地方进贡情况	有无贡马	文献来源（卷号）
1	隆庆元年（1567）正月	贵州宣慰司土舍安国亨遣人贡马	有	卷6
2	隆庆元年（1567）十二月	贵州青山等十二长官司通把蔡志禄等来朝，贡马	有	卷15
3	隆庆元年（1567）十二月	贵州凯里安抚司各遣人来朝，贡进马	有	卷15
4	隆庆二年（1568）正月	贵州宣慰司土舍安国亨遣土目安河等……各来朝，贡马	有	卷16
5	隆庆二年（1568）正月	贵州宣慰司土舍宋一清……等贡马	有	卷16
6	隆庆二年（1568）二月	贵州宣慰司土舍安国亨遣人贡马	有	卷17

续表

序	年 份	贵州地方进贡情况	有无贡马	文献来源（卷号）
7	隆庆四年（1570）二月	贵州宣慰司土舍安国亨等各遣入贡	未明	卷42
8	隆庆五年（1571）正月	贵州宣慰司土舍安国亨、程蕃等长官司、凯里安抚司……遣人来朝贡马	有	卷53
9	隆庆五年（1571）二月	贵州乌蒙军民府、水东等长官司……各遣人来朝，贡马	有	卷54
10	隆庆五年（1571）二月	贵州土舍宋一清各贡马	有	卷54
11	隆庆五年（1571）五月	四川、贵州所属永宁宣抚司、沐川等长官各遣人来朝，贡马	有	卷57
12	隆庆五年（1571）八月	贵州贵阳府金筑安抚司土官各差人来朝，贡马及方物	有	卷60
13	隆庆五年（1571）十月	贵州中曹等长官司……差通事人等来朝贡马	有	卷62

本表根据《穆宗隆庆实录》文字资料整理而成

万历二十八年（1600）六月平定播州杨应龙后，朝廷将播州二分之一的领土划归贵州，这是奠定明朝贵州的最终版图的时间节点。因此，本文以此节点将万历朝分为上、下两个时期，分别对其贵州贡马情况进行分析。万历元年（1573）至万历二十七年（1599）的27年时间作为万历朝上，属明朝中期。万历二十八年（1600）至万历四十八年（1620）的21年时间作为万历朝下，属明朝晚期。

表5-16 万历朝上（1573—1599）贵州贡马情况统计表

序	年 份	贵州地方进贡情况	有无贡马	文献来源（卷号）
1	万历二年（1574）正月	贵州……各宣抚、安抚、宣慰等司各备马匹，差土舍族目等朝贡	有	卷21
2	万历四年（1576）十二月	龙里、底寨才长官司，凯里、酉阳、石柱三宣抚司，各差官赴京贡马	有	卷57
3	万历八年（1580）十一月	贵州苗坪天漂夷酋党银阿盖等归附纳贡	未明	卷106
4	万历九年（1581）九月	贵州宣慰司土舍安国亨差舍人安乐等三名贡马	有	卷116

续表

序	年 份	贵州地方进贡情况	有无贡马	文献来源（卷号）
5	万历十年（1582）九月	贵州新归化苗头阿皆等贡马	有	卷 128
6	万历十年（1582）九月	贵州宣慰使司宣慰使宋德懋贡马	有	卷 128
7	万历十一年（1583）八月	贵州宣慰使安国亨、宋德懋等贡马匹	有	卷 141
8	万历十五年（1587）十二月	贵州新归化上下二牌苗头阿保等六名，差头目袁文进贡马六匹	有	卷 193
9	万历十八年（1590）十二月	贵州土舍安国亨进献大木	未明	卷 230
10	万历二十六年（1598）正月	贵州永□陇本头等土官各贡马	有	卷 318
11	万历二十六年（1598）二月	贵州等处阿角等族长官司并贵州宣慰司安疆臣等各备贡马，差族目三十六人入觐	有	卷 319

本表根据《神宗万历实录》文字资料整理而成

明代中期从正统朝到万历朝上半期，即公元 1436—1599 年，经历八朝半共 164 年，贵州朝贡 174 次，贡马或贡品中有马的次数为 154，占朝贡总数的 89%。另外的 20 次，有的仅记载为“来贡”“来进贡”或“贡方物”，无法确实贡品是什么、贡品中是否有马，本文中此类情况，统一用“未明”来表示。

表 5-17 明代中期（1436—1599）贵州贡马情况统计表

序	皇帝年号	公元纪年	年数	贵州朝贡次数	明确有马次数	未明有马次数	有马次数占比	年平均贡马（次/年）	年平均朝贡（次/年）
1	正统朝	1436—1449	14	53	51	2	96%	3.6	3.8
2	景泰朝	1450—1457	7	3	3	0	100%	0.4	0.4
3	天顺朝	1457—1464	8	7	7	0	100%	0.9	0.9
4	成化朝	1465—1487	23	26	26	0	100%	1.1	1.1
5	弘治朝	1488—1505	18	12	6	6	50%	0.3	0.7
6	正德朝	1506—1521	16	15	14	1	93%	0.9	0.9
7	嘉靖朝	1522—1566	45	34	26	8	76%	0.6	0.8

续表

序	皇帝年号	公元纪年	年数	贵州朝贡次数	明确有马次数	未明有马次数	有马次数占比	年平均贡马（次/年）	年平均朝贡（次/年）
8	隆庆朝	1567—1572	6	13	12	1	92%	2	2.2
9	万历朝上	1573—1599	27	11	9	2	82%	0.3	0.4
	共计：	1436—1599	164	174	154	20	89%	0.9	1.1

图表说明

1. 本表根据本文中表5－7、表5－9、表5－10、表5－11、表5－12、表5－13、表5－14、表5－15、表5－16资料统计所得

2. 本表中年贡马率＝朝贡时已明确有马次数/皇朝年数

3. 本表中年朝贡率＝朝贡次数/皇朝年数

明代中期除一开始的正统朝时贵州朝贡比较频繁，年平均朝贡次数和年平均贡马次数均接近4次外，其他各朝均不高，虽然隆庆朝稍的回升，但未持久，不能说明问题。

（三）明代早中期易马与驿马情况

明初太祖朱元璋征伐云南的残元势力，需要大量的战马。当时产马的北方地区和西北地区被元朝北逃的蒙古势力占据，无法从该地区获得战马，朝廷只能就地取材，从西南地区的四川和贵州获得大量的马匹。除了通过贡马外，还通过政府采购、摊派驿马等方式，从民间获得马匹。政府采购简称易马，主要发生在洪武朝，而摊派驿马，则持续整个明代。

1. 朝廷在贵州的易马情况

明代大规模易马主要集中在洪武朝，由于洪武朝贵州分属湖广、四川、云南三省，因此无法统计具体的易马数，只能将易马情况进行搜集。

表 5 – 18　洪武十七年至十九年（1384—1386）朝廷在贵州易马情况统计

年份	月份	朝廷在贵州易马情况	文献来源（卷号）
洪武十七年（1384）	七月	诏户部以棉布往贵州，命宣慰霭翠易马，得马一千三百匹	卷 163
	十月	四川、贵州二都司于西番、建昌、罗罗之地易马四千二百五十匹，请分给陕西、河南都司将士	卷 166
	十一月	宣宁侯曹泰自贵州水西市马还，得马五百匹	卷 168
	十二月	贵州都司送所市马四百匹至京师	卷 169
洪武十八年（1385）	正月	四川、贵州二都司送所市马一万一千六百匹至京师	卷 170
	十二月	贵州乌撒、宁川、毕节等卫市马六千七百二十九匹	卷 176
洪武十九年（1386）	二月	赍白金二万二千六百五两往乌撒等处市马，得马七百五十五匹	卷 177

本表根据《太祖洪武实录》文字资料整理而成

朱元璋派官员到贵州采购马时，为保证朝廷马匹供给，对易马数有保底数的定额："初，大军征云南，命水西、金筑、乌蒙出马以给军用，水西马一千余匹、金筑安抚司及乌蒙军民府马各五百匹。"① 除在贵州大量采购马外，洪武十七年（1384），朝廷还下令在位于黔西北边境地区的云贵川交界地带的乌蒙、乌撒、东川、芒部等盛产马匹之地，定朝廷易马之额，"乌撒岁易马六千五百匹，乌蒙、东川、芒部皆四千匹"②。

易马的价格也因时而变。洪武十七年（1384）的马价为"一匹给布三十匹或茶一百斤，盐如之"③。到洪武二十九年（1396）时，按洪武宝钞进行支付，马价"命给钞赏之，匹二十锭"④。

永乐元年（1403）四月，登基不到一年的朱棣重新确定马价：

① 《明太祖实录》卷 246，洪武二十九年七月丁丑条。

② 《明太祖实录》卷 162，洪武十七年五月辛丑条。

③ 《明太祖实录》卷 162，洪武十七年五月辛丑条。

④ 《明太祖实录》卷 246，洪武二十九年七月丁丑条。

“旧所定马直薄，命礼部第马之高下增给之，上马每匹钞千贯，中马八百贯，下马五百贯。命礼部第马之高下增给之，上马每匹钞千贯，中马八百贯，下马五百贯。”[①] 随着白银逐渐取代宝钞，正德二年（1507）五月，朝廷又根据白银的购买力重新确定马价，“系（北京）会同馆者，上马征银四十五两，中马四十一两，下马三十八两三钱三分。系南京会同馆及各驿者，上马征银四十二两，中马三十八两，下马三十五两三钱三分”。[②]

大量的马匹通过朝贡、政府采购的形式进入朝廷的军控体系之内，有的被用于战争，如征云南期间，贵州马既用于前线的战斗，又用作交通工作。有的被运到省外都司、卫所，“分给陕西、河南都司将士”[③]，如成化十五年（1479），朝廷甚至“命云南、贵州、湖广、四川、广西等处番夷贡马供给边军骑操”[④]，明确将贵州作为军队获取马匹的重要之地。除此之外，朝廷还购买马匹，就地派给贵州的卫所官兵，永乐二年（1404）朱棣就“命镇守贵州镇远侯顾成以官所市马二千匹，悉给诸卫军士”[⑤]。

2. 朝廷摊派贵州驿马情况

贵州作为西南的交通枢纽、战略咽喉，为连结云南、四川、广西、湖广共设有 32 个驿站，驿站由百姓以徭役的形式提供交通用马。《嘉靖贵州通志》中记载，贵州各驿站驿马数量长期维持在近千匹，为朝廷提供驿递邮传。

---

① 《明太宗实录》卷 18，永乐元年四月壬戌条。

② 《明武宗实录》卷 26，正德二年五月辛未条。

③ 《明太祖实录》卷 166，洪武十七年（1384）十月乙酉条。

④ 《明宪宗实录》卷 63，成化二十二年（1486）七月癸巳条。

⑤ 《明太宗实录》卷 26，永乐二年（1404）正月丙寅条。

表 5 - 19　嘉靖三十四年（1555）贵州额定驿马驴数量统计表

驿站	额定驿马数量（匹）	额定驿驴数量（头）	额定驿马驴数量（匹、头）	《嘉靖贵州通志》（页码）
贵州驿	46.25			第 183 页
龙里驿			45	第 183 页
新添驿			25.5	第 183—184 页
平越驿			37.5	第 184 页
清平驿			41	第 184 页
黄平驿	25	2		第 184 页
偏桥驿			53	第 184 页
镇远驿			48	第 184—185 页
清浪驿			48	第 185 页
平溪驿			60	第 185 页
威清驿	30			第 185 页
平坝驿	18			第 185 页
普利驿	29.3			第 185—186 页
安庄驿	20			第 186 页
查城驿	25			第 186 页
尾洒驿	30			第 186 页
新兴驿	30			第 186 页
湘满驿	30			第 186 页
亦资孔驿	30			第 186—187 页
扎佐驿	20			第 187 页
底寨驿	20			第 187 页
养龙驿	15			第 187 页
渭河驿	4			第 187 页
龙场驿	23			第 187 页
陆广驿	18			第 187 页
谷里驿	19			第 187 页
水西驿	22			第 187 页
奢香驿	17			第 187 页

续表

驿站	额定驿马数量（匹）	额定驿驴数量（头）	额定驿马驴数量（匹、头）	《嘉靖贵州通志》（页码）
金鸡驿	21			第 187 页
阁鸦驿	18			第 187 页
归化驿			24	第 188 页
毕节驿			24	第 188 页
共计：	510.55	2	406	

本表根据《嘉靖贵州通志》文字资料整理所得

备注：

①资料中的出现“一脚”“半匹”“三分”等记录，指与其他驿共同承担的驿马，该驿只承担的份额。为方便统计，本文中将“一脚”换算成 0.25 匹，“半匹”换成 0.5 匹，“三分”换算成 0.3 匹

②本表中第四列“马驴”，是原文献资料中，未将驿马数和驿驴数分开

③嘉靖朝贵州各驿站马驴定额总计 =510.55 +2 +406 =918.55 匹头

由于原文献资料中有的记载未将马和驴分开，第四列“额定驿马驴数量”记载为 406 匹头，所以无法提取马匹的数量，但从第二列和第三列的数据可知，驿马之数远大于驿驴之数。马作为重要战略物资、交通工具，在封建国家的发展中起着不可替代的作用，贵州具有提供数量不菲的良种马的能力，由此可见，明代早中期贵州在饲养和繁殖马方面，已经达到集约化、规模化的程度。

二、晚明贵州畜牧业衰落的表现及原因分析

晚明贵州畜牧业已逐渐走向衰退，本节从两个方面进行研究，一是贵州畜牧业衰退的表现，二是贵州畜牧业衰退的原因分析。

（一）晚明贵州畜牧业衰退的表现

晚明贵州畜牧业衰退，主要从三个方面表现出来。

1. 晚明贵州贡马次数明显减少

晚明总共历经四朝：万历朝下（1600—1620）、泰昌朝（1620 年不足一月）、天启朝、崇祯朝。除万历朝下时贵州共有 12 次朝贡，其中

11 次有贡马外，其他三朝时均无贡马。

表 5－20　万历朝下（1600—1620）贵州贡马情况统计表

序	年　份	贵州地方进贡情况	有无贡马	文献来源（卷号页码）
1	万历二十八年（1600）九月	贵州宣慰使安疆臣以万寿圣节贡马庆贺	有	卷 351，页 5
2	万历二十九年（1601）二月	四川、贵州各长官司差头目指挥等三十四员贡马朝贡	有	卷 356，页 9
3	万历二十九年（1601）二月	贵族宣慰司安疆臣贡马三十匹	有	卷 356，页 11
4	万历三十二年（1604）正月	贵州……等衙门各备马匹，差土舍悦咸慰等三十一名，赴京朝贡	有	卷 392，页 5
5	万历三十二年（1604）二月	贵州……宣慰司安疆臣等，各遣人赴京朝贡	未明	卷 393，页 8
6	万历三十三年（1605）十月	贵州宣慰使安疆臣遣通舍安瑞汉等进贡马匹	有	卷 414，页 2
7	万历三十八年（1610）二月	新贵等州县、土官等衙门并贵州宣慰使安尧臣，各备马匹，差土舍悦咸懋、安德等三十员赴京朝贺	有	卷 467，页 1—2
8	万历三十八年（1610）八月	贵州宣慰使司安尧臣差长官蔡应富等以四马进贺	有	卷 474，页 3
9	万历三十八年（1610）十月	贵州宣慰司冠带权目宋师相差舍人宋一润备马庆贺圣节	有	卷 476，页 6
10	万历三十八年（1610）十月	贵州宣慰使安尧臣备马四匹，差舍人安若石进贺万寿圣节	有	卷 476，页 6
11	万历三十九年（1611）九月	贵州宣慰使安尧臣，护印权司宋师相各备马匹，差舍人安邦俊等进贺万寿圣节	有	卷 487，页 10
12	万历四十一年（1613）正月	贵州宣蕃、广顺二州，新贵、贵定二县，程番、卧龙等十六长官司并宣慰使安尧臣等各官差来朝，贡马匹	有	卷 504，页 7

本表根据《神宗万历实录》文字资料整理而成

晚明以前，明代每个皇朝均有贡马。晚明除泰昌不足一月，可以忽略不计外，天启朝 7 年和崇祯朝 14 年均无贡马。万历朝下时的贡马频率，也是明朝历代贡马中最低的。虽然造成未贡马的原因是多方面的，既与畜牧业衰落有关，也与地方少数民族与中央朝廷关系紧张、疏远有关，但是畜牧业衰落也是显而易见的。

根据王毓铨先生的明代分期法，明代前期是明初到十五世纪中叶，中期是十五世纪中叶至十六世纪末，晚期是十七世纪初至明亡。本文结合王毓铨先生的观点，划分三个阶段：早期 1368—1435、中期 1436—1599、晚期 1600—1644，现将三个时期朝贡频率与贡马频率进行比较。

表 5－21　明代早、中、晚期贵州年平均贡马次数对比表

时期	皇帝年号	公元纪年	年数	朝贡次数	贡马次数	年平均贡马（次/年）	年平均朝贡（次/年）
明早期（1368—1435）	洪武朝	1368—1398	31	89	71	2.3	2.9
	建文朝	1399—1402	4	4	1	0.3	1
	永乐朝	1403—1424	22	48	42	1.9	2.2
	洪熙朝	1425	1	11	11	11	11
	宣德朝	1426—1435	10	63	60	6	6.3
	共计：	1368—1435	68	215	185	2.7	3.2
明中期（1436—1599）	正统朝	1436—1449	14	53	51	3.6	3.8
	景泰朝	1450—1457	7	3	3	0.4	0.4
	天顺朝	1457—1464	8	7	7	0.9	0.9
	成化朝	1465—1487	23	26	26	1.1	1.1
	弘治朝	1488—1505	18	12	6	0.3	0.7
	正德朝	1506—1521	16	15	14	0.9	0.9
	嘉靖朝	1522—1566	45	34	26	0.6	0.8
	隆庆朝	1567—1572	6	13	12	2	2.2
	万历朝上	1573—1599	27	11	9	0.3	0.4
	小计：	1436—1599	164	174	154	0.9	1.1
明晚期（1600—1644）	万历朝下	1600—1620	21	12	11	0.5	0.6
	泰昌朝	1620	1 月	0	0	0	0
	天启朝	1621—1627	7	0	0	0	0
	崇祯朝	1628—1644	17	0	0	0	0
	小计：	1600—1644	45	12	11	0.2	0.3
明代整个时段		1367—1644	277	401	350	1.3	1.4

本表根据本文中表 5－6《明代早期（1368—1535）贵州贡马次数统计表》、表 5－17《明代中期（1436—1599）贵州贡马情况统计表》、表 5－20《万历朝下（1600—1620）贵州贡马情况统计表》资料制作

明朝晚期不仅在年平均贡马率上远远低于明朝早、中期，在年平均

朝贡率上，同样远远低于明朝早、中期。事实上，自万历朝起，贵州畜牧业的衰落已如江河日下，不可逆转。万历元年至万历二十七年(1573—1599)，贵州年平均朝贡率仅为0.4次，与景泰朝一起，处于明代早、中期的历史最低位；平均年贡马率仅为0.3次，与建文朝和弘治朝的0.3次一起，同处于历史最低位。万历朝下半期——万历二十八年至万历四十八年（1600—1620）的21年间，贵州朝贡共12次，只有11次贡马，虽然贡马次数对于总共朝贡次数的占比达高达92%，但在年平均贡马率和年平均朝贡率两个指标上，均处于低位。特别是从泰昌朝以后，年平均贡马次数出现断崖式下跌，泰昌元年至明亡（1620—1944）的25年间，贵州朝贡次数和贡马次数出现双零。

为方便读者更直观地了解明代各朝年平均贡马率的变化情况，下面将此数据做成折线图：

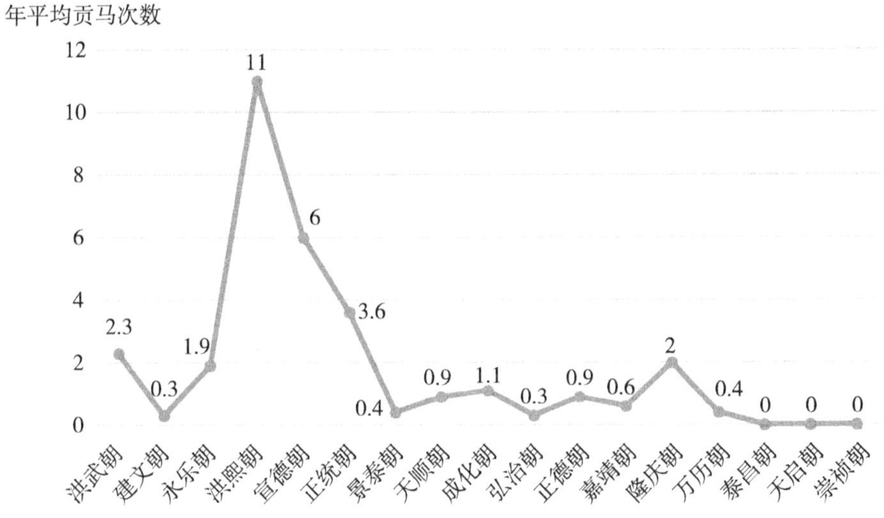

图5－1　明代各朝年平均贡马率趋势图

晚明贵州日渐衰落的畜牧业，因晚明横扫西南三省、严重危害川黔地方产业经济的奢安之乱而雪上加霜。

2. 贵州各驿站额定马匹数下降

根据本文中表5－17可知，嘉靖三十四年（1555）贵州各驿站额定驿马驴918.55匹头，到万历二十九年（1601）之前，额定驿马驴数量保持在916.75匹头，与嘉靖三十四年几乎相等。但有的驿站长期欠额，如亦资孔驿“原额马叁拾匹，久缺拾贰匹”①，因此，平越府划归贵州后，郭子章在万历二十九年重新核定贵州驿站额定驿马驴数，将长期缺额的驿马驴额定数，根据实际情况进行增减，将贵州驿站的额定驿马驴数定为801.5匹头，比嘉靖三十四年减少了117.05匹头，减幅达12.74%。

表5－22　万历二十九年（1601）前后贵州驿站额定驿马驴数

序	驿站	1601年前额定驿马驴数			1601年后额定驿马驴数			《黔记》页码
		马	驴	马驴	马	驴	马驴	
1	贵州驿	46.25			46.25			P538
2	威清驿	30			19			P539
3	平坝驿	18			18			P538
4	札佐驿	20			15			P539
5	底寨驿			20	12			P539
6	渭河驿	4			0			P539
7	养龙坑驿	15			13			P539
8	龙场驿	23			15			P539
9	陆广驿	18			18			P539
10	谷里驿	19			18			P539
11	水西驿	22			20			P539
12	奢香驿	17			18			P539
13	金鸡驿	21			21			P539
14	阁鸦驿	18			18			P539

① ［明］郭子章著，赵平略点校：《黔记》，成都：西南交通大学出版社，2016年，第541页。

续表

序	驿站	1601 年前额定驿马驴数			1601 年后额定驿马驴数			《黔记》页码
		马	驴	马驴	马	驴	马驴	
15	归化驿			24	18			P540
16	毕节驿			24			24	P540
17	普利驿	29			29			P540
18	安庄驿	10			10			P540
19	关山岭驿	11			11			P540
20	查城驿	25			25			P540
21	湘满驿	30			33			P541
22	亦资孔驿	30			18			P541
23	新兴驿	30			30			P541
24	尾洒驿	30			30			P541
25	龙里驿	28	4		28	4		P542
26	新添驿			25. 5	22	0. 5		P542
27	平越驿			19			19	P542
28	黄平驿			27			27	P542
33	来远驿	5			5			P543
34	都镇驿	5			5			P543
35	清平驿			41			33. 75	P543
36	镇远驿	11		48	11		48	P544、P545
37	清浪驿			48			48	P544
38	偏桥驿	4		53	4		42	P544、P545
39	平溪驿	4		60	4		21	P544、P545
小计：		523. 25	4	389. 5	534. 25	4. 5	262. 75	
共计：		916. 75			801. 5			

本表根据《黔记》文字资料整理而成

从各驿站驿马驴数的减少可知，贵州以养马为主的畜牧业正日渐衰落。

3. 国家采购减少

国家采购马匹主要集中在洪武朝，洪武十七年（1384）下半年，朝廷在贵州购马就达四次，其中三次在贵州购马达2200匹，一次在贵州和四川共采购4250匹，次年又采购上万匹。短短一年半时间，贵州能够提供如此高的匹数，可见当时贵州马的储量相当大。

明代中期，虽然没有政府大规模采购马匹的记载，但从文献资料可看出，除例行进贡及额定供给驿站的马外，朝廷还另外从贵州获得马，成化五年（1479）就曾“命云南、贵州、湖广、四川、广西等处番夷贡马供给边军骑操”①。虽言进贡，但其实质也是一种商品贸易关系，由知可知，朝廷一直在贵州有偿获取马匹。

进入晚明后，万历下半期（1600—1620）还偶有贡马，天启朝起，贵州再无贡马和易马记载。

（二）晚明贵州以马为主的畜牧业衰退的原因分析

贵州畜牧业逐渐衰退，原因有三：一是受明代称量白银货币化政策的影响；二是受晚明西南频发的战争影响；三是受人口下跌的影响。

1. 称量白银货币化对贵州畜牧业的影响

明朝货币政策最明显的特征，就是建立起以称量白银为主导的银本位货币体系。白银货币化源于元代兴旺发达的海上贸易，日本历史学家上田信在《海与帝国：明清时代》中有详细论述：

> 元朝时候的经济体系以维吾尔族和穆斯林商人经营的白银作为价值标准，他们完全从商业活动中收取税金，而非依靠土地税。商业税征收的是白银，集中到元朝中央政府，再赠送给正在欧亚大陆其他地方发展势力的蒙古帝国内的领主和贵族，

---

① 《明宪宗实录》卷63，成化五年二月癸巳条。

因为元朝要做蒙古帝国的盟主，需要这些赔品。分配到各地的白银投资到穆斯林商人和维吾尔族商人经营的贸易行，用于采购丝织品、陶瓷器等中国特产。为了购买中国尤其是产自秦岭——淮河线以南地区的物品，白银回流到中国，这些白银又通过元朝征收的商业税等形式集中到中央。①

这种集中－再分配的贸易体制被元朝普及到欧亚大陆全境后，形成了白银的大循环，奠定了白银作为通用货币的基础。

同一时期，辅助货币却从纸币向铜钱过渡。大规模的铜钱铸造是在北宋王安石主政时期。元朝立国后禁止使用铜钱，发行大量的纸币作为替代。由于纸币的发行是以国家信用为基础，必须要有等额的社会财富作为保障，因此纸币很快就失去了原本应当具有的价值功能和价值尺度，加上此前铜钱在蒙古帝国四周的使用格外广泛，元朝重新将铜钱纳入货币体系之内。

白银流通体系受到元朝政策的支持成为中心体系，而周边各个使用铜钱的经济圈正在成为副体系。白银与铜钱在空间上的双重构造，就是成为自 1351 年开始的五百年历史起点的交易体系。②

元代晚期形成的白银为主、铜钱为辅的货币体系，过渡到明代后，又发生了一些变化。明代的货币体系的变化，参照赵轶峰先生在《明清帝制农商社会研究》中的观点，在此做简单的阐述。

明代的货币体系经历了四个阶段的发展时期：多种通货并存；单一货币、宝钞为主；银钱共存过渡到银本位；银本位。

---

① ［日］上田信著，高莹莹译：《海与帝国（明清时代）》，桂林：广西师范大学，2014 年，第 43 页。

② 同上，第 45 页。

第一阶段：多种货币并存，洪武七年（1374）年以前，以官铸铜钱为法定货币，同时延用元代的钱、钞，兼以实物交易。

> 太祖初置宝源局于应天，铸“大中通宝”钱，与历代钱兼行。以四百文为一贯，四十文为一两，四文为一钱。及平陈友谅，命江西行省置货泉局，颁大中通宝钱，大小五等钱式。即位，颁“洪武通宝”钱，共制凡五等：曰“当十”“当五”“当三”“当二”“当一”。“当十”钱重一两，余递降至重一钱止。各行省皆设宝泉局，与宝源局并铸，而严私铸之禁。洪武四年改铸大中、洪武通宝大钱为小钱。初，宝源局钱铸“京”字于背，后多不铸，民间无“京”字者不行，故改铸小钱以便之。寻令私铸钱作废铜送官，偿以钱……而商贾沿元之旧习用钞，多不便用钱。①

立国之初，朝廷无能力推动单一货币，虽然明朝中央政府和地方政府都在官办铸钱，但是，民间商品交易中仍在沿用前朝的钱、钞，兼以实物交易，朝廷均予以默认，并未实施干预，因此形成了多种通货并存的状态。

第二阶段：洪武七年至宣德十年（1374—1435），以宝钞为法定货币，强力推行单一货币。

> 七年（1374），帝乃设宝钞提举司。明年始诏中书省造大明宝钞，命民间通行……禁民间不得以金银物货交易，违者罪之；以金银易钞者听……令大明宝钞与历代钱兼行，钞一贯准钱千文。②

---

① ［清］张廷玉等撰：《明史》卷81《食货五·钱钞》，北京：中华书局，1974年，第1961—1962页。

② 同上，第1962—1963页。

洪武七年至二十七年（1374—1394），实行的是钞、钱并用。洪武二十七年（1394），铜钱也被收缴禁用，宝钞成为唯一合法流通货币。[①] 朝廷大肆印制宝钞，“出钞太多，收敛无法，以致物重钞轻”[②]，流通的货币量远大于有效经济总量，造成严重的通货膨胀，“物价翔贵，钞法益坏”[③]。然而统治者仍然反复更申禁用金银作为流通货币。

第三阶段：正统元年（1436）至嘉靖四年（1525），银钱共存过渡到银本位，称量白银货币化日趋货币化的过程。

正统元年（1436），刚登基的明英宗“弛用银之禁”[④]，银作为流通货币，被国家所认可。开始时钞、钱、银共用，钞贬值到无法使用，但仍被朝廷强行保留，作为赏赐、支俸等。钱因私铸太多，币值混乱而沦为银的辅助货币，且逐渐不被市场接受。银以其贵金属的属性而具有稳定的价值，逐渐演变成为单一货币。

第四阶段：嘉靖四年（1525）至明亡（1644），银本位的货币体系。

随着称量白银的货币体系建立，地方向中央王朝所纳赋税已经全部折算成白银进行支付。以前少数土司向中央王朝进贡马时，皇帝会以价值相当的钞、绢等物赏赐土司，维持朝贡与赏赐之间的平衡，即达成稳定的贡商关系。然而，明代中后期，白银逐渐并最终完全取代钞成为主要支付货币时，朝廷对贵州土司贡马仍赏以无用的钞，打破了贡商关系的平衡。土司贡马越多，自身的经济损失越大，贡马意愿就越低。明代早、中、晚期年平均贡马次数逐渐减少，正源于此。

---

① 赵轶峰著：《明清帝制农商社会研究》，北京：科学出版社，2017 年，第 108 页。

② ［清］张廷玉等撰：《明史》卷 81《食货五 · 钱钞》，北京：中华书局，1974 年，第 1963 页。

③ 同上。

④ 同上，第 1964 页。

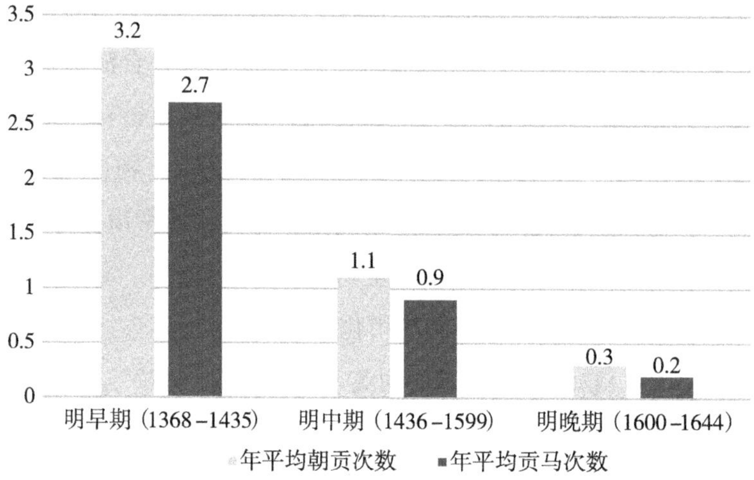

图5－2　明代早、中、晚期年平均贡马率趋势图

本图根据本文中表5－21《明代早、中、晚期贵州年平均贡马次数对比表》数据资料整理所得

从上图中可以看出，明代早期的82年中，每年平均贡马次数为2.9次，明代早期结束在正统朝，正是白银开始货币化的时期。明代中期始于景泰朝，白银在商品贸易中使用范围越加广泛，明代中期的150年，每年平均贡马次数下降到0.7次，降幅达76%。这是因为，银作为交换媒介和媒介尺度，使用越广对贵州的畜牧业影响越大。这种影响不是银本身导致的。明朝的白银货币化，是以称量形态出现的，又叫称量白银货币化。白银完全是以一种商品的形式出现，本身并不附加政府信用价值，因而不具备政府的调控功能。“明政府失去通过货币发行调控市场的能力和利用货币流通量控制增加财政弹性的能力，却又大幅度地转入要求政府功能更为强化的货币财政体制，所以明朝在货币白银化开始的时候，其实就开始一步步走向财政困境。”① 为了释放这种困境，一方面，政府成为白银最大的追求者，将税收方向等逐渐转向只接收白

① 赵轶峰著：《明清帝制农商社会研究》，北京：科学出版社，2017年，第111页。

银；另一方面，政府仍然用已经失去市场竞争力的钞、钱等作为地方朝贡的赏赐。贵州朝贡马匹，属典型的贡商交换关系，朝廷的赏赐一直用钞，使这种交换关系存在严重不平等，导致地方养马贡马的热情因此受损，从而导致以贵州马为主的畜牧业快速衰落。

晚明始于万历后半期（1600—1620），此间年平均贡马率为0.5次，只比中期的平均数0.7略低一些，但是由于天启二年（1622）正月贵州水西土舍安邦彦紧随四川永宁土司奢崇明叛乱，时间达十年之久，贵州地方经济遭受严重破坏，一直到明亡的二十多年间再无贡马，因此明晚期（1600—1644）贵州年平均贡马率仅有0.2次，相对于明早期的2.7次，降幅达93%；相对于明中期的0.9次，降幅达78%。

2. 晚明西南频发的战争对贵州畜牧业的影响

明代晚期，西南地区各少数民族与中央汉族政权矛盾日益尖锐，导致西南地区民族战争层出不穷。马是最重要的战略物资，卷入战争的各方，无论是地方民族武装，还是中央朝廷武装，都在想方设法攫取马匹。贵州山高涧深，江河纵横，从外地获取马匹送到贵州，路途太远太难，因此参战各方均只能就地取材，在本地获取马匹。马被长时间、高频率用于战争，导致马出现大量非正常死亡，对马的繁殖和养殖均造成负面的损害。其他的家畜如牛、羊等，也因战争期间成为士兵最方便掠取的食物而快速减少，影响其繁殖和养殖。

战争的另一影响是，朝廷在辽东和川黔两线作战后，又遭遇西北至中部地区的农民起义，在此期间，间以其他地方的小型战争，导致明代晚期朝廷国库空虚，国家已无购马的能力。此时的情况是无马可购与无钱可购交织，导致贵州畜牧业如江河日下，一蹶不振。

3. 明代晚期贵州人口减少对畜牧业造成的影响

万历二十八年（1600）朝廷将四川播州之地一分为二，将其中之一改置平越军民府，划归贵州，平越军民府下的一州三县，经历过播州之役后，人口却仅剩五万多人。天启元年（1621）九月和天启二年

（1622）正月先后在四川永宁和贵州水西暴发的奢安之乱，持续时间长达十年之久，其间又经历崇祯三年（1630）平定狼峒、摆金、火烘等处苗仲叛乱、崇祯四年平定两江黑苗叛乱及贵州派兵平云南普名声之乱等，人口出现断崖式下跌。马的养殖和繁殖都是十分精细的工作，需要投入大量的人工，水西马的饲养就需要“秣之以苦麦焉，啖之以姜盐焉，遇暑喝又饮之以虀浆焉”①。人是一切生产活动的主体，人口下跌导致以马为代表的贵州畜牧业急剧衰落，回天无力。

三、本章小结

明代早期贵州的畜牧业十分兴旺，到中期时明显下降后平稳持续了一段时间，中后期又出现大幅下跌，明晚期继续衰落，最后一蹶不振，本文虽然归纳出晚明贵州以马为主的畜牧业衰弱的三个原因，然而，现实的情况却要复杂得多。本文并未从晚明政治格局和民族关系变化等方面进行解剖。明代贵州畜牧业的发展，与明朝的民族政策密切相关：民族政策越优惠，民族关系越和谐，畜牧业越发达；民族政策越苛剥，民族关系越紧张，畜牧业越衰落。

明代贵州与中央朝廷的关系，经历了明代早期的蜜月期，国家稳定、民族团结、社会和谐，到明代中期的逐渐疏离，时好时坏，此好彼坏，到明代晚期时，已经相互仇恨，兵戎相见，民族分裂，国家混乱。畜牧业就经历了明初的兴旺发达，到中期的相对平稳，缓慢衰落，到晚期的一蹶不振。

---

① ［清］田雯撰：《黔书·下》，嘉庆十三年刻本，民国重排铅印本，第38—49页。

第六章　晚明贵州林业经济的转型

贵州是全国唯一一个没有平原的省，“山高箐深”“连峰峭壁”“群山环绕”“溪壑纵横”等词常被拿来形容贵州的地貌，亦有“两山壁立下深溪，仰视危峰万丈梯”[①]之类的诗词，皆言贵州的大山深涧。由于受地理条件的限制，木材不易运出山，贵州到处“林木蓊蘙”[②]“树茂密”[③]“多材木”[④]。特别是盛产质地优良、经济价值不菲的楠、樟、杉等木材，使得贵州成为重要的木材采供之地。

明代政府采购木料始于永乐年间，明成祖朱棣建造北京宫殿，永乐四年（1406），朝廷派尚书宋礼到四川，师逵、金纯到湖广办理采木事宜。[⑤]当时贵州分属四川、湖广二布政司，由于史料有限，目前无法确

---

① ［明］沈庠修，［清］赵瓒纂，赵平略、邢洋洋、赵念、吴春燕点校：《弘治贵州图经新志》卷13《普安州》，成都：西南交通大学出版社，2018年，第207页。

② ［明］沈庠修，［清］赵瓒纂，赵平略、邢洋洋、赵念、吴春燕点校：《弘治贵州图经新志》卷27《永宁卫指挥使司》，成都：西南交通大学出版社，2018年，第327页。

③ ［明］沈庠修，［清］赵瓒纂，赵平略、邢洋洋、赵念、吴春燕点校：《弘治贵州图经新志》卷14《龙里卫军民指挥使司》，成都：西南交通大学出版社，2018年，第211页。

④ ［明］沈庠修，［清］赵瓒纂，赵平略、邢洋洋、赵念、吴春燕点校：《弘治贵州图经新志》卷12《安顺州》，成都：西南交通大学出版社，2018年，第191页。

⑤ ［清］张廷玉等撰：《明史》卷82《食货六·采木》，北京：中华书局，1974年，第1995页。

定是否曾抵贵州境内采办过大木。有翔实资料记载在贵州境内采办木材是在正德朝，正德九年（1514）春正月，乾清宫遭受火灾被烧毁，十月，朝廷下令修建乾清宫，并遣使到西南地区采办大木：

> 工部以修乾清宫、坤宁宫会计财物事宜，上请尚书李鐩提督营建，升湖广巡抚右副都御史刘丙为工部右侍郎，兼右都御史，总督四川、湖广、贵州等处采取大木。而以署郎中主事伍全于湖广、邓文璧于贵州、季寅于四川分理之。①

为了保证采办大木经费充足，朝廷“加天下赋一百万”②，从而开启了明朝中期持续一百多年的轰轰烈烈的木材官方采购。

一、贵州主要经济木材的种类及分布

贵州的树木种类繁多，包括楠、松、柏、杉、樟、楮、桐、桧、冬青、桑、柘、槐、椒、柳、枫、棕、皂荚、杨、血珀、蒙子、黄心、鸡爪、丁木、椿木、猪元，以及各种竹类。其中楠木以木质坚硬细腻，香味浓郁持久，色泽光亮璀璨，纹理精美异常，耐腐耐湿性强，不易变形开裂，树干高大笔直等优势，成为建筑、家具行业最好的软木材。楠木生长缓慢、生长周期长，诗句中有诸如“老树仅堪成大用”③“古木缘萝夹道生”④等之类来形容。又因生于高山深涧，难于砍伐运输，因此经济价值极高，是贵州最重要的经济木材。除此之外，还有杉木、樟木等都是朝廷重点采购的木材。

---

①《明武宗实录》卷117，正德九年十月己酉条。

②［清］张廷玉等撰：《明史》卷16《武宗》，北京：中华书局，1974年，第207页。

③［明］沈庠修，［清］赵瓒纂，赵平略、邢洋洋、赵念、吴春燕点校：《弘治贵州图经新志》卷8《程番府》，成都：西南交通大学出版社，2018年，第158页。

④［明］沈庠修，［清］赵瓒纂，赵平略、邢洋洋、赵念、吴春燕点校：《弘治贵州图经新志》卷10《永宁州》，成都：西南交通大学出版社，2018年，第181页。

弘治九年（1496）至弘治十五年沈庠任贵州提学副使，主持编纂《弘治图经新志》，对主要经济木材在各府州县的分布做过记载：

表 6－1 弘治十三年（1500）前后贵州经济木材分布情况

序号	行政区域	木材种类	页码
1	思南府	楠木	P83
2	黎平府	檀木	P130
3	铜仁府	楠木、杉木、杨木	P141
4	都匀府	檀木	P165
5	永宁州	杉木	P177
6	镇宁州	杉木	P184
7	安顺州	杉木	P192
8	兴隆卫	楠木、杨木	P247
9	安南卫	枫木	P294
10	赤水卫	杉木	P319
11	黄平千户所	楠木	P336

本表根据《弘治贵州图经新志》文献资料整理所得

弘治年间对木材的记载是不全面的，可能与当时林业未开发有关。如永宁州“广有杉木”[①]，但在土产中，却未记载，可能与当时杉木还未成为永宁州的经济木材有关。

随着正德朝在贵州大规模的采木开始，越来越多原来未被关注的树木，因其使用价值和商业价值的原因，逐渐被地方政府关注到。嘉靖三十四年（1555）贵州提学副使谢东山完成《嘉靖贵州通志》，被登记在册的经济木材种类与弘治年间相比，有大幅度的增加：

---

① ［明］沈庠修，［清］赵瓒纂，赵平略、邢洋洋、赵念、吴春燕点校：《弘治贵州图经新志》卷 8《永宁州》，成都：西南交通大学出版社，2018 年，第 177 页。

表6-2 嘉靖三十四年（1555）前后贵州主要经济木材分布情况

序号	行政区域	经济木材种类
1	贵州宣慰司	除楠木、杉木、樟木等主要木材外，还有柳、杨、松、柏等
2	思州府	与宣慰司同
3	思南府	楠木
4	镇远府	与宣慰司同
5	石阡府	楠木
6	铜仁府	楠木
7	黎平府	官音柳、紫檀木
8	程番府	与宣慰司同
9	都匀府	与宣慰司同
10	永宁州、镇宁州	与宣慰司同
11	安顺州	与宣慰司同
12	普安州	与宣慰司同
13	贵州卫、贵州前卫	与宣慰司同
14	龙里卫	与宣慰司同
15	新添卫	与宣慰司同
16	平越卫	与宣慰司同
17	清平卫	与宣慰司同
18	兴隆卫	与宣慰司同
19	都匀卫	与宣慰司同
20	威清卫	与宣慰司同
21	平坝卫	与宣慰司同
22	普定卫	与宣慰司同
23	安庄卫	与宣慰司同
24	安南卫	与宣慰司同
25	普安卫	与宣慰司同
26	毕节卫	与宣慰司同
27	乌撒卫	与宣慰司同

续表

序号	行政区域	经济木材种类
28	赤水卫	与宣慰司同
29	永宁卫	与宣慰司同
30	黄平千户所	与宣慰司同
31	普守千户所	与宣慰司同

本表根据《嘉靖贵州通志》文字资料整理所得

上表中永宁州、镇宁州的木材种类与安庄卫同，安庄卫与普定卫同，普定卫与平坝卫同，平坝卫又与威清卫同，威清卫与宣慰司同，为便表格一目了然，本文直接用与宣慰司同。其他类似的地方也作相同处理。

如此丰富的林木资源，自然会引起中央朝廷的重视，特别是进入明代中期后，相对早期，社会更加稳定，经济更加发达，统治阶段的物质欲望更强，大兴土木便成顺理成章之事，需要更多的优质木材为朝廷所用。

二、明代中期贵州的“采木之役”

明代中期，朝廷在西南的湖广、四川、贵州三省，多次召令采办大木，涉及贵州采木，主要有五次：

第一次贵州采木在正德九年（1514）春正月，乾清宫遭受火灾被毁，需要重建，十月，朝廷下令在湖广、四川、贵州采办大木。

第二次贵州采木在嘉靖四年（1525）八月，为修建仁寿宫，朝廷升工部虞衡等司署员外郎范总、李煌、牟泰三人，署营膳司郎中事，分别赴任湖广、四川、贵州采办大木：

嘉靖四年八月，工部会廷臣议：营建仁寿宫工役重大，今世庙大工方兴，湖广、贵州山林空竭，海内灾伤，材木料价采征甚难，请发内帑及借户部钞关、兵部马价、工部料价各银两，查取两京各库颜料，各抽分厂木植及司府无碍官银；又开纳事例，以佐其费。俟世庙工完，推简有才大臣为之总理，仍选部属三人分行四川、湖广、贵州，募求大木。①

建造仁寿宫采木过程中，宗庙于嘉靖二十年（1541）四月遭受火灾，成祖朱棣和仁宗朱高炽庙宇被烧毁，朝廷复遣工部侍郎潘鉴、副都御史戴金分别到湖广、四川、贵州采办大木。为保证采木官员队伍的稳定性，避免因官员流动影响工程进展，朝廷还暂停了采木官员的升迁和调动：

嘉靖二十一年七月乙丑，总督川、湖、贵州大木工部侍郎左副都御史潘鉴奏：请久任采木官暂住升迁，兼免其给由，仍由川、贵、湖广巡抚责令各官专理木务，不得营求别差，待讫工之日，分别久近并叙升赏。上曰："采运大木，关系匪浅，委宜专任，责成同知赵远等，吏部侍事完叙久近升转。"②

建造仁寿宫、修复宗庙的采木活动一直延续到嘉靖二十二年（1543）十二月才基本完成，前后历经18年。这一阶段在贵州采木量大，工程结束后，朝廷对贵州的采木官员大加褒赏：

嘉靖二十二年十二月甲戌，上以采木工完，升……提督川贵大木右都御史潘鉴为工部尚书，各回籍遇缺推用。先任总督川贵大木右副都御史，今大理寺卿戴金为都察院右都御史，仍管大理寺事；……仍各赏银五十两，紵丝四表里。贵州巡抚右副都御史刘彭年，先任湖广巡抚，今兵部侍郎陆杰，各赏银三十两，紵丝二表里……（采木）川贵右参议周宗镐、蒋芝各

① 《明世宗实录》卷54，嘉靖四年八月戊子条。

② 《明世宗实录》卷264，嘉靖二十一年七月乙丑条。

升一级，赏银二十两，俱回京候缺推用。”①

嘉靖二十三年（1544）九月庚子，以督采大木事完，诏赏……贵州布政使侯缄……各十五两，一表里；贵州副使翁学渊，知府李复初、张定、王文光、张环各十两；知府蒙询，知县刘宪等各五两。②

从嘉靖二十二年至嘉靖三十六年（1543—1557）的十四年间，朝廷未召令在西南地区大规模采木。

第三次贵州采木在嘉靖三十六年（1557）四月，皇宫内的奉天、华盖、谨身三殿因火灾被毁。

这个时间节点有两个版本，一是嘉靖二十六年，一是嘉靖三十六年（1557）。持二十六年（1547）之说，是在《明史》卷82《食货六》和《道光遵义府志》卷18《木政》③；持三十六年（1557）之说是在《明实录》“嘉靖三十六年五月癸亥”④条和“嘉靖三十六年八月癸卯”条。⑤本文采用三十六年之说，因为《明史》卷18《世宗二》虽有“嘉靖二十六年冬十一月壬午，大内火”，但此后的十年内，无朝廷下诏采木的记载；而且在嘉靖三十六年（1557），则有“夏四月丙申，奉天、华盖、谨身殿灾，……五月癸亥，采木于四川、湖广”。⑥

嘉靖三十六年（1557）五月，朝廷命工部右侍郎刘伯跃兼都察院左佥都御史，总督四川、湖、贵采办大木。八月，刘伯跃向朝廷题请利用地方土司土官力量获得大木：

① 《明世宗实录》卷281，嘉靖二十二年十二月甲戌条。

② 《明世宗实录》卷290，嘉靖二十三年九月庚子条。

③ ［清］张廷玉等撰：《明史》卷82《食货六》，北京：中华书局，1974年，第1996页。

④ ［清］郑珍、莫友芝编纂：《道光遵义府志》卷18《木政》，成都：四川出版集团巴蜀书社，2013年，第306页。

⑤ 李国祥、杨昶主编：《明实录类纂·四川史料卷》，武汉：武汉出版社，1993年，第1113页。

⑥ ［清］张廷玉等撰：《明史》卷18《世宗二》，北京：中华书局，1974年，第237、245页。

> 采木工部右侍郎刘伯跃条陈大工事宜：“……一申明旧例。访先年都御史潘鉴，因庙建题请土官献木恩典，以购大木。一容广献纳。土夷罪可矜疑者，量其轻重，定拟纳赎合式木植，及应免罪、复职、袭替之人，并将前项献赎恩例，通行两广、四川、云南、贵州，凡有土官之处。”工部议复，从之。①

土司土官献木以获恩典，早已有之，嘉靖五年（1526）十月，就有“贵州土官清誉奏献楠樟大木，请给服色诰命。上嘉其功，特许之”②。此次刘伯跃重申此条款，则是想通过允许少数民族土司土官献木获恩典或献木赎罪，变相转移他所承担的朝廷采木重任。嘉靖三十七年（1558）二月贵州抚按官高翀等因贵州无力承办，奏请朝廷支持：“本省采木经费之数当用银一百三十八万余两，费巨役繁，非一省所能独办。乞行两广、江西、云南、陕西诸省通融出银助之。”工部以“各省俱多灾伤，难以加派”③ 为由予以拒绝。如此重的采木任务，不仅贵州都司官何自然“以采木急，托疾规避”④，就连任总督的刘伯跃，虽是严嵩父子的亲戚和同党，一看形势严峻，急忙打着丁忧的幌子溜之大吉⑤，后由徽州的李宪卿代。

第四次贵州采木在万历十二年（1584），“慈宁、慈庆两宫灾，巡抚都御史雒遵兼督木”⑥。此次木役需在贵州采购木枋 1132 根块，采木经费达十四五万。由于朝廷筹措经费困难，为采到足够重建慈宁、慈庆两宫的大木，朝廷不仅鼓励土司土官献大木以获封赏，如播州土司杨龙

---

① 《明世宗实录》卷 450，嘉靖三十六年八月癸卯条。

② 《明世宗实录》卷 69，嘉靖五年十月庚午条。

③ 《明世宗实录》卷 456，嘉靖三十七年二月丁亥条。

④ 《明世宗实录》卷 473，嘉靖三十八年六月戊午条。

⑤ ［清］郑珍、莫友芝编纂：《道光遵义府志》卷 18《木政》，成都：四川出版集团巴蜀书社，2013 年，第 306 页。

⑥ 同上。

于万历十五年（1587）四月因“进献大木七十根，内多美材，先经赏赐飞鱼彩段，加升职级亦云厚矣”①，也允准土司土官献大木以赎罪，如原贵州宣慰使安国亨因侵夺沾益及毒祖杀祖，拒敌官军等事，革秩免任。被削去宣慰使之职的安国亨，就曾“申文献木，冀复职”②。

同时，商业资本也在这一时期大举进入木业经济领域，由于朝廷下令，鼓舞商民竟赴采办，地方各官召商访估，政府按数给买③。在国家政策的鼓励之下，不断有商人深入土司区采木④。商业资本的注入，一方面促进了林业的开发，另一方面，使社会矛盾更加尖锐复杂，特别是商人、土司、地方官员之间，因利益牵扯而变得矛盾重重，甚至到了土舍安国亨“参抚臣委商抢木”⑤ 的地步。

万历十二年（1584）开始的采木活动，以万历十九年（1591）朝廷赏赐采木官员为标识而宣告结束：

> 万历十九年二月己巳，以湖广、四川、贵州三省采运大木事完，加恩效劳各官，其抚臣舒应龙给与应得诰命，李江、孙坤，徐元泰各赏银二十两，紵丝二表里。按臣徐养心等各十两，一表里，余官各赏银，升服俸有差。⑥

第五次贵州采木始于万历二十四年（1596）三月乾清宫和坤宁宫遭受火灾⑦，两宫尽毁，朝廷诏令采木修缮。二十五年（1597）正月，工部命令贵州，木材采运必须在六年内、分三批次完成，首批采运须完成十分之三。协济银两共二十三万，分别坐派福建、广东各五万，南

---

① 《明神宗实录》卷185，万历十五年四月庚午条。

② 《明神宗实录》卷202，万历十六年八月甲辰条。

③ ［明］江东之、王耒贤、沈思充修，［明］许一德、陈尚象、刘汝辑，周文化等纂，赵平略、吴家宽点校：《万历贵州通志》，成都：西南交通大学，2021年，第631页。

④ 《明神宗实录》卷200，万历十六年闰六月壬寅条。

⑤ 《明神宗实录》卷200，万历十六年闰六月壬寅条。

⑥ 《明神宗实录》卷232，万历十九年二月己巳条。

⑦ ［清］张廷玉等撰：《明史》卷20《神宗一》，北京：中华书局，1974年，第277页。

直、浙江各三万，江西、河南、山东各二万，山西一万。[①] 六月，皇宫再次遭受火灾，皇极、中极、建极三殿被毁[②]，由此开启了明朝立国以来，数量最多、耗资最巨、持续时间最长的采木工程，“采楠杉诸木于湖广、四川、贵州，费银九百三十余万雨，征诸民间，较嘉靖年费更倍”[③]。

肇始于正德朝的贵州“采木之役”，本文虽然按时间划分为五次，实际上整个采木工程一直处于时停时采、时采时停、采采停停的状态。即使在次与次之间，采木活动皆从未真正断过。

采木工程是一项国家工程，非一省一部之力所能承办，更非一人一己之力可以完成。贵州的“采木之役”，各地区、各阶层、各民族、各行业之人均涉及其中。

表 6－3　明代贵州采木之役所涉范围

序	采木之役所涉人群
1	正德十一年（1516）四月己巳，免贵州思南、铜仁八府正官来朝，以采运大木故也。[④]
2	正德十一年七月癸巳，免贵州布、按二司及府、州、县正、佐官，长官司吏目来朝，以地方用兵兼有采大木之役也。[⑤]
3	正德十二年八月辛酉，以贵州采办大木，停免清平等卫所正德十一年、十二的额造军器。[⑥]
4	正德十四年五月丙午，免………贵州思南、铜仁、镇远九府正官来朝，以采营建大木故也。[⑦]
5	嘉靖四年（1525）八月戊子，升工部虞衡等司署员外郎范总、李煌、牟泰俱署营膳司郎中事……泰，贵州石阡、镇远等处，各买办大木。[⑧]
6	嘉靖七年（1528）八月壬戌，以贵州用兵采木，诏免各府正官朝觐。[⑨]

① 《明神宗实录》卷 306，万历二十五年正月己酉条。

② ［清］张廷玉等撰：《明史》卷 21《神宗二》，北京：中华书局，1974 年，第 279 页。

③ ［清］张廷玉等撰：《明史》卷 82《食货六》，北京：中华书局，1974 年，第 1996 页。

④ 《明武宗实录》卷 136，正德十一年四月己巳条。

⑤ 《明武宗实录》卷 139，正德十一年七月癸巳条。

⑥ 《明武宗实录》卷 152，正德十二年八月辛酉条。

⑦ 《明武宗实录》卷 174，正德十四年五月丙午条。

⑧ 《明世宗实录》卷 54，嘉靖四年八月戊子条。

⑨ 《明世宗实录》卷 91，嘉靖七年八月壬戌条。

续表

序	采木之役所涉人群
7	嘉靖二十二年（1543）七月丁未，以采木免……贵州思州、铜仁、镇远、黎平、都匀五府各正官来朝。①
8	嘉靖三十七年闰七月丁酉，免贵州思州、思南、石阡、铜仁、黎平、镇远六府各州县正官入觐。②
9	万历十六年闰六月壬寅……商人深入土司采木。③
10	万历十四年（1586）十月己卯，以原任宣慰使今冠带管事进献大木安国亨，赏与大红纻丝飞鱼衣一袭，银二十两。④

参与地区上，如果将贵州以贵阳为中心，与经度同向划分，分为东部和西部，“采木之役”主要集中在东部，即包括黔东北、黔东和黔东南地区的思州、铜仁、镇远、黎平、都匀、石阡等府，其他地区也有，仅呈零星散点状态，未能形成规模。参与阶层上，上至三司长官，中则各府州县卫所官吏、土司土舍，下至普通百姓。参与民族上，汉族和其他各少数民族人民均有参与。行业分布上，有军籍、民籍、匠籍、商籍。他们或是主动参与，或是被动卷入。

三、明代晚期贵州林业经济的转型

四川的马湖、永宁、播州以下地区均盛产楠木⑤，播州一直是朝廷木材采办的重要供给地。永乐四年（1406）朱棣建北京行宫时，敕工部尚书宋礼赴四川督办采木，宋礼前后五次入蜀。少监谢安被派到四川采木，长期驻扎在蔺州（永宁）石夹口，“亲冒寒暑，播种为食，二十

① 《明世宗实录》卷276，嘉靖二十二年七月丁未条。

② 《明世宗实录》卷462，嘉靖三十七年闰七月丁酉条。

③ 《明神宗实录》卷200，万历十六年闰六月壬寅条。

④ 《明神宗实录》卷179，万历十四年十月乙卯条。

⑤ ［清］郑珍、莫友芝编纂：《道光遵义府志》卷18《木政》，成都：四川出版集团巴蜀书社，2013年，第306页。

年乃还”[①]。播州与永宁毗连，边界地区纵横交错，此时采办，播州也含在内。此代播州成为朝廷采办大木的重点地区。如嘉靖二十六年（1547）奉天殿被火灾烧毁，遣工部侍郎刘伯跃总督至湖广、四川、贵州采办大木，刘伯跃以丁怀为由离职，朝廷另派左副都御史李宪卿，分派参政缪文龙入播州踏勘并采伐。万历二十八年（1600），播州之乱平定后，朝廷将播州一分为二，设遵义府和平越府，遵义府仍隶四川，平越府改隶贵州。播州之地划入后，扩展了贵州可采木材的林区范围，促进了晚明贵州林业的发展。晚明贵州林业呈现以下特征。

（一）官办采木逐渐萎缩

正德朝开始的大规模采木，到晚明时已经持续百有余年。由于明王朝政治、经济、社会等情况不断发生改变，结合贵州复杂的民族因素，使得贵州的林业经济发展逐渐发生转型。导致林业经济转型的因素，主要有三：

1. 采木之役费用过高，超过社会承受度

正德九年（1514）春开始到明亡的130多年间，朝廷一直在贵州、四川、湖广大规模采办大木，耗资巨大，首先出现的问题，就是国家财政出现困难，已无力支付采木之费。

早在嘉靖三十六年（1557）的采木工程中，由于国库无钱，贵州地方财政更无力承担如此高额的费用，朝廷只得下令各省协济，即使东拼西凑，最终也未能攒够采木之银：

> 嘉靖三十六年，坐派贵州采运楠、杉木枋共四千七百九根块，用过价值并各项费用共银七十二万四千六百六十一两七钱五分六厘。彼时库贮堪动之银止有一万四千九百七十六两，不

① ［清］郑珍、莫友芝编纂：《道光遵义府志》卷18《木政》，成都：四川出版集团巴蜀书社，2013年，第306页。

> 敷应用，议详总督、抚、按衙门会题，行令广东等省解银协济。内广东陆续解过料银十万一千八百五两，云南解过盐课银一十四万一千二百九十五两五钱，江西解过大工银九万两，山西解过三万五千两支用。[①]

此时贵州库存白银仅有 14 976 两，加上广东料银 101 805 两，云南银课银 141 295. 5 两，江西大工银 90 000 万，山西协济 35 000 两，总共才 383 076. 5 两，与采运 4709 根块大木所需的 724 661. 756 两白银相比，少了 341 585. 256 两，经费缺额高达 47%。

万历十二年（1584）慈宁、慈庆两宫因灾重建，朝廷派巡抚都御史雒遵，督办大木[②]。此次木役，贵州承办木枋 1132 块，根据四月初二日贵州巡抚苏应龙和巡抚毛在联名奏疏，所缺经费高达十多万两：

> 今奉派采木枋共一千一百三十二根块，内楠、杉大木原未定若干根块。今照先年则例，定拟价值，其长径厚薄少者照例递减。又柏木先年原未派取，今查与三号杉木围圆略同，会计约用银十万两。合用运木水手等项，该银一万余两，又先年拽运夫役，派各卫所、土司协助。今蒙明旨，不许加派，俱出公帑雇募，约用银一万余两，系在上年木价之外。以上大约用银一十二万余两。及查库贮，止有二万一千六百五十一两八分四厘，尚少十万余两，别无措处。[③]

此 12 万之数是按往年的价格来核算的。贵州采木持续百有余年，

---

① ［明］江东之、王耒贤、沈思充修，［明］许一德、陈尚象、刘汝辑，周文化等纂，赵平略、吴家宽点校：《万历贵州通志》，成都：西南交通大学，2021 年，第 630 页。

② ［清］郑珍、莫友芝编纂：《道光遵义府志》卷 18《木政》，成都：四川出版集团巴蜀书社，2013 年，第 306 页。

③ ［明］江东之、王耒贤、沈思充修，［明］许一德、陈尚象、刘汝辑，周文化等纂，赵平略、吴家宽点校：《万历贵州通志》，成都：西南交通大学，2021 年，第 630—631 页。

新长大木培养未巨，旧有大木搜索已穷，再想找到连云干霄之材质，只能到深远险僻之区，导致木材的搜寻、拽运之费“百倍往昔”①。照四川、湖广当时所估之价，万历十二年（1584）的采木之费需银十四五万。此时贵州库银仅有 21 651.84 两，尚缺十二三万两。舒应龙和毛在奏请仿照嘉靖三十六年（1557）的办法，将采木经费分摊到江西、山西、广东、云南等省，未获朝廷支持。万历十二年（1584）十月，朝廷将贵州的采木经费下调至八万：

> 先是，采木之若（役）川、湖、贵三省约略相同，而贵筑钱粮揭处之艰，视二省尤甚，酌减定价值雇募等费，该银八万两，库贮止二万，其六万两抚按舒应龙等请以广东一省协济，且言大木猝难尽得，欲遵前旨通融帮补，而采运艰难，经费倍昔，视二省量增。可之。②

经费筹措困难重重，万历十四年（1586）三月，工部又以“采木之役重，为三省之累，乞将川贵应采办二分内湖广未采木数内，再行量免一二”③ 为由，再次下调采木经费。

万历二十五年（1597）正月诏令采办时，朝廷计划六年内完成的采木工程，由于种种现实原因，未能在预期内完成，拖到万历三十六年（1608）时，贵州巡抚郭子章向朝廷报告，坐派贵州采办大木的经费严重缺额：

> 万历三十六年（1608）二月乙丑，贵州巡抚郭子章言：“坐派贵州采办楠杉大木柏枋一万二千二百九十八根，该木价银一百零七万七千二百七十一两四钱七分六厘，计作四起查

① ［明］江东之、王耒贤、沈思充修，［明］许一德、陈尚象、刘汝辑，周文化等纂，赵平略、吴家宽点校：《万历贵州通志》，成都：西南交通大学，2021 年，第 631 页。

② 《明神宗实录》卷 154，万历十二年十月壬辰条。

③ 《明神宗实录》卷 172，万历十四年三月丙午条。

给。一给于开山垫路；二给于运到外水；三给运至川楚大河；四给到京交收，大约该运价二万零二百二十两，见存在库应追还官及各省直未到银通共九万八千一百五十六两六钱四分有奇，尚少九十九万九千三百三十四两八钱三分有奇，本省无从借处，乞分派不采木省直起解协济，再议宽限，庶巨材不至稽误而疲民得以输运矣。”①

根据郭子章的报告，坐派贵州采办的楠杉大木柏枋 12 298 根，所需木价银 1 077 271.476 两，运价 20 220 两，共需白银 1 097 491.476 两。能筹措的仅有 98 156.64 两，短缺 999 334.83 两，缺额高达 91%。

由于筹集采木经费十分困难，万历三十七年（1609）九月，户部奏请削减采木的财政支出：

户科经事中韩光祐言：“内监陈永寿所派三殿木植大工钱粮至九百三十余万，比嘉靖年间三门午楼之费尚增一倍，乞明诏天下蠲湖广、川、贵三省木价之半。”不报。②

户部的奏请未获万历皇帝允准，采木一直在继续。万历三十八年（1610）二月，朝廷铸给贵州督木道关防一颗③，督办采伐木材。万历四十六年（1618），朱燮元任四川右布政使，主管采木工程，为了完成四川的采办任务，从成都亲自屈驾至涪州木厂，检录木材。④ 甚至到天启朝时，内忧外患的四川，仍然新设督木道一员，驻扎涪州，招采木商

① 《明神宗实录》卷 443，万历三十六年二月乙丑条。

② 《明神宗实录》卷 462，万历三十七年九月乙卯条。

③ 《明神宗实录》卷 467，万历三十八年二月乙未条。

④ ［清］朱世卫：《少师恒岳公事实》，源自［清］朱增等纂修：《［浙江绍兴］山阴白洋朱氏宗谱》卷七，清光绪二十一年木活字本。辑入上海图书馆编，陈建华、王鹤鸣主编，王铁整理：《中国家谱资料选编 4》之《传记卷·少师恒岳公事实》［M］. 上海：上海古籍出版社，2013 年，第 256 页。

人任文鼎等领银入遵义府采办大木。[①] 由此可见，从万历十二年（1584）开始的第五次大木采办，在贵州一直延续到明末。

正如黄辉《采木记》所云："采木，国家巨役也。费至重，力至劳，是天下之所无奈何而不可以已者也……役重赋繁，公私困诎……大户义民，随意佥报，编夫派米，需索津贴，剥肤椎髓，民不聊生，白骨枕籍。"[②] 晚明时期，国家财政已无力承担采木重役，而封建帝王又不想放弃其骄奢淫逸的生活方式，虽然困难重重，仍然坚持采木。

2. 采木环境更加艰险

大木多产于土夷溪洞，逾百年的不断采伐，称得上连云干霄之质的优质木材，如果不是深藏于山谷险僻之区，早被砍伐殆尽。到交通不便的深山幽箐中采办大木，艰难险阻，困难重重。万历二十五年，御史况上进、给事中杨应文于正月上书，极言采木之害："人夫渡泸，触瘴死者被野，吏胥假公行私，毒流百姓"[③]。"比岁采木重役，森林竭泽，十室九空。"[④] 紧接着，刑部右侍郎吕坤于五月上《忧危疏》（又名《陈天下安危疏》），再次言及木役之苦：

> 内府宫庭，自须大木，而采木之苦，陛下闻之乎？臣自一木言之，丈八之围，非百年之物，或孤生万仞崖边，或丛长千里岭外，寒暑渴饥，瘟疫瘴疠，而死者无论矣。乃一木初卧，千夫难移，每日一祭神明，每行不过数步，倘遭艰险之处，跌伤压死，常百十人。蜀民语曰："入山一千，出山五百"，苦可知矣。……臣见川贵湖广之民，谈及采木，莫不哽咽。[⑤]

---

① ［清］郑珍、莫友芝编纂：《道光遵义府志》卷18《木政》，成都：四川出版集团巴蜀书社，2013年，第309页。

② 同上，第308—309页。

③ ［清］谷应泰撰：《明史纪事本末》，北京：中华书局，2015年，第1008页。

④ 同上，第1011页。

⑤ 陈子龙等选辑：《明经世文编》卷415《吕新吾先生文集（吕坤）》，上海：上海书店出版社，2019年，第4687页。

贵州作为全国唯一一个没有平原的省份，大木均在夷方瘴疠之乡，深山穷谷之内，寻求甚苦，伐运甚难。与四川相比，其难度有过之而无不及。因为木材采运之艰，导致民力凋疲之极。[①]

3. 采木之役腐败丛生

采办大木不仅工程浩大，而且“靡费不訾”[②]。由于大木多长于大山深箐，搜寻、砍伐、运输过程艰难，然而朝廷下拨的经费，却常被各级官僚侵吞、克扣，真正到达采木的士兵、工匠等手中已所剩无几。景泰六年（1455）九月，四川宜宾县百姓向朝廷报告：“臣等采木于万山之中，辛勤万余里，始至北京。自南京已抽分五分之一，淮安抽分三十分之一，张家湾又抽分五分之一。”[③] 整个采木经费被贪官侵吞部分高达43%。嘉靖二十三年（1544）二月，刑科给事中胡叔廉向朝廷参大理寺右都御史戴金，指其“川贵采木虚报得木之数，以希功赏，滥保二省府卫官率多欺罔”[④]。

除侵吞、克扣、数据造假滥冒功赏外，后期更有官员因敛财不得而制造大批的冤假错案。如万历四十六年（1618），刚到四川任右布政使的朱燮元，在巡查四川边界的紧邻贵州的涪州木厂时，就平反了一批因贪官污吏索贿不得而故意制造的冤案，释放囚犯七十余人。

> 时京师营造殿门，采木于蜀，责在右辖。（考万历丙申乾清、坤宁二宫灾，丁酉皇极、建极、中极三殿灾，採木于蜀，至是已阅二十三年矣。）前任是役者，先移檄州县，委丞倅督工徒入山斩木，置大壑中，候瀑涨乃出，集于涪州，然后复遣

---

① ［明］江东之、王耒贤、沈思充修，［明］许一德、陈尚象、刘汝辑，周文化等纂，赵平略、吴家宽点校：《万历贵州通志》，成都：西南交通大学，2021年，第631页。

② 《明武宗实录》卷136，正德十一年四月乙亥条。

③ 李国祥、杨昶主编：《明实录类纂·四川史料卷》，武汉：武汉出版社，1993年，第1109页。

④ 《明世宗实录》卷283，嘉靖二十三年二月丙戌条。

> 郡县正官选择。凡办一木，给价数百金，少者百金。深山穷谷，逶迤曲折，路经数百千里，或四五年，或十余年而后至。往往木未发而官先毙于道，后委官到，因诣摘前官破冒，系家属以追偿。有木已至涪而无贿，积年不得一检录。有贿行已检录，而木实不堪，难充上用。二十余年，费帑金且百万，其奉委之佐贰、幕役，瘐死、杖死、客死、禁于圄、羁于旅、行乞于市者，前后相望，卒无一木入选。公备阅诸案牍，心疑之，曰："焉有伤如许金钱人命，聚材如山而无一木可用者。"询之道府州县及诸胥吏，或漫不经心，或视为奇货，皆不言。公曰："涪州去省仅千里，何难一往，委官徒滋扰耳。"遂趣驾至涪州木厂，同里老之能度材者用司空所下程式简料之，五日而得异材若干，次材若干，视部文来数已多一千七百余章矣。因尽释诸累囚七十余人。①

采木人将大木从高山深壑运到木厂，如果他们不行贿，上级官员就不予检录大木，不检录就意味着不能往京城起运，前期砍伐搬运之工等于未能完成。或由于采办大木耗时长久，采办官员在任上死亡，木料还未经检录，接任的官员往往又指摘前官冒领经费，向其家属追赔，引发冤案重重。腐朽没落的封建王朝已经无力亲自承担如此重的赋役，统治阶级又不愿意放弃其享乐生活，此矛盾为贵州的林业经济转型提供了政治基础。正如蒋德学先生《明清时期贵州贡木及商业化经营的演变》所言："明中后期由于皇木采伐频繁，不少经办采木的朝廷官员借机钻营，以少采多，将多采伐的木材运到江浙地区销售营利，甚至借经办皇木敲诈勒索百姓的事情也层出不穷。朝廷为了革除由地方官吏采办皇木

---

① ［清］朱世卫：《少师恒岳公事实》，源自［清］朱增等纂修：《［浙江绍兴］山阴白洋朱氏宗谱》卷七，清光绪二十一年木活字本。辑入上海图书馆编，陈建华、王鹤鸣主编，王铁整理：《中国家谱资料选编 4》之《传记卷 · 少师恒岳公事实》［M］. 上海：上海古籍出版社，2013 年，第 256 页。

带来的弊端，将地方采办改为招聘木材商人经办。另外一些地方土司向朝廷进贡的木材也可委托木材商人经办。”①

（二）商办采木推动贵州林业经济市场化

由于前期采木均由官方承办，贵州各府州县卫所纷纷被指派任务，地方政府、卫所官兵均被迫参与其中。贵州的采木经费主要仰仗外省协济，协济银常常不能到位或不能及时到位，再加上官员的层层盘削，导致承担采伐和运输任务的卫所官兵常常无银可领，逃离甚多。进入晚明时期后，为了顺利获取修建皇宫的木材，朝廷在采办大木的政策上做了重大调整，将采木由官办采木为主，调整为商办采木为主。万历三十五年（1607）七月，朝廷下令在四川、贵州、湖广采楠杉大木及枋板，数量上万，郧阳巡抚黄纪贤奏：

> 采木则必招商，……采木而不招商，即府库之金钱填壑，百姓之肝脑涂地，木不可得而采。何也？所责非所能也。②

由此说明，商办采木逐渐取代官办采木，成为晚明时期朝廷采办大木的主要形式。明代前期的采木主要由官兵承担，如正德十二年（1517）八月，因为采办大木有功，朝廷还因此下旨停免清平等卫所正德十一年（1516）、十二年（1517）两年间制造军器的额定任务。③

沉重的劳役、常被官僚侵吞贪占的经费、邻省协济银不能到位，凡此种种，导致采运大木的官兵饷银被拖欠、被克扣，使其无法生存，不断有官兵逃离。嘉靖七年（1528）七月，章圣慈仁皇太后以大礼告成

---

① 蒋德学：《明清时期贵州贡木及商业化经营的演变》，《贵州社会科学》，2010 年第 8 期，第 123 页。

② 李国祥、杨昶主编：《明实录类纂·四川史料卷》，武汉：武汉出版社，1993 年，第 1183 页。

③ 《明武宗实录》卷 152，正德十二年八月辛酉条。

之际，就曾以“云、贵、川、广连年用兵采木……军疲惫”[①] 为由，颁示恩赉，就连后宫的皇太后都知道因为采木役重，卫所官兵的战斗力被严重削弱。为了保存军事实力，保证地方安定，朝廷一方面鼓励土司献木，另一方面，允许商人承担采木任务。

明代贵州虽然经济不发达，但是很早就有少数民族专门从事货殖交换，普安州的白蛮“专事商贾”[②]。贵州开屯设卫后，越来越多的中州之民落实贵州，他们很多人皆热衷于从事贸易。如普定卫人“惟贸贸日趋于利”[③]；平坝卫“卫人皆吴楚谪戍，而土地荒僻，生涯疏薄，故颇趋于利”[④]；威清卫“居田野者以耕织为业，处城市者以商贩为业，务本逐末者相半”[⑤]；毕节卫“卫人勤于耕种贸易”[⑥]。

早期从事商业贸易的人，主要在民间交易中获取利益。真正进入朝廷林业产品的大宗采购，是成万历十二年（1584），朝廷“行守巡各道督同地方各官，召商访估，按数给买”[⑦]。万历十六年（1588），已有商人深入土司地区采办木材[⑧]，并因利益纠纷，与当地少数民族发生冲突，水西土舍安国亨还因此参四川抚臣“委商抢木”[⑨]。万历三十五年

① 《明世宗实录》卷90，嘉靖七年七月戊子条。

② ［明］沈庠修，［清］赵瓒纂，赵平略、邢洋洋、赵念、吴春燕点校：《弘治贵州图经新志》卷13《普安州》，成都：西南交通大学出版社，2018年，第197页。

③ ［明］沈庠修，［清］赵瓒纂，赵平略、邢洋洋、赵念、吴春燕点校：《弘治贵州图经新志》卷21《普定卫》，成都：西南交通大学出版社，2018年，第271页。

④ ［明］沈庠修，［清］赵瓒纂，赵平略、邢洋洋、赵念、吴春燕点校：《弘治贵州图经新志》卷20《平坝卫》，成都：西南交通大学出版社，2018年，第263页。

⑤ ［明］沈庠修，［清］赵瓒纂，赵平略、邢洋洋、赵念、吴春燕点校：《弘治贵州图经新志》卷19《威清卫》，成都：西南交通大学出版社，2018年，第256页。

⑥ ［明］沈庠修，［清］赵瓒纂，赵平略、邢洋洋、赵念、吴春燕点校：《弘治贵州图经新志》卷24《毕节卫》，成都：西南交通大学出版社，2018年，第299页。

⑦ ［明］江东之、王耒贤、沈思充修，［明］许一德、陈尚象、刘汝辑，周文化等纂，赵平略、吴家宽点校：《万历贵州通志》，成都：西南交通大学，2021年，第631页。

⑧ 《明神宗实录》卷200，万历十六年闰六月壬寅条。

⑨ 同上。

(1607)，采办大木按“招商采办”“雇募运夫”“给价起运”“验木给银”[①] 的程序进行，所有环节均由商业资本来完成，朝廷只负责出银购买。

除此之外，商人还可以从官方购买木材，转手卖给民间，获取差价。也有官方将木材折价送给木商抵运费等行为。万历四十六年(1618)，朱燮元在涪州木厂时，就“以其木之不中程者给商人，为道里费，由江淮以达京师，官无扰焉”[②]，将材质、规格等达不到朝廷修建宫殿标准的木料，折价抵押给木商，作为木商帮助朝廷将大木从江淮运抵京师的运输费。这些商人得到的“不中程”的木材，可以被自由地卖到民间市场，使得木材在官方市场和民间市场的交易同时扩大，为林业经济的发展注入活力。

根据北京林业大学梁明武的博士论文《明清时期木材商品经济研究》，官办采木促进了木材贸易的增长，“历史调查研究表明，湘黔边区的锦屏、天柱、靖州等地区在明代后期，已经有批量的杉木外销，并有大量中原汉族木商参与此项经营”[③]。实际上贵州的木材外销，应在明代中期就有了，嘉靖六年（1527)，朝廷要求湖广、四川、贵州三省，责令各土官，对“商民贩木出境，仍严禁土夷邀截”[④]。据钟华《明清时期江右商帮与贵州商业经济的发展》记载，明代时黔东南的镇远、施秉、旧州一带，商贾云集，江西、安徽、陕西等省的木材商都在

---

① ［清］郑珍、莫友芝编纂：《道光遵义府志》卷18《木政》，成都：四川出版集团巴蜀书社，2013年，第307—308页。

② ［清］朱世卫：《少师恒岳公事实》，源自［清］朱增等纂修：《［浙江绍兴］山阴白洋朱氏宗谱》卷七，清光绪二十一年木活字本。辑入上海图书馆编，陈建华、王鹤鸣主编，王铁整理：《中国家谱资料选编4》之《传记卷・少师恒岳公事实》［M］.上海：上海古籍出版社，2013年，第256页。

③ 梁明武：《明清时期木材商品经济研究》，北京林业大学博士论文，2008年，第71页。

④ 李国祥、杨昶主编：《明实录类纂・四川史料卷》，武汉：武汉出版社，1993年，第1112页。

这里设有商行，每年的木材交易额达白银三百万两之多[①]。由此可见，参与朝廷采办大木的商人，已经在与国家层面的木材贸易中，实力逐渐增强，具有将贵州木材外销的能力，促进了贵州林业经济的发展。

需要说明的是，商办采木中，有一部分商人本身也是夷人，如万历二十八年（1600）工科都给事中王德完的奏疏中就有“客商无多，则以土商代领”[②]的记载。虽然都是夷人，夷商并非接下来即将论述的“夷办采木”的夷，因为夷商的首要身份是商人，与朝廷进行的是平等的商业交易，而“夷办采木”的主体则主要是土司和土官，为朝廷献大木是出于政治上的隶属关系和身份上的依附关系。

（三）夷办采木促进贵州林业经济多元化

明代贵州产品的大力开发、林业经济的快速发展，很大程度得益于国家采购。民间或有木材交易，但未形成规模，无法对贵州的林业经济产生过多影响。而朝廷采办大木的规模大、数量多，推动贵州的林业开发，逐渐往产业经济方向发展。以土司为代表的民族资本进入林业经济，其直接表现形式就是将土司献木制度化。在土司献木制度化以前的采木之役中，已将“拽运夫役，派各卫所土司协助”[③]，土司已经承担着采伐大木的部分劳役。

土司献木在四川出现得更早。“正德八年（1513），酉阳宣抚冉元，为免除其子冉维翰袭职赴京，献大木二十根；十二年，冉元为获增加服色，再献大木二十根。”原文中为“二十年”，由于正德朝总共只有十

---

① 钟华：《明清时期江右商帮与贵州商业经济的发展》，《贵州文史丛刊》，2009年第4期，第72页。

② 陈子龙等选辑：《明经世文编》卷444《王都谏奏疏（王德完）》，上海：上海书店出版社，2019年，第5062页。

③ ［明］江东之、王耒贤、沈思充修，［明］许一德、陈尚象、刘汝辑，周文化等纂，赵平略、吴家宽点校：《万历贵州通志》，成都：西南交通大学，2021年，第631页。

六年，因此，本文改为“十二年”。[1] 贵州最早的土司献大木，是在嘉靖五年（1526）十月，土官汪誉主动献大木，嘉靖皇帝因此赐其服色诰命。[2] 冉元和汪誉献木完全属于自愿，不是政策性献木，得到的仅是免朝贡、增服色。

嘉靖六年（1527）六月，采木侍郎黄衷上奏买运大木事宜，就向户部建议：“谕宣慰、宣抚司土官得大木者，先给半直（值），若有祈袭替服色、进阶诰命等类奏请，颁给。”[3] 黄衷就是希望朝廷将对献木的夷人，在袭替、增加服色等方面予以优惠政策，并以制度的形式确定下来，然而朝廷不置可否。

嘉靖三十六年（1557）皇宫内的奉天、华盖、谨身三殿同时因灾被毁，朝廷重建三殿，所需木料多，经费多，国家财政困难，筹措无力。时任采木工部右侍郎的刘伯跃建议，可以颁布政策激励土司出钱出力采办大木：

> 一申明旧例，访先年都御史潘鉴因庙建，题请土官献木恩典以购大木。
>
> 一容广献纳，土夷罪可矜疑者，量其轻重，定拟纳赎合式木植及应免罪，复袭替之人。
>
> 并将前项献赎恩例，通行两广、四川、云南、贵州，凡有封官之处。[4]

朝廷允许土司土官通过献大木以获得免罪、复职、袭替等恩典。这一制度化的激励政策，起到了一定的作用。贵州土舍安国亨就希望通过献大木获得复职的机会。虽然安国亨献大木之事一波三折，犹如古代版的罗生门，但终究还算平稳解决。

---

① ［清］张廷玉等撰：《明史》卷312《四川土司二》，北京：中华书局，1974年，第8058页。

② 《明世宗实录》卷69，嘉靖五年十月庚午条。

③ 李国祥、杨昶主编：《明实录类纂·四川史料卷》，武汉：武汉出版社，1993年，第1112页。

④ 《明世宗实录》卷450，嘉靖三十六年八月癸丑条。

安国亨于嘉靖四十一年（1562）袭叔安万铨之职，任贵州宣慰使，万历五年（1577）被革秩免任。万历十三年（1585），安国亨请贵州巡抚舒应龙代为呈请，他愿向朝廷献大木，希望朝廷恩允，恢复他的贵州宣慰使之职。[①] 万历十四年（1586）九月，安国亨报告，已向朝廷献大木，请朝廷诰封加衔并赐给服色，万历皇帝命工部，按照常例，先给赏赉[②]。十月，工部赏赐安国亨大红紵丝飞鱼衣一袭，银二十两[③]。万历十五年（1587）九月，工部查验核对到京木料时，发现无安国亨所献大木，工部遂夺安国亨飞鱼服[④]。安国亨申辩，此前已交付商人托运，出涪州境后，被奸商魏良海等人盗卖[⑤]。万历十六年（1588）七月，迫于朝廷的压力，也为表明自己未欺骗朝廷，安国亨承诺补贡大木[⑥]。万历十八年（1590）十二月，安国亨补贡大木运送到京，万历皇帝下令工部，将先前被追夺的飞鱼服和银两，重新赏赐给安国亨[⑦]。这是贵州唯一有记载的土司向朝廷献大木之事。

虽然国家积极刺激、鼓励以土司为代表的少数民族资本，投入以国家采购为支柱的贵州林业经济开发，然而效果并不明显，除安国亨外，贵州没有其他土司愿意参与朝廷采办大木的事宜。四川情况略好一点，献木政策出来后，播州宣慰使杨应龙在万历十四年（1586）献质优材美的大木七十根，获朝廷赐飞鱼服。[⑧] 酉阳宣抚冉维屏在万历十七年（1589）献大木二十根，工部为其加三品服[⑨]。万历二十四年（1596）杨应龙之子杨朝栋献大木二十根，万历二十五年（1597）永顺彭翼献

① 《明神宗实录》卷202，万历十六年八月甲辰条。

② 《明神宗实录》卷178，万历十四年九月庚戌条。

③ 《明神宗实录》卷179，万历十四年十月乙卯条。

④ 《明神宗实录》卷190，万历十五年九月乙巳条。

⑤ 《明神宗实录》卷202，万历十六年八月甲辰条。

⑥ 《明神宗实录》卷201，万历十六年七月乙卯条。

⑦ 《明神宗实录》卷230，万历十八年十二月壬辰条。

⑧ ［清］张廷玉等撰：《明史》卷312《四川土司二》，北京：中华书局，1974年，第8045页。

⑨ ［清］张廷玉等撰：《明史》卷312《四川土司二》，北京：中华书局，1974年，第8058页。

大木七十七根。[①]

木材单价，官方所报差距甚大。单价在千两以上的，主要是朝廷所报；单价在百两的，主要是贵州布政司报价。单价耗银千两，既有来自工部的数据，也有来自刑部的数据。万历二年（1574）九月工部向皇帝报告："神木厂收贮楠杉大木，出自湖广川贵，每根价银数千"[②]。万历二十五年（1597）刑部右侍郎吕坤奏疏中言及木价："每木一根，官价虽云千两，比来都下，民费不止万金"[③]。单价百两的两个数据，均来自贵州巡抚舒应龙和巡按毛在的联名奏疏《大木疏》：嘉靖三十六年（1557），坐派贵州采运大木 4709 根块，各项费用所需白银 724 661. 756 两，每根块木材单价 154 两。万历十二年（1584），坐派贵州采木 1132 根块，申请经费 12—15 万[④]，每根块木材单价在 106—133 两。万历三十六年（1608），坐派贵州采木 12 298 根块，所需木价银 1 077 271. 476 两，运费 20 220 两，共需经费 1 097 491. 476 两[⑤]，每根块的单价 89 两。

按上面所报的木材单价，贵州土舍安国亨献大木二十根，价值在白银 1780—3080 两之间。安国亨希望通过献木，达到恢复贵州宣慰使之职的愿望落空，最终却仅得了朝廷赏赐的飞鱼服一件和白银二十两。献木过程中又因所献大木未到京城而产生纠纷，若真如他所言，是被承办运输大木的奸商魏良海所盗卖，则等于安国亨两次共献大木四十根，价值在白银 3560—6160 两之间，却仅得飞鱼服一件和白银二十两，对安

---

① 林芊：《明代贵州及清水江流域的"皇木采办"与木材贸易》，《贵州大学学报（社会科学版）》，第 4 期，2016 年，第 69 页。

② 《明神宗实录》卷 29，万历二年九月壬午条。

③ 陈子龙等选辑：《明经世文编》卷 415《吕新吾先生文集（吕坤）》，上海：上海书店出版社，2019 年，第 4687 页。

④ ［明］江东之、王耒贤、沈思充修，［明］许一德、陈尚象、刘汝辑，周文化等纂，赵平略、吴家宽点校：《万历贵州通志》，成都：西南交通大学，2021 年，第 630—631 页。

⑤ 《明神宗实录》卷 443，万历三十六年二月乙丑条。

国亨来说，肯定是亏本的。土司在采木过程中，投入的是大把白花花的银子，甚至牺牲土民的性命，得到的仅是徒有虚名的品服与服色，而非等价或趋于等价的物质利益或精神利益。采办大木成本与献大木所得回报不成正比，严重地影响了贡商经济模式下，土司将资本投入林业生产的积极性。

万历三十七年（1609），四月工部侍郎王汝训因川、湖、贵采木难支，再次奏请朝廷，重申献木激励政策：

> 但有土司进献巨木，即为加恩，或细过争讼、承袭、无阶，准行豁免。土舍目把亦给冠带，以示招徕。①

晚明时期，虽然朝廷反复重申夷办采木激励政策，但是，由于土司与朝廷的交易存在明显的利益上的不对等，因此未能激发土司参与采办木材的热情，导致土司在林业经济活动中未能深入、发展、壮大。由此可见，夷办采木在推动贵州林业经济向产业化、多元化方向发展中，起到了积极作用。

（四）人工林为贵州林业经济的繁荣发展提供保证

贵州大木主要产于“夷巢猥窟，巉岩复涧之区，仰若登天，俯如堕井，寻采则扳跻险恶，拽运则履蹈艰难”②。由于经济木材的生长周期长，贵州的天然林一直被采伐，经济木材特别是距离陆路和水路近的大木，早被砍伐殆尽。嘉靖四年（1525）工部召集廷臣会议时云：“今世庙大工方兴，四川、湖广、贵州山林空竭，海内灾伤，材木料价采征甚难。”③ 而大殿的立柱等所需的巨木，更难找到，必须深入僻远深山，

---

① 李国祥、杨昶主编：《明实录类纂 · 四川史料卷》，武汉：武汉出版社，1993年，第1184页。

② 陈子龙等选辑：《明经世文编》卷444《王都谏奏疏（王德完）》，上海：上海书店出版社，2019年，第5062页。

③ 李国祥、杨昶主编：《明实录类纂 · 四川史料卷》，武汉：武汉出版社，1993年，第1111页。

这导致“触瘴死者积尸遍野”。

> 嘉靖四年八月，工部会廷臣议：营建仁寿宫工役重大，今世庙大工方兴，四川、湖广、贵州山林空竭，海内灾伤，材木料价采征甚难，请发内帑及借户部钞关，兵部马价，工部料价各银两，查取两京各库颜料，各抽分厂木植及司府无碍官银；又开纳事例以佐其费。俟世庙工完，推简有才力大臣为之总理，仍选部属三人分行四川、湖广、贵州募求大木。①

嘉靖四年（1525）就已经出现贵州天然林木材资源逐渐枯竭，而朝廷的采伐任务不减反增，取材完全依赖天然林，导致木材资源严重不足。到晚明时，持续采木百余年的贵州，想要采到大木，只能到更偏远、更陡险的地方寻求，导致木材采伐成本更高、难度更大。在此情况下，人工林应运而生。

万历三十七年（1609）四月，工部侍郎王汝训甚至建议“木植围不足者可以帮凑”②，以此解决巨木难寻的困境。但是大量的杉柏木枋，仅靠天然林是不够的。有需求就会有市场，有市场就会有办法，人工林应运而生。

根据北京林业大学梁明武的博士论文《明清时期木材商品经济研究》中所论述，明代中期贵州就已经开始出现人工林：

> 明朝中期，面对日渐稀落的青山，锦屏的苗侗百姓开始探索用栽杉造林来补救。历史调查研究表明，湘黔边区的锦屏、天柱、靖州等地区在明代后期，已经有批量的杉木外销，并有大量中原汉族木商参与此项经营。③

---

① 李国祥、杨昶主编：《明实录类纂·四川史料卷》，武汉：武汉出版社，1993 年，第 1111—1112 页。

② 同上，第 1184 页。

③ 梁明武：《明清时期木材商品经济研究》，北京林业大学博士论文，2008 年，第 71 页。

除了本地百姓参与种植人工林外，还有外省的商人，到贵州购买山场进行经营，既可种植，又能外销，朝廷在万历三十七年（1609）就曾敕谕地方，对“楚商所买山场，楚木过重庆、涪、万等处，不得拦阻”①。

人工种林，为过度砍伐的天然林提供资源补偿，为被破坏的自然环境提供修复，为贵州林业经济的增长提供保障。

四、本章小结

为满足皇室需求，经过上百年杀鸡取卵式的采伐攫取，到晚明时，贵州林业经济呈现木材资源逐渐枯竭、自然环境严重破坏的特点。然而，贵州林业经济开发实现了从官办采木的单一模式到官办采木、夷办采木、商办采木的多元合作模式的转变；林业产品从以国家采购为主的单一出口路径，向国家采购与民间采购双轨并行、平分秋色的出口路径转变；市场供给发生了从天然林→天然林与人工林双线供给→人工林为主的转变。这些转变将贵州林业经济从资源枯竭的困境中拯救出来，为清代贵州成为全国重要的木材供给地打下基础。

---

① 李国祥、杨昶主编：《明实录类纂 · 四川史料卷》，武汉：武汉出版社，1993 年，第 1184 页。

后　记

经济决定着国家的性质和政权的组织形式，产业决定着经济的结构和社会框架。正如乔恩·皮埃尔所言："有一些重要的国内经济因素塑造了国家的角色，这些因素中较为重要的一项就是国内经济结构与产业组织形态。"① 产业经济在国家的政治、经济中起着决定性作用。21世纪全球面临着人类有史以来最深刻的技术革命，当大数据、人工智能、智联网这些热词频频出现之时，新兴产业将往什么方向发展？传统产业需要坚守还是转型？传统产业如何与新兴产业接轨？一系列的问题，引发越来越多的政治学家、经济学家、科学家的高度关注并深入思考。贵州作为一个西部内陆小省，在这次全球化的技术浪潮中，如何抓住机遇，制定最适合自己的发展方向和发展模式，成为每一个贵州人关注的焦点。

作为一个历史学专业的博士研究生，见今溯古，忆古思今，皆是专业本能。在6年的博士学习阶段，笔者关注到了明代贵州产业经济发展历程，特别是在晚明时期，社会环境复杂，各产业呈现出不同的发展走

---

① ［瑞士］乔恩·皮埃尔、［美］B. 盖伊·彼得斯著，唐贤兴、马婷译：《治理、政治与国家》，上海：格致出版社，上海人民出版社，2019年，第164页。

向：农业在快速衰落后逐渐恢复；矿业始终呈低势态走向；畜牧业由盛及衰，一蹶不振；林业转型后愈加繁荣。产业发展纷呈各异，均与国家制度、经济政策、社会需求密不可分。本文通过对朝贡制度的研究发现，晚明时期朝廷与土司贡商的交换关系出现明显变化，明初时朝廷赏赐价值略高于土司朝贡价值，到晚明时赏赐价值明显低于朝贡价值，导致朝贡制度弱化，贡商交易次数和额度明显降低。通过对货币政策的研究发现，明初以国家信用为基础大量发行纸钞，由于纸钞的数量与国家财富不对等，导致纸钞最终被弃用。在此过程中，朝廷一度高压维持、苦苦支撑，然而始终无法违背经济规律。当白银货币体系逐渐建立后，朝廷一方面承认称量白银为合法货币，并允许其在全社会流通使用；另一方面，却在与地方少数民族的朝贡关系中，仍将被市场弃用的洪武宝钞作为土司朝贡时的赏赐品，对地方少数民族来说，这是赤裸裸的财富掠夺，破坏了地方产业经济的发展。加上晚明时期贵州战争频仍，人口锐减，经济一度趋于崩溃。然而，林业经济却在省内外木材市场的旺盛需求、国家允许商业资本进入林业开采和经营的过程中，依靠生产和销售的转型而异军突起，进入清朝后，达到空前繁荣的境地。

明代产业经济发展过程中呈现出来的这些特征，让笔者对此领域产生了浓厚兴趣。通过大量阅读相关文献，对影响晚明时期贵州产业经济的差异性发展的因素进行探寻，经过对比、分析、总结，最终形成此书。

本书得以出版，首先要感谢我的恩师张明富先生多年的教育指导，师母张颖超女士的提点指正，西南大学历史文化学院老师们的授业解惑，以及一路走来相互扶持的各位同学，还要感谢一直支持和陪伴我的亲人、朋友。最要感谢的，是我劳苦一生，却一直给予我生活勇气和智慧的父母黄普亭先生和江廷芝女士。

2022 年 8 月 27 日于渔龙半湾

文献征引

说明：

1. 本书参考文献由基础史料、地方志、学术专著、学术论文四部组成。

2. 基础史料，先按朝代先后为顺序，同一朝代同以作者姓名的拼音字母为序，若已点校，点校者列著作者之后。

3. 地方志的排列顺序以著作者生存的朝代为序，同一朝代以作者姓名的拼音字母为序。

一、基础史料

[春秋] 管仲，李山译注：《管子》，北京：中华书局，2009 年。

[汉] 司马迁：《史记》，中州古籍出版社，1994 年。

[宋] 司马光编撰，胡三省音注：《资治通鉴》，北京：中华书局，2011 年。

[明] 包汝楫著：《南中纪闻》，北京：中华书局，1985 年。

[明] 陈洪谟撰：《治世余闻》，中华书局，1985 年。

[明] 陈洪谟撰：《继世纪闻》，中华书局，1985 年。

［明］陈子龙撰，孙启治校点：《安雅堂稿》，辽宁教育出版社，2003 年。

［明］陈子龙等选辑，虞万里等主编：《明经世文编》，上海：上海书店出版社，2019 年。

［明］何良俊撰：《四友斋丛说》，北京：中华书局，1959 年。

［明］黄宗羲著，段志强译注：《明夷待访录》，北京：中华书局，2011 年。

［明］刘锡玄：《黔牍偶存》，明刊本。

［明］刘宗周：《刘蕺山集》，清文渊阁四库全书本。

［明］邱濬撰，林冠群、周济夫校点：《大学衍义补》，北京：京华出版社，1999 年。

［明］王圻撰：《续文献通考》，北京：商务印书馆，1937 年。

［明］沈德符撰：《万历野获编》，北京：中华书局，1959 年。

［明］沈瓒撰：《近事残丛》，广业书社，1928 年。

［明］谢肇淛撰：《五杂俎》，收入《历代笔记丛刊》，上海：上海书店出版社，2009 年。

［明］徐霞客著：《徐霞客游记》，线装书局，2017 年。

［明］张岱著，乐保群校点：《石匮书》，北京：故宫出版社。

［明］张瀚撰：《松窗梦语》，辑入《元明史料笔记丛刊》，中华书局，1985。

［明］朱燮元撰：《少师朱襄毅公督黔疏草》，清康熙五十九年朱人龙刻本。

［明］朱燮元撰：《朱少师奏疏钞》，中国科学院图书馆藏，清雍正十一年朱源星刻本。

《明太祖宝训》，台北校印本，1966 年。

《明世宗实录》，台北校印本，1966 年。

《明神宗实录》，台北校印本，1966 年。

《明光宗实录》，台北校印本，1962 年。

《明熹宗实录》，台北校印本，1962 年。

《明熹宗实录》，据国立北平图书馆红格钞本微卷影印本。

《崇祯长编》，中国历史研究资料丛书，神州国光社，1951 年。

贵州省民族研究所编：《〈明实录〉贵州资料辑录》，贵阳：贵州人民出版社，1983 年。

李国祥、杨昶主编：《明实录类纂（四川史料卷）》，武汉：武汉出版社，1993 年。

李国祥、杨昶主编：《明实录类纂（文教科技卷）》，武汉：武汉出版社，1992 年。

［清］谷应泰撰：《明史纪事本末》，北京：中华书局，2015 年。

［清］顾炎武撰，黄珅等校点：《天下郡国利病书》，收入《顾炎武全集》，上海：上海古籍出版社，2012 年。

［清］高宗敕选：《明臣奏议》，收入王云五主编：《丛书集成》，商务印书馆发行。

［清］计六奇撰：《明季南略》，任道斌等点校，北京：中华书局，1984 年。

［清］毛奇龄撰：《蛮司合志（十五卷）》，收入《西河合集》，清康熙间刻本。

［清］温睿临：《南疆逸史》，北京：中华书局，1959 年。

［清］余庆远：《维西见闻纪》，民国商务印书馆排印本。

［清］张廷玉：《明史》，北京：中华书局，1974 年。

［清］赵翼著，王树民校证：《廿二史札记校证》，北京：中华书局。

［清］昭梿撰，何英芳点校：《啸亭杂录》，收入《清代史料笔记丛刊》，北京：中华书局，1990 年。

［清］朱奇龄：《续文献通考补》，清抄本。

［清］朱增等纂修：《［浙江绍兴］山阴白洋朱氏宗谱》，清光绪二十一年木活字本。

毕节地区彝文翻译组译：《西南彝志》，贵阳：贵州民族出版社，1994 年。

陈建华主编：《中国家谱资料选编》，上海：上海古籍出版社，2013 年。

林金树：《中国明代经济史》，北京：人民出版社，1994 年。

二、地方志

［明］郭子章著，赵平略点校：《黔记》，成都：西南交通大学出版社，2016 年。

［明］江东之等修，赵平略等点校：《万历贵州通志》，西南交通大学出版社，2021 年。

［明］沈庠修，赵平略等点校：《弘治贵州图经新志》，成都：西南交通大学出版社，2018 年。

［清］爱必达、张凤孙修撰：《乾隆黔南识略》，道光二十七年罗氏刻本。

［清］陈熙晋纂修：《道光仁怀直隶厅志》，道光二十一年刻本。

［清］董朱英修，路元升等纂：《乾隆毕节县志》，乾隆二十三年刻本，一九六五年贵州省图书馆据北京故宫博物院藏刻本传钞本复制油印本。

［清］鄂尔泰等修，［清］靖道谟、［清］杜诠纂：《乾隆贵州通志》，乾隆六年刻，嘉靖修补本。

［清］黄宅中修，邹汉勋纂：《道光大定府志》，道光二十九年刻本。

［清］李宗昉撰：《嘉庆黔记》，道光十四年刻本，《民国黔南丛

书》，重排铅印本。

［清］罗绕典辑：《黔南职方纪略》，清道光二十七年刊本影印。

［清］平翰等修，郑珍、莫友芝纂：《道光遵义府志》，道光二十一年刻本。

［清］卫既齐修：《康熙贵州通志》，清康熙三十六年刻本。辑入《中国地方志集成》，凤凰出版社，上海书店，巴蜀书社，2010 年。

［清］田雯撰：《黔书》，嘉庆十三年刻本，民国重排铅印本。

［清］王正玺等修，周范纂：《同治毕节县志稿》，同治十三年稿本，未刊，一九六五年贵州省图书馆据南京大学图书馆藏钞本复制。

［明］谢东山修，［明］张道纂，赵平略等点校：《嘉靖贵州通志》，成都：西南交通大学出版社，2018 年。

［清］佚名撰：《宣统贵州地理志》，宣统二年油印本，一九六六年贵州省图书馆复制油印本。

［清］犹法贤撰：《嘉庆黔史》，嘉庆二年成书，未刊，民国年间贵阳文通书局据光绪十五年贵阳熊氏刻本翻排铅印本。

［清］禹坡纂辑：《嘉庆仁怀县草志》，嘉庆二十一年钞本。

［清］周作楫修，萧琯等纂：《道光贵阳府志》，咸丰二年朱德璲授堂刻本。

［民国］刘显世等修，任可澄等纂：《民国贵州通志》，民国三十七年贵阳书局铅印本。

［民国］周西成等修，犹海龙等撰：《桐梓县志》，据民国十八年铅印本影印。

［清］张澍著：《续黔书》，据清朝间刊本影印。

三、学术专著

张明富：《明清商人文化研究》，重庆：西南师范大学出版社，

1998 年。

张明富：《明清商人与社会》，北京：人民出版社，2022 年。

成臻铭：《土司制度与西南边疆治理研究》，北京：社会科学文献出版社，2016 年。

成臻铭：《土司家族的世代传承：永顺彭氏土司谱系研究》，北京：民族出版社，2014 年。

戴　逸：《戴逸自选集》，北京：学习出版社，2007 年。

董建中：《中国与十七世纪危机》，北京：商务印书馆，2013 年。

方国瑜：《中国西南历史地理考释》，北京：中华书局，1987 年。

傅衣凌：《明清社会经济史论文集》，北京：商务印书馆，2010 年。

傅衣凌：《明清时代商人及商业资本》，北京：人民出版社，1956 年。

葛剑雄：《中国人口发展史》，成都：四川人民出版社，2020 年。

葛剑雄：《疆域与人口》，上海：复旦大学出版社，2021 年。

龚　荫：《中国土司制度史》，成都：四川人民出版社，2012 年。

何仁仲总编：《贵州通史》，北京：当代中国出版社，2002 年。

柯美成：《理财通鉴》，北京：中国财政经济出版社，2007 年。

孔令中：《贵州教育史》，贵阳：贵州教育出版社，2004 年。

李伯重：《火枪与账簿——早期经济全球化时代的中国与东亚世界》，北京：生活·读书·新知三联书店，2017 年。

李良品：《土司时期西南土兵制度与军事战争研究》，重庆：重庆出版社，2013 年。

梁方仲：《中国历代户口、田地、田赋统计》，上海：上海人民出版社，1980 年。

林　芊：《明清时期贵州民族地区社会历史发展研究——以清水江为中心、历史地理的视角》，北京：知识产权出版社，2012 年。

刘一鸣主编：《赤水河流域历史文化研究论文集（一）》，成都：四川大学出版社，2018 年。

刘志伟：《贡赋体制与市场》，北京：中华书局，2019 年。

陇贤君：《中国彝族通史纲要》，昆明：云南民族出版社，1993 年。

鲁西奇：《中国历史的空间结构》，桂林：广西师范大学出版社，2014 年。

孟　森：《明史讲义》，北京：民主与建设出版社，2015 年。

秦佩珩：《明代经济史述论丛初稿》，郑州：河南人民出版社，1959 年。

秦佩珩：《明清社会经济史论稿》，郑州：中州古籍出版社，1984 年。

钱穆著：《中国历代政治得失》，北京：九州出版社，2012 年。

史继忠、三白著：《历代治黔方略（民族·宗教卷）》，贵阳：贵州教育出版社，2013 年。

台湾三军大学著：《中国历代战争史》，中信出版社，2013 年。

谭其骧主编：《中国历史地图集》，北京：中国地图出版社，1982 年。

田玉隆等著：《贵州土司史》，贵阳：贵州人民出版社，1993 年。

王明珂著：《华夏边缘——历史记忆与族群认同》，北京：社会科学文献出版社，2006 年。

王文光等著：《中国西南民族通史》，昆明：云南大学出版社，2015 年。

王毓铨：《中国经济通史》，北京：经济日报出版社，2000 年。

王毓铨：《明代的军屯》，北京：中华书局，2009 年。

翁独健主编：《中国民族关系史纲要》，北京：中国社会科学出版社，2001 年。

温春来：《从“异域”到“旧疆”：宋至清贵州西北部地区的制度、开发与认同》，北京：社会科学文献出版社，2019 年。

温春来：《身份、国家与记忆》，北京：北京师范大学出版社，2018 年。

颜丙震：《明代涉黔奏议辑论》，北京：九州出版社，2018 年。

赵平略：《明朝西南驿递制度研究》，北京：人民出版社，2021 年。

赵轶峰：《明清帝制农商社会研究》，北京：科学出版社，2017 年。

赵轶峰：《明代国家宗教管理制度与政策研究》，北京：中国社会科学出版社，2005 年。

庄起善：《世界经济新论》，上海：复旦大学出版社，2001 年。

［丹麦］亨里克 · P. 邦：《治理——社会与政治交流》，上海：上海财经大学出版社，2021 年。

［德］贡德 · 弗兰克著，刘北成译：《白银资本——重视经济全球化中的东方》，北京：中央编译出版社，2017 年。

［法］佩雷菲特著，王国卿等译：《停滞的帝国：两个世界的撞击》，北京：生活 · 读书 · 新知三联书店，1993 年。

［法］让 · 雅克 · 卢梭著，罗玉平、李丽编译：《社会契约论》，北京：人民日报出版社，2007 年。

［加］卜正民著：《纵乐的诱惑：明代的商业与文化》，北京：生活 · 读书 · 新知三联书店，2004 年。

［美］傅佛果著，陶德民等译：《内藤湖南：政治与汉学（1866—1934）》，南京：江苏人民出版社，2016 年。

［美］何炳棣著，葛剑雄译：《明初以降人口及相关问题（1368—1953）》，北京：中华书局，2017 年。

［美］黄仁宇：《十六世纪明代中国之财政与税收》，北京：生活 · 读书 · 新知三联书店，2015 年。

［美］黄仁宇著，张皓、张升译：《明代的漕运》，厦门：海峡出版发行集团鹭江出版社，2015 年。

［美］李中清著，林文勋、秦树才译：《中国西南边疆的社会经济

(1250—1850)，北京：人民出版社。2012 年。

［美］罗兹·墨菲著，黄磷译：《亚洲史》，北京：商务印书馆，2005 年。

［美］塞缪尔·亨廷顿：《文明的冲突》，北京：新华出版社，2013 年。

［美］施坚雅著，史建云、徐秀丽译：《中国农村的市场和社会结构》，北京：中国社会科学出版社，1998 年。

［美］史景迁著，温洽溢译：《追寻现代中国》，成都：四川人民出版社，2019 年。

［日］森正夫著，伍跃等译：《明代江南土地制度研究》，南京：江苏人民出版社，2014 年。

［日］上田信著，高莹莹译：《海与帝国（明清时代）》，桂林：广西师范大学，2014 年。

［瑞士］乔恩·皮埃尔、［美］B. 盖伊·彼得斯著，唐贤兴、马婷译：《治理、政治与国家》；上海：格致出版社，上海人民出版社，2019 年。

［英］安格斯·麦迦森著，伍晓鹰等译：《中国经济的长期表现公元 960—2030 年》，上海：上海人民出版社，2016 年。

四、学术论文

李　洵：《明清时期资本主义萌芽发展的阶段性及其特征》，《东北师大学报》，1981 年第 6 期。

李　洵：《从王祯〈农书〉到徐光启〈农政全书〉所表现的明代农业生产力水平》，明代经济史学术讨论会论文，1983 年。

李　洵：《四十天与一百年——论明清两朝交替的历史对中国社会发展的影响》，东北师范大学历史系明清史研究室，1984 年。

李　洵：《试论明代的流民问题》，油印品。

张明富：《明清商人的商业行为与商品经济的矛盾性》，《西南师范大学学报（人文社会科学版）》，2003 年第 6 期。

张明富：《清前期的商业政策与多民族国家的统一和巩固》，《古代文明》，2016 年第 4 期。

张明富：《杨一清与明代西北马政》，《史学集刊》，1997 年第 2 期。

张明富：《福康安整顿广西中越边贸述论》，《西南师范大学学报（人文社会科学版）》，2004 年第 6 期。

张明富：《清前期商人与多民族国家的统一和巩固》，《西南师范大学学报（人文社会科学版）》，2002 年第 1 期。

张明富：《明清商人的经营方式及特点》，《松辽学刊（社会科学版）》，1998 年第 1 期。

白玉萍、孟万忠：《明代大同镇屯田发展研究》，《农业考古》，2020 年第 6 期。

曹端波：《国家、族群与民族走廊——“古苗疆走廊”的形成及其影响》，《贵州大学学报（社会科学版）》，2012 年第 5 期。

曹端波：《国家、市场与西南：明清时期的西南政策与“西苗疆走廊”市场体系》，《贵州大学学报（社会科学版）》，2013 年第 1 期。

曹务坤：《明清时期贵州民田制度研究》，博士学位论文，云南大学，2016 年。

曹务坤：《明清时期贵州的民田制度变迁轨迹及其启示》，《贵族民族研究》，2016 年第 5 期。

陈宝良：《明代妇女的社会经济活动及其转向》，《中州学刊》，2011 年第 1 期。

陈国生：《试论明代贵州布政使司的农业区域》，《贵州社会科学》，1997 年第 4 期。

陈　静：《明清时期安顺地区农业的发展与变迁》，贵州师范大学硕士学位论文，2016 年。

陈振国：《对清代前期马政兴盛原因的考察》，《信阳师范学院学报》，2013 年第 2 期。

程安云：《贵州喀斯特石漠化历史演变过程研究及其现代启示意义》，中国科学院地球化学研究所博士学位论文，2009 年。

程昭星：《贵州民族地区的矿业发展》，《贵州文史丛刊》，1988 年第 1 期。

董学林：《清前期云贵卫所变革研究》，硕士学位论文，云南大学，2016 年。

都　杰：《宋至清代（1840 年以前）滇黔桂交通研究》，硕士学位论文，云南大学，2010 年。

范同寿：《试论明清之际的贵州经济发展》，第十届明史国际学术讨论会论文集，2008 年。

方　铁：《土司制度与元明清三朝治夷》，《贵州民族研究》，2014 年第 10 期。

古永继：《明代滇黔外来移民特点及影响探究》，《云南民族大学学报（哲学社会科学版）》，2009 年第 3 期。

郭从阳：《明成化开湖广金场述论》，《珞珈史苑》，2002 年。

郝　彧：《明清时期黔西北彝族与中央王朝的关系研究》，博士学位论文，西南民族大学，2013 年。

何术林：《明清时期乌江流域水旱灾害的初步研究》，硕士学位论文，西南大学，2013 年。

贺天博：《贵州地区生态变迁的民族学考察》，硕士学位论文，吉首大学，2012 年。

花　琦、刘庆艳、王蕊、许南海：《清代贵州六盘水境内矿业兴衰原因》，《六盘水师范学院学报》，2013 年第 6 期。

黄　露：《朱燮元和明末西南治理》，硕士学位论文，西南大学，

2015 年。

蒋德学：《明清时期贵州贡木及商业化经营的演变》，《贵州社会科学》，2010 年第 8 期。

蒋家秋：《明清贵州中小城镇经济研究》，硕士学位论文，云南大学，2016 年。

李　斌：《明清以降清水江流域的宗族与苗疆社会研究》，博士学位论文，厦门大学，2014 年。

李锦伟：《明清时期贵州酒业的发展》，《农业考古》，2014 年第 3 期。

李锦伟：《丹砂与明清贵州的历史进程》，《贵州民族研究》，2016 年第 2 期。

李懋君：《改土归流对贵州民族关系的影响》，《黑龙江民族丛刊》，2012 年第 4 期。

李艳芝：《明朝户籍制度研究》，硕士学位论文，山东大学，2009 年。

李宗倩：《黔中屯堡土地的交换关系与社会网络》，硕士学位论文，贵州大学，2015 年。

梁　飞：《明清时期部分地区道地药材的方志文献研究》，硕士学位论文，山东中医药大学，2010 年。

梁骄阳：《西南屯堡科田买卖契约的法律史分析》，《法学论丛》，2012 年第 7 期。

梁明武：《明清时期木材商品经济研究》，博士论文，北京林业大学，2008 年。

廖小波、李禹阶：《关于明代西南土家族国家认同的再认知》，《重庆师范大学学报（哲学社会科学版）》，2014 年第 4 期。

林金树：《关于明代江南官田的几个问题》，《中国经济史研究》，1988 年第 1 期。

林　芊：《明代贵州及清水江流域的“皇木采办”与木材贸易》，《贵州大学学报（社会科学版）》，2016 年第 4 期。

刘敬和：《明清时期黔东北地区农业发展初探》，硕士学位论文，贵州师范大学，2017 年。

刘秀兰：《论明末川黔少数民族土司奢安之乱》，《西南民族学院学报（哲学社会科学版）》，1998 年增刊第 5 期。

刘　宇：《明清时期乌江流域商品流通与社会变迁》，硕士学位论文，武汉大学，2009 年。

栾成斌：《贵州改土归流源流考》，硕士学位论文，贵州大学，2010 年。

栾成斌：《明清西南民族政策比较研究——以贵州改土归流为中心》，《长江师范学院学报》，2013 年第 3 期。

罗丽娟：《明清时期黔桂边区的形成演变及其治理研究》，硕士学位论文，广西民族大学，2014 年。

罗时法：《清代前、中期贵州矿业略考》，《贵州社会科学》，1986 年第 4 期。

罗运胜：《明清时期沅水流域经济开发与社会变迁》，博士学位论文，武汉大学，2010 年。

马楚婕：《从朱燮元奏稿看奢安土司之乱与平定》，《遵义师范学院学报》，2019 年第 3 期。

马国君、李红香：《明代贵州土司区茶业经营及其影响研究》，《广西民族大学学报（哲学社会科学版）》，2016 年第 5 期。

马　琦：《明清贵州文化变迁及区域文化研究》，硕士学位论文，云南大学，2007 年。

马　强：《略论赤水河流域的历史地理地位及其意义》，载于刘一鸣主编：《赤水河流域历史文化研究论文集（一）》，成都：四川大学出版社，2018 年。

裴恒涛、谢东莉：《赤水河流域川盐入黔的历史变迁及其开发》，（西华大学学报（哲学社会科学版）》，2012 年第 3 期。

彭　恩：《明代贵州实土卫屯制的实施及其成效》，《农业考古》，2021 年第 6 期。

蒲应秋，何鑫：《明清时期贵州茶叶产地分布变迁及特征研究》，《贵州大学学报（社会科学版）》，2019 年第 8 期。

秦春燕：《历史时期中国豆腐的生产发展与地域空间分布》，硕士学位论文，西南大学，2016 年。

史达宁：《清水江文书的文献学价值：以锦屏县文斗寨契约文书粉皮案的分类整理与研究》，硕士学位论文，贵州大学，2009 年。

孙华：《明清江右商帮与贵州区域社会研究》，硕士学位论文，南昌大学，2012 年。

唐　莹：《清水江流域的乡村社会生活》，硕士学位论文，贵州大学，2009 年。

唐载阳：《明代贵州商业的发展》，《贵州文史丛刊》，1986 年第 2 期。

吴　斌：《守望的距离：黔中屯堡的历史与文化观察》，博士学位论文，云南大学，2010 年。

吴才茂：《明初贵州边疆形势与卫所设置》，博士论文，西南大学，2017 年。

吴永章：《明代贵州土司制度》，《贵州社会科学》1983 年第 6 期。

温春来：《清代贵州铅矿业中的“放本归铅”》，《历史档案》，2016 年第 2 期。

温春来：《彝威与汉威：明清黔西北的土司制度与则溪制度》，博士学位论文，中山大学，2002 年。

文会堂：《“马政”源流考》，《周口师专学报》，1994 年增刊第 2 期。

吴仁安：《明代马政制度述论》，《西北大学学报（哲学社会科学版）》，1989 年第 2 期。

胥思省：《清代贵州开发及其影响初探》，硕士学位论文，西南大学，2010 年。

颜丙震：《朱燮元与晚明水西土司改流问题》，《贵州民族研究》，2017 年第 9 期。

颜丙震：《明后期黔蜀毗邻地区土司纷争研究》，博士学位论文，四川大学，2017 年。

颜丙震、崔晓莉：《晚明水西承袭纷争与“分土世官”》，《安顺学院学报》，2018 年第 4 期。

颜建华、王德红：《清代黔中社会经济的发展变化》，《安顺学院学报》，2015 年第 3 期。

游桀文：《朱燮元的家世与早期官宦经验（1566—1620）》，《史汇》，2016 年第 6 期。

杨　斌：《明清以来川（含渝）黔交界地区插花地研究》，博士学位论文，西南大学，2011 年。

杨成、周丕东：《明清时期贵州传统农业与社会适应性研究》，《贵州文史丛刊》，2021 年第 1 期。

杨匡和：《元代贵州土著民族内附考论》，《贵州文史丛刊》，2015 年第 2 期。

杨伟威：《明清时期贵州江右商帮探析》，硕士学位论文，贵州师范大学，2015 年。

杨永福：《滇川黔相连地区古代交通的变迁及其影响》，博士学位论文，云南大学，2011 年。

姚继荣：《明代西北马政述论》，《青海师专学报》，1996 年第 1 期。

余贵忠、杨再忠：《返本开新：清水江森林契约文书中生态法治理念的现代化》，2021 年第 6 期。

张晋光：《明代经济开发对我国林业生态的影响——以〈徐霞客游记〉研究为例》，《林业经济》，2011 年第 12 期。

张利利：《近千年来川渝地区的瘴气研究》，西南大学硕士学位论文，2009 年。

张羽琼：《朱燮元与“奢安之乱”》，《贵州师范大学学报（社会科学版）》，1997 年第 2 期。

张　月：《朱砂毒性的中蒙医药文献对比研究》，北京中医药大学硕士学位论文，2016 年。

张泽宇：《明代万历年间贵州土地清丈述论》，《贵州大学学报（社会科学版）》，2016 年第 5 期。

赵家瑜：《明代贵州布政司人口状况》，《史志鉴研究》，2009 年第 6 期。

赵　龙：《从屯田看世宗一朝财政与明之兴衰》，《西部学刊》，2021 年 11 月。

赵平略：《明朝西南驿递与西南土司的关系探析》，《贵阳学院学报（社会科学版）》，2018 年第 2 期。

赵　怡：《明清时期黔西南地区农业发展研究》，硕士学位论文，贵州师范大学，2020 年。

钟　华：《明清时期江右商帮与贵州商业经济的发展》，《贵州文史丛刊》，2009 年第 4 期。

钟铁军：《明清贵州城镇体系的形成与演变》，硕士学位论文，北京大学，1998 年。

周　科：《明代贵州边马贸易》，《濮阳职业技术学院学报》，2012 年第 1 期。

周思宇、刘梅：《以“林”为“生”——一项西南山地人工营林系统的历史人类学研究》，《中国农业大学学报（社会科学版）》，2022 年第 3 期。

张祥光:《明清贵州人口的发展对社会经济的影响》,《贵州师范大学学报(社会科学版)》,1998 年第 3 期。

周小艺:《兴盛、衰落与重建:黔北仡佬族历史演变的研究》,中央民族大学博士论文,2011 年。

朱泽坤:《清代贵州集市研究》,《农业考古》,2016 第 4 期。